基于创新生态视角的大企业突破性创新管理

柳卸林　陈　健　王　曦　著

科学出版社

北　京

内 容 简 介

本书力图从创新生态系统的视角出发,梳理创新生态系统的理论发展。通过以中广核工程有限公司、国家电网公司、中国南车股份有限公司、中国移动通信集团公司四家中央企业为例,深刻解剖大企业如何通过创新生态系统的建立,实现协同创新和自主创新。最后,本书分析并总结了国外大企业(如 IBM 公司、波音公司、洛克希德·马丁公司、空中客车公司)如何实现突破性创新,以与国内企业的进行比较。全书通过理论与实践相结合,为大企业提供如何管理突破性创新提供与时俱进的管理实践理论,为企业提升突破性创新能力提供系统的思路和借鉴。

本书适合企业管理者、管理研究人员、政府官员阅读,也可以作为案例教材。

图书在版编目(CIP)数据

基于创新生态视角的大企业突破性创新管理 / 柳卸林,陈健,王曦著.
—北京:科学出版社,2018.1

(创新与创业管理丛书 / 柳卸林主编)

ISBN 978-7-03-055862-6

Ⅰ. ①基… Ⅱ. ①柳… ②陈… ③王… Ⅲ. ①国有企业–企业管理–研究–中国 Ⅳ. ①G279.241

中国版本图书馆 CIP 数据核字(2017)第 304877 号

责任编辑:王 倩 / 责任校对:彭 涛
责任印制:张 伟 / 封面设计:无极书装

科学出版社出版

北京东黄城根北街 16 号
邮政编码:100717
http://www.sciencep.com

北京京华虎彩印刷有限公司印刷

科学出版社发行 各地新华书店经销

*

2018 年 1 月第 一 版 开本:720×1000 B5
2018 年 1 月第一次印刷 印张:17 1/4
字数:350 000

定价:98.00 元
(如有印刷质量问题,我社负责调换)

前　言

党的十八大报告提出，"要坚持走中国特色自主创新道路，以全球视野谋划和推动创新，提高原始创新、集成创新和引进消化吸收再创新能力，更加注重协同创新"。近年来，习近平总书记多次强调创新是引领发展的第一动力，抓创新就是抓发展，谋创新就是谋未来，并将创新摆在五大发展理念的首位。

创新领域中的突破性创新是一个创新管理与战略管理研究中长期关注的研究问题。早在20世纪80年代，许多国际知名学者就提出，突破性创新是一种全新的产品、技术或者工艺，往往是一种革命性创新或高度非连续性创新，需要强大的知识基础和科技资源作为支撑，企业更需要不断开展突破性技术创新才能实现持续增长。尽管学者做了大量相关的研究，但是由于突破性创新的复杂性及对国家情境的依赖性，突破性创新的形成机制及演化研究仍需要不断发展，新的产业技术所产生的破坏性也呼唤新的突破性理论。

过去几十年，中国作为后发国家通过向美国、德国、日本等创新大国学习，依靠成本优势、技术引进与模仿、快速响应市场需求及渐进性创新，成功地实现了追赶，但在突破性创新方面仍然较为落后，产业核心技术依靠他人的局面并没有明显改变。随着中国工业化的完成，中国企业长期依赖的成本领先和模仿的战略已经渐渐失效，中国想要获得国际竞争力，实现技术赶超，就必须要提升突破性创新能力。随着中国政府科技创新投入持续稳定增加，基础研究经费比重呈现逐年增长态势，各领域出现了越来越多的科技突破。突破性创新也是我国进入经济发展新阶段的必然要求，随着中国经济结构逐渐向消费型尤其是服务型转变，消费个性化、差异化及多元化等趋势导致完全依靠国外引进的技术与商业模式，或者对其进行本土化改造已经不能满足市场的需要，企业需要提供更多基于突破性创新的差异化产品和服务。

此外，当今世界正面临一个新产业革命时代的来临，互联网的兴起，大数据、人工智能、新材料等的快速发展，使创新主体间的联系更为快速和紧密，开放的环境使组织在创新投入、创新产生及创新商业化过程中的边界也变得越来越模糊，创新活动也从传统的由制造商为主导，转化为用户、供应商、制造企业、规制部门等利益相关者共同参与完成。中国企业的发展模式正面临着新的创新环境所带来的挑战，虽然中国的部分企业，如华为、阿里巴巴、腾讯、百度和一些本书中所分析的大企业，在其自身所在领域的发展已处于国际竞争的前沿，但仍有大量中国企业处于全球竞争的不利地位。随着中国企业向国际领先逼近，更多企业家在技术创新上变得无所适从，也更加意识到，中国要想成为创新型强国，企业必须有能力不断推出引领新产业的突破性创新的产品和服务。因此，研究大企业突破性创新的形成机理和演化路径及组织管理十分必要。

本书力图从创新生态系统的视角出发，通过综合考虑企业自身能力、市场需求、技术供给、规制等因素及这些因素彼此之间的交互作用来分析研究突破性创新的形成机理和演化路径，弥补当前学术界多围绕单一维度对突破性创新进行研究，缺乏一个系统的视角和框架对突破性创新形成和演化的影响进行研究的不足。同时在突破性创新形成和演化机制的基础上，提供与时俱进的管理实践理论，为企业提升突破性创新能力并获得竞争优势提供更系统的思路和借鉴，使中国拥有一批世界级创新型企业，成为真正的创新型国家，助推"中国梦"的实现。

本书共分为三篇：突破性创新理论、国有大企业通过协同创新实现突破性创新的实践、国际经验借鉴。其中，第一篇——突破性创新理论，从生态系统的视角阐述了突破性创新的重要性和已有研究；第二篇——国有大企业通过协同实现突破性创新的实践，选取了中广核工程有限公司（中国广核集团的主要成员企业）、国家电网公司、中国南车股份有限公司和中国移动通信集团公司四家产业内领军企业在关键技术领域的突破性创新进行总结分析，发现他们都在突破性创新的发展中高度重视协同创新，打破了中国企业封闭经营、部门利益至上的管理模式，积极建立完整产业链，与国内、国际企业建立积极的战略合作关系，其创新发展模式值得中国企业尤其是大型企业的学习借鉴，该篇部分材料来自于几年前中国科学院大学中国创新与创业研究中心相关项目调查研究及访谈调研资料；第三篇——国际经验借鉴，从国际视角，选取 IBM 公司、波音公司、洛克希德-马丁公司和空中客车公司四家公司突破性创新发展的制度、举措等进行介绍，为国内企业走向国际化的突破性创新提供经验参考。

本书的主要写作人员有柳卸林、陈健、王曦，由柳卸林负责统稿。周聪、马雪梅、刘建新、徐晶钰、高雨辰、丁雪辰等也对本书部分章节的写作做出了突出

前　言

贡献，因此，本书是团队通力合作的成果，在此对大家的努力表示感谢。

我们要十分感谢中国移动通信集团公司（项目编号：MCM20130541）对本书的资助和大力支持，同时感谢中国企业联合会、中国运载火箭技术研究院（项目编号：Y54102K1G2）对本书的支持，感谢中广核工程有限公司、国家电网公司、中国南车股份有限公司、中国移动通信集团公司等公司慷慨的经验分享。

衷心希望广大对大企业突破性创新管理感兴趣的研究者、学习者提出宝贵意见，以促进学术和实践交流！

柳卸林

2017 年 5 月

目　　录

第三篇 国际经验借鉴

第一篇　突破性创新理论

第1章 突破性创新：研究背景和意义

1.1 研究大企业突破性创新的目的

过去几十年来，中国作为后发国家，通过向美国、德国、日本等创新大国学习，依靠成本优势、技术引进与模仿、快速响应市场需求及渐进性创新，成功地实现了追赶。虽然中国企业也在一些产品领域获得了性价比优势，成为世界上有竞争力的企业，如电信领域的华为、家电行业的海尔及计算机行业的联想依靠成本优势和低端市场出发的创新实现了追赶（柳卸林，2008），但是中国在突破性创新方面仍然较为落后（Ernst & Naughton，2008），产业核心技术依靠他人的局面并没有明显改变。随着中国工业化的完成，中国企业长期依赖的成本领先和模仿的战略已经渐渐失效，中国想要获得国际竞争力，实现技术赶超，避免走引进、追赶、落后的老路，就必须提升突破性创新能力，掌握产业核心技术，开拓新的产业技术轨道。

突破性创新是一种全新的产品、技术或者工艺（Tushman & Anderson，1986；March，1991），往往是一种革命性创新或高度非连续性创新，需要强大的知识基础和科技资源作为支撑。重大的突破性技术创新是经济产出持续扩大的根本原因，可以引领新兴产业的出现，引发产业格局的变化及产业重心的跨国转移（Henderson & Clark，1990）。例如，液晶电视对CRT①电视的突破，智能手机对功能手机的颠覆，无线通信对固话通信的替代及计算机、数码相机等重大创新，都引发了产业的重组和升级。企业需要不断开展突破性技术创新才能实现持续增长（Ansari & Krop，2012）。因此，中国要想成为创新型强国，必须有能力不断推出引领新产业的突破性创新的产品和服务。

中文所称的突破性创新这一术语，通常用radical（重大的）、discontinuous（不连续的）、disruptive（颠覆性的）、breakthrough（突破性）等英文术语来表现相似的创新形式，与渐进的（incremental）、连续的（continuous）创新相对应。有学者指出突破性创新是一种全新的技术和概念，它能够用于生产全新的产品并创造新的市场，与组织现有的创新实践完全不同（Abernathy & Utterback，1978）。突

---

① CRT（cathode ray tube），即阴极射线管。

破性创新需要建立在一套全新的思想或商业理念之上，并且通过创造新的市场，实现从技术到创新的一整套商业化过程。突破性创新通常是新兴企业成功进入某一市场的利器，并给在位企业带来巨大挑战，甚至导致整个产业重新洗牌（Dess & Beard，1984），同时突破性创新对中国而言意义重大。本书研究的突破性创新主要以不连续、颠覆性的创新为主。

首先，突破性创新是响应中国科技快速发展的呼唤。改革开放以来，中国政府科技创新投入持续稳定增加，加大了对科技创新的资金支持，基础研究经费所占比重也呈现逐年增长态势，各领域出现了越来越多的科技突破。例如，王选基于中文特殊性字符特征开发的激光照排系统（柳卸林，2006）、量子通信、DMTO①、40K 以上铁基高温超导体的发现等。中国学者在国际顶级期刊会议发表的论文也越来越多，这些都说明我国的科技水平在不断提高，已经成为世界科技大国。然而在基于科技突破的创新成果上，中国尚处于较为落后的位置，因此研究从科技突破到重大创新的规律对我国而言尤其必要。

其次，自主的突破性创新是我国进入经济发展新阶段的必然要求。随着中国整体经济增速的放缓，中国经济结构也逐渐向消费型转变，尤其是向服务型转变日趋明显。消费个性化、差异化及多元化等趋势导致完全依靠国外引进的技术与商业模式，或者对其进行本土化改造已经不能满足市场的需要。因此需要企业提供更多基于突破性创新的差异化的产品和服务。对企业来说，把握科技突破方向，识别和捕获消费者需求，是形成突破性创新及竞争优势的基础。

再次，在学术上，突破性创新是一个创新管理与战略管理研究中长期关注的研究问题。在早期，学者比较关注科学技术突破后的重大创新的出现及发展。Dosi（1988）认为突破性创新的出现多是源于一些突破性的科学发现。科学与技术的发展使先有知识不断被激活，并同时创造出大量新知识取代旧知识，为技术的发展提供了更新、更广的机会集合和知识搜索空间，为原来无法解决的技术问题提供了新的技术方案。1997 年哈佛大学教授 Christensen 的《创新者的困境》一书的出版，成为突破性创新研究的一个里程碑。他指出，突破性创新是市场不连续造成的，导致大企业难以发现突破性创新，并最终被新进入者击败。此后，许多学者从市场的角度关注突破性创新，基本的观点就是成功的突破性创新者对潜在市场给予很多关注，注重理解潜在用户的需求。例如，Adner 和 Levinthal（2001）考虑了需求作为技术变化的决定因素，同时也注意到客户需求异质性在突破性创新过程中的作用；Malerba 等（2007）提出假说认为，一项突破性技术的成功引入依赖于一群试验性消费者多样性的偏好，当然，从技术侧理解突破性创新也在不断发展；Schoenmakers 和 Duysters（2010）发现大量突破性创新发明来自于之前通

① DMTO，即中国科学院大连化学物理研究所专利专有技术，甲醇制烯烃技术。

常不被联结的知识的重组，并发现突破性发明也可以来自于成熟技术和新兴技术的结合，并且这些突破性创新一般基于更广泛的知识领域；Teece（2006）认为互补性技术可以被视作一种互补资产，为突破性创新提供必要的新的技术、知识要素。总的来看，科技推动观未考虑市场条件因素，而需求拉动观忽视了技术能力，在创新过程中，技术发展的推动力量和市场需求的不断拓展都将为技术创新的成功提供必要的支撑，因此，综合研究技术因素与市场需求对突破性创新的影响机制具有重要意义。此外，为了深入理解突破性创新的演化机制，越来越多的学者运用制度和合法性理论。当正式制度不够完善或无法有效实施时，非正式制度在降低经济行为的实施成本、节约交易费用、促成交易方面可以起到补充作用（North，1990），甚至成为正式制度的替代形式（Xin & Pearce，1996）。非正式制度资本对企业突破性创新比正式制度资本有更高的正面影响（Gao et al.，2015），Kotabe 等（2014）从制度理论和动态能力视角出发，探究了政府官员的政治网络连接与企业吸收能力的互补作用对渐进性和突破性创新的影响，发现政治网络能力对企业面临资源约束和组织劣势时的吸收能力起到了互补作用，这种互补作用对促进突破性创新比渐进性创新更有效。总的来说，尽管学者们做了大量相关研究，但由于突破性创新的复杂性及对国家情境的依赖性，突破性创新的形成机制及演化研究仍需要不断发展。

最后，新的产业技术所产生的破坏性也呼唤新的突破性理论。当今世界正面临一个新产业革命时代的来临，互联网的兴起，大数据、人工智能、新材料等的快速发展，使创新主体间的联系更为快速和紧密，开放的环境使组织在创新投入、创新产生及创新商业化过程中的边界越来越模糊（Chesbrough，2013），创新活动也从传统的由制造商为主导，转化为用户、供应商、制造企业、规制部门等利益相关者共同参与完成。在这样的商业环境中，传统的组织内研发将无法满足当下的创新活动要求（Li，2009），企业创新成果的产业化和创新扩散不再单纯地强调技术和单一产业自身，而是越发依赖于产业的外部环境构建，也依赖于整个制度环境的完善程度和创新生态系统的发育完善程度。企业创新活动的这些新特点产生了许多新的管理学现象，这些技术和现象正在颠覆传统的企业商业模式和竞争模式，也将改变传统的创新管理范式（Sveiby et al.，2012）。

综上所述，本书认为，中国企业的发展模式已经走到了一个重要转折点，研究突破性创新的形成机理和演化路径及组织管理十分必要。在理论上，目前学术界对突破性创新的研究多围绕单一维度的影响进行，缺乏一个系统的视角和框架对突破性创新形成和演化的影响进行研究，本书力图从创新生态系统的视角出发，通过综合考虑企业自身能力、市场需求、技术供给、规制等因素，以及这些因素彼此之间的交互作用来分析研究突破性创新的形成机理和演化路径。

本书的实践意义在于，中国企业的发展模式正面临着新的创新环境所带来的挑战，虽然中国的部分企业，如华为、阿里巴巴、腾讯、百度和一些本书中所分析的大企业，在其自身所在领域的发展已处于国际竞争的前沿，但仍有大量中国企业处于全球竞争的不利地位。许多企业家意识到，随着中国企业向国际领先地位逼近，在技术创新上已经处于无所适从的状态。中国更需要建立与时俱进的管理实践理论，在突破性创新形成和演化机制的基础上，为企业提升突破性创新能力并获得竞争优势提供更系统的思路和借鉴，使中国拥有一批世界级创新型企业，成为真正的创新型国家。

1.2 国内外研究现状及发展动态分析

1.2.1 突破性创新理论研究的演化路径

从突破性创新的理论演化路径来看，最初要追溯到熊彼特于 1942 年提出的创造性破坏（creative destruction）的概念，他认为新的市场、新的组织形式，会改变经济结构，并且破坏旧的市场均衡，创造新的经济运行状态。在此基础上，许多学者开始意识到，不同的创新类型，有不同的特点并且会对企业自身和整个产业产生不同的影响。按照创新程度的不同，Freeman 和 Perez（1988）将创新划分为四种类型：渐进性创新（incremental innovation）、突破性创新（radical innovation）、技术体系创新及技术经济范式创新。其中后两种创新一般发生在产业和宏观经济层面，渐进性创新和突破性创新则是企业层面关注的重点。渐进性创新是与突破性创新相对的一个词，二者在风险、资源、管理等方面均存在不同。20 世纪 60年代起，学者开始系统研究渐进性创新，认为其对生产率的进步极为重要。渐进性创新是一种渐进的、连续的小创新，是重大创新走向更多用户的重要手段。它以现有知识为基础，是对现有技术的改善和延伸，以及现有技术在原理和实践上的延续和发展，有助于保持和增强企业在既有技术领域内的优势。有研究显示，渐进性创新只能维持企业现有产品的竞争能力，当市场出现拥有突破性创新成果的企业时，现有的成熟公司就可能丧失其市场领先地位（Henderson & Clark，1990）。Sainio 等（2012）从三个视角定义突破性创新：技术方面，突破性创新是技术上重大突破的创新，能够使产品具有前所未有的性能；市场方面，突破性创新是创新型产品能够引领顾客消费方向，改变市场份额比例和秩序；商业模式方面，突破性创新是利用现有技术完全颠覆企业销售等的商业模式，如互联网的出现使企业实现了线上销售。可以看出，突破性创新往往在技术层面上有重大发展，在市场层面有重大影响。因此，从技术视角和需求视角研究突破性创新来源及发展规律，成为学术界一个热点。

在突破性创新概念基础上，研究者进一步分析了与突破性创新相关的概念，推动了相关研究不断深入。例如，Tushman 和 Ander son（1986）提出能力破坏性创新（competence destroying）与能力增强型创新（competence enhancing）的概念，并关注技术改变的模式和环境条件对技术突破性的影响。Henderson 和 Clark（1990）在渐进性创新和突破性创新两个极端情况之间提出了架构性创新（architecture innovation）的概念，丰富了相关理论。Christensen（1997）进一步提出了颠覆性创新或破坏性创新（disruptive innovation）的概念，将研究范围扩大到市场和环境的范畴，认为突破性技术在开始阶段，从主流市场的角度看，技术性能明显落后于当时的主导技术，但也会因为其自身的独特性，如价格低廉吸引或创造一批新客户。主流市场的客户一开始并不会接受突破性技术产品，因此突破性技术一般从新兴市场或非主流市场切入，直到性能持续不断地改进，最终得到主流市场的认可（Christensen，1997）。正是看到需求的不连续性变化在引发突破性创新中的重要作用，后续研究开始从需求角度探讨突破性创新的来源。

对已有市场、技术、企业具有一定的破坏作用是突破性创新的重要特点（Christensen，1997）。Utterback（1994）曾指出突破性创新使企业在技术能力、知识、设计、产品技术、工场和设备方面的已有投资失去价值，同时，突破性创新的技术优势会使旧技术无论在规模、效率、设计上如何改进都无法获得竞争力（Tushman & Anderson，1986），从而淘汰掉旧技术，并引发新产业（市场）的涌现及传统产业（市场）结构的重大重组（Kaplan，1999）。由此可见，突破性创新对企业自身及整个产业来说都有着重要影响。从企业组织的角度探讨突破性创新影响因素的研究也日益受到学术界的关注（Tushman & O'Reilly，1996）。例如，许多学者开始意识到：通过组织二元性，能够有效促进企业在突破性创新与渐进式创新之间的平衡，因此，从组织二元性角度探讨突破性创新逐渐成为管理研究中的一种新范式（Tushman & O'Reilly，1996；Andriopoulos & Lewis，2009）。

1.2.2　突破性创新理论研究的方向

近年来，学者主要沿着三条主要的方向深化突破性创新的研究。一是组织因素的视角，二是市场需求因素的视角，三是技术因素的视角，主要从创新生态系统出发。以下将对各个视角出发的突破性创新相关研究进行回顾与总结。

1.2.2.1　组织因素与突破性创新研究进展

组织是实现突破性创新的基本单元，组织结构、组织能力、组织行为等因素对突破性创新都有重要影响。Chiu 等（2016）认为，在位企业通常不进行突破性创新是因为组织惯性，组织惯性包括三种类型：有限的边界搜索、不充足的风险承担能力、不适当的组织结构。王生辉和张京红（2007）认为在位企业不能保持突破性创新的领先地位，是由于在位企业的惰性。在位企业通常持续地保持现有优势，集中发展高度的专有能力，而变得核心能力僵化（Leonard-Barton，1992），并可能产生能力陷阱（Beesley，1988）。为了实现突破性创新，企业战略层面需要保持柔性和灵活性（Kelley，2009），组织的柔性可以使企业重新组织其资源和能力，对变化的环境做出及时的反应（Koornhof，2001）。组织缺乏柔性和核心能力僵化会阻碍大企业实施突破性创新（Leonard-Barton，1992）。Wang（2013）提出，组织学习将会影响组织的灵活性及创新能力，而组织的灵活性可以帮助企业获得更多的创新资源，并帮助企业快速适应外界环境的变化。企业的外部环境发生变化时，在位企业的组织惯性导致其难以做出改变应对措施（Miller & Friesen，1980；Gilbert，2005）。

O'Reilly 和 Tushman（2008）针对已有大企业如何把握突破性创新，提出了二元性组织理论。二元性组织是一种能同时使大型领袖企业进行渐进性和突破性创新的组织形式（Durisin &Todorova，2003），既可以保留在位企业的规模优势，又保持其组织柔性。在已有研究基础上，有研究认为，二元性组织是突破性创新的一个重要组织形式。Duncan（1976）首次提出了组织二元性的概念，并用其来描述组织的一种能力。二元性的概念目前已被广泛应用于指代组织能同时执行不同且相互竞争的战略行为，如探索式与开发式学习、柔性与效率、渐进性创新与突破性创新等。基于二元性组织的概念，Tushman 和 O'Reilly（1996）在分析结构惰性和文化惰性的基础上，根据技术周期的变化，针对在位大企业如何把握突破性创新，提出通过二元性组织来促进企业在突破性创新与渐进性创新之间的平衡（Durisin & Todorova，2003）。在二元性组织的模式下，一个企业往往存在两个不同的创新组织：从事突破性创新研究的独立组织和从事渐进性创新的主流组织。二元性作为一种动态能力，使企业可以同时追求渐进性创新和突破性创新，而无须在效率和创新之间进行战略上的权衡取舍（O'Reilly & Tushman，2008）。Jansen 等（2008）也认为组织二元性可以作为一种动态能力，组织通过协调、整合相互矛盾的力量来分配、整合跨部门的资源和惯例，以同时实现渐进性创新和突破性创新，最终获取可持续竞争优势。而在互联网快速发展的时代，刘旭等（2015）认为，海尔的无边界组织是重大的组织创新，将大企业转化为许多小企业，可以增加组织的灵活性。在新的互联网背景下，应该建立什么样的组织才能适合中国情景下的突破性创新，是本书关心的问题。

动态能力是改善突破性创新的整体能力框架。Teece 等（1997）认为动态能力是企业对内外部技能、知识和资源的整合与重构的能力。Teece（2006）将动态能力定义为独特的技能、流程、程序、组织结构、决策规则，使公司的高层领导能够识别威胁和机会，并重新配置资产以满足企业需求。随后，Teece（2007）进一步将动态能力分为感知机会能力、捕捉机会能力及重构企业内外资产管控威胁能力。也有研究认为动态能力能够克服组织能力构建中潜在的刚性。例如，Schreyögg 和 Kliesch-Eberl（2007）对此进行了特别探讨，该研究在多种动态能力的方法被定义和讨论后，发现这些方法都存在着内部概念矛盾的情况，因此需要进一步找到一种把动态维度融入能力框架中的新方法，以保留组织能力原有优点并且解决刚性问题。有学者针对石油化工行业的研究表明，拥有复杂动态能力的企业更容易从外部获取资源，也有助于企业对资源进行商业化开发（Stadler et al.，2013）。虽然动态能力对突破性创新的积极作用被学者一致认可，但是对于"动态能力框架下企业应该具备哪些能力维度"，学术界还没有统一界定。另外，虽然在位企业在某一技术领域拥有进行突破性创新的能力，但在位企业引入新技术或新产品时会使现有的组织能力、技能和惯例被淘汰（Nijssen et al.，2005）。在位企业对现有能力有黏滞性，是因为现有企业不愿自噬已经建立的能力（Chandy & Tellis，1998）。同时，在位企业受到保持现有市场地位和垄断利润动机的支配，与希望通过突破性创新技术打破产业进入壁垒、抢夺市场份额的新进入者相比，在位者进行突破性创新的动力相对不足（王生辉和张京红，2007）。因此，企业愿意自噬（willing to cannibalize）并进行突破性创新的动力需要进一步探索。

1.2.2.2　市场需求因素与突破性创新的相关研究

关于突破性创新的形成，传统的有市场需求拉动与技术推动两种观点。但自硅谷成为世界创新高地后，基于技术的创新成为研究主流，而基于需求的研究则相对较少。Christensen（1997）的研究强调了从需求出发重新研究突破性创新的重要性，其核心观点是：新的技术会引发边缘市场的需求，而不是主流市场的需求，这种需求的变化趋势是突破性创新的基础。之后，越来越多的学者开始重视需求与突破性创新关系的研究。

过去 10 年里，有关需求拉动创新的文献主要来自经济学领域，通常研究市场规模的变化对创新模式的影响。在需求影响创新机制的研究过程中，基于消费者行为分析需求如何影响创新的方式开启了一个富有成效的分析方向（Filippetti & Archibugi，2011；谭洪波等，2012），其中，Adner 和 Levinthal（2001）的研究为其做出了重要贡献，他们不仅考虑了需求作为技术变化的决定因素，同时也注意到客户需求异质性对创新的影响。另一个重要方向是用户参与创新（Miles & Rigby，2012）。从 von Hippel（1986）提出的用户发起创新到 Andersen 和 Lundvall（1988）提出的用户-生产者互动，再到吴贵生和谢伟（1996）对用户创新进行了详细的定义，其核心都在阐述用户与生产者可以相互学习并交换与需求相关的知识和信息。需求对创新拉动作用模型的研究过程，侧重于模拟需求的动态变化、企业的动态变化和技术的动态变化之间的关系。上述关系引出两种模型：一种主要强调试验性顾客和新的需求类型在突破性创新、技术竞争和市场结构的动态变化中发挥的作用（Malerba et al.，1999）；另一种研究了消费者的异质性影响技术变迁的机制。

基于从需求视角出发的研究共识是消费者偏好、市场差异、市场缝隙、需求规模和增长都会影响企业的创新努力和各种形式的技术变化。Malerba 等（2007）认为，一项突破性技术的成功引入依赖于一群试验性消费者的出现，或者是多样性的偏好和潜在用户的需要，或者同时依赖于两者。Adner 和 Levinthal（2001）针对不同细分市场偏好之间的关系提出了偏好重叠（preference overlap）和偏好对称性（preference symmetry）的概念，通过研究消费者如何评价技术及这种评价的变化，从需求环境的结构层面提供了研究技术竞争动态性的新视角。

"金字塔底层（bottom of the pyramid，BoP）理论"的提出者认为，低收入人群这一位于经济金字塔底层的群体蕴含着巨大的突破性创新机会。BoP 市场可以为突破性创新提供发展平台，因为该市场中大量非主流消费群体是后发国家企业实现突破性创新理想的目标客户（Christensen & Bower，1996；Hart & Prahalad，2002）。我国山寨手机的迅速发展就是企业通过面向 BoP 市场的突破性创新实现跨越式发展的典型案例（周江华等，2012）。

国内学者发现，本土需求多样性和动态性不仅使企业难以精确把握消费者的潜在需求（田红云等，2007），而且后发企业在十分熟悉本土需求的同时，也会遇到过度理解所导致的"需求知识模糊化"的困难，这些后发企业是如何判断筛选出已具有开发水平并具有开发价值的产品需求信息还有待研究。此外，传统的观点认为，新兴市场中的企业专门从事低质量和低价格的商品，全球公司在国际市场中专门从事高品质和高价格的商品（Fajgelbaum et al.，2011）。跨国公司常常没有动力研发突破性技术来解决后发国家特殊的本土需求。

中国情境下异质性、动态性和碎片化的市场需求与突破性创新之间的关系分析还有待于进一步深入研究。因此，如何将本土需求的特殊性与企业内部的相应机制聚焦和匹配，是中国企业利用本土需求的特殊性实现突破性创新的重要机会，也是本书重点研究的内容之一。

1.2.2.3 技术因素与突破性创新的相关研究

长期以来，学者都持有一种观点：技术的不连续性导致了突破性的技术变革与选择，带来了技术演进上的突然跃进，改变了原有的技术轨道，并最终形成一个主导设计，产生了突破性技术创新（Anderson & Tushman，1990；Sood & Tellis，2005；陈傲和柳卸林，2011）。从技术演化的视角来看，Foster（1985）指出技术演化的过程呈现 S 形曲线的特征，新旧技术 S 形曲线之间存在突破性的技术跳跃。Tushman 和 Anderson（1986）认为，技术演进的过程整体上虽然是一种渐进的累积过程，但该过程总会被一些技术突破打破，形成不连续的技术进步，这也正是突破性创新的机会窗口。成熟而稳定的技术轨道上，企业所面临的技术问题很少，且有丰富的以往经验和成熟的技术问题解决措施，这就导致企业很难开发出新的技术解决方案。基于技术生命周期理论，学者发现越靠近技术生命周期的前端，突破性技术涌现的概率越大（Haupt et al.，2007），在经历开放设计和实验开发阶段后，经过持续的积累逐步走向成熟（Perez，2010）。技术的不连续性所带来的高度技术不确定性，为企业提供了更多的机会来发展新的根本性的技术解决办法，以打破原有的技术解决路径（Dosi，1988），同时也迫使企业在未被探索的区域寻找新的知识、技术要素（Utterback，1994），这些与现有方案无关的要素推动了技术不连续下新的解决方案的形成（Foster，1986），从而形成突破性技术创新。

突破性创新研究的另一个视角是知识基础观，即从知识来源和构成的角度研究突破性创新的来源。一些研究认为，基于知识与要素重组的理论，突破性技术通常是全新的知识、技术要素与已有要素重组的结果（Utterback，1994）。在连续的技术与渐进性的创新中，这种要素的组合已经趋近稳定，减少了新的高效用组合出现的可能性（Ahuja & Lampert，2001）。相反，技术不连续性恰恰提供了新的知识、技术要素，并为新的要素重组模式提供了空间（Fleming，1998），进而为从知识基础角度研究突破性创新提供了可能（Sneep et al.，2015）。

Zhou 和 Li（2012）的研究发现在内部存在知识分享机制的前提下，拥有宽度知识基础的企业更容易产生突破性创新，而企业有更深度的知识基础时，通过对外部市场知识的并购可促进突破性创新的产生。Sneep 等（2015）研究发现，知识的结构特征会影响企业的知识搜索行为，并且拥有可分解知识的企业在知识搜索的范围上更广阔，能够促进突破性技术的产生。此外，传统观点认为突破性创新较少依赖于现有知识，但是 Schoenmakers 和 Duysters（2010）的研究表明，现有知识的重组也能产生突破性技术创新，大量突破性创新通常来自于不被链接的知识域的重组，尤其是成熟和新兴技术的结合。数字化技术的出现导致信息与知识更为快速和高效的扩散，也打破了企业知识获取的限制，同时迫使企业频繁升级其所拥有的知识与相应的组织结构，但是同时也为企业进行更快速的、更多样化的知识重组提供了机会（Dong & Yang，2016；Duerr et al.，2017）。

创新生态理论则是从互补性技术的角度出发进行研究，这是因为企业的突破性技术形成需要核心企业的技术与其互补性技术、资产的共演与协同，当一项关键的互补技术发展欠缺时，可能会导致关键技术的失败（Adner，2006）。Teece（1993）提出互补性资产的概念，并将互补性技术视作一种互补型资产（Teece，2006），为突破性创新提供必要的新技术和知识要素，以促进和支持企业在不连续性技术下形成新的技术解决方案，将新的要素进行重组和实施。一方面，互补资产和技术会影响突破性技术的产生与演化（Mitchell，1989；Wu et al.，2014；Kapoor

& Furr，2015），帮助企业减少发展新型技术的风险（Choi & Anadon，2014）。另一方面，原有核心技术的互补者同时也可能延缓突破性技术取代原有技术成为主流的速度（Tripsas，2010）。

然而相关文献中仍缺乏在权变性视角下探讨互补性资产与突破性创新关系的研究。Teece（1993，2006）将互补技术、资产进一步细分为通用性、专有性和共生性。Adner & Kapoor（2010）认为共生性互补技术是难以被模仿的，是保持技术领先的重要因素，技术间的共生关系使核心技术必须有互补性技术的支持，各项技术可能分属于不同的技术领域，面临的技术创新机会也不尽相同，进而演进速度呈现出明显的差异。因此，不同性质、不同发展阶段的互补性技术与资产在不同路径下对核心企业突破性技术创新的影响需要更为深入的研究。

现有研究还认为，组织需要选择适合的互补技术提供者（生态互补者），构建适当的生态结构，通过合理的生态治理手段与互补技术提供者进行战略互动，从而完成与互补技术提供者的共演共生，保证突破性技术创新的形成与扩散，并从中获得竞争优势（Gomes-Casseres，1994；Chesbrough，2013；Kapoor & Lee，2013；Adner & Euchner，2014）。

首先，发展突破性技术的生态企业需要选择适合的生态互补者，解决与谁形成生态系统的问题（Mindruta et al.，2016）。生态互补者的属性会潜在影响企业的知识获取与重组（Rothaermel & Deeds，2006；Gilsing & Duysters，2008）及对企业选择互补技术、资产提供者的影响（Uzzi，1997；Podolny，2001；Rothaermel & Boeker，2010；Song et al.，2014），进而影响核心企业的突破性技术发展（McIntyre & Srinivasan，2017）。还有学者探讨了是选择利用旧生态中的互补者还是选择在新生态中创造独有的互补者问题（Baldwin & Clark，2000）。更换旧生态系统中的互补者，组织同时会面临高昂的转换成本（Rothaermel，2000；Gawer & Cusumano，2014），创造新的互补者则存在由于技术的高度不确定性而导致失败的风险（Eggers，2014）。其次，进行突破性创新的生态企业通过和互补者的战略联结，获得互补资产与技术，形成竞争优势（Dyer & Singh，1998）。但是，建立和维持这种生态关系又需要付出与专有性关系资产相关的成本（Dyer & Singh，1998；Gawer & Cusumano，2014），因此，企业需要选择适当的联结形式，以确保企业与互补者在突破性技术创新过程中能够获得关系租金。生态的联结手段包括：设立技术标准（Fleming & Waguespack，2007）、共享专利（Gawer & Henderson，2007）、并购（Li，2009）、联合研发（Rohrbeck et al.，2009）、战略联盟、买卖契约、控股等（Kapoor & Lee，2013）。基于合理的战略联结，生态企业还需要对互补者进行治理，来持续获取互补品，最终完成突破性创新，以及从突破性创新中进行价值创造与占有（Pierce，2009）。同时，通过生态治理，还应完成生态互补者与突破性技术的共演共生，以及价值的共同创造，使生态的参与者共同获益

（Rothaermel，2000；Teece，2006）。

基于互补性技术与互补资产的观点后来也发展成为创新生态系统观，并为突破性技术创新的形成与演化提供了新的分析工具与视角（Laranja et al.，2008；程鹏等，2016）。柳卸林等（2015）通过多案例研究，提出构建创新生态系统是我国企业成功进行突破性创新成果转化的重要机制之一。在创新生态视角下，进行突破性创新的核心企业需要与互补者形成一个结构化可治理的创新生态系统（Autio & Thomas，2014；Adner，2017），进行战略互动来获取相关的互补性资产、技术与元件，以保证突破性技术创新的顺利进行（Adner，2006；Adner & Zemsky，2006），也避免突破性技术被锁定在利基市场（Kortelainen & Järvi，2014；Ansari et al.，2016）。由于突破性创新需要组织颠覆与打破原有的组织惯性，完成技术轨道的跃迁（Anderson & Tushman，1990；Rothaermel，2000；Sood & Tellis，2005），因此突破性技术的形成和演化过程会导致新旧生态系统的交替与演化（Adner & Kapoor，2016）。

创新生态视角对研究中小科技型企业的突破性创新也具有重要意义。有研究表明，不成熟的创新生态系统是突破性创新的主要外部障碍，对中小型企业而言，创新生态系统对企业创新能力作用比综合性的大型企业更为重要（Sandberg & Aarikka-Stenroos，2014；Story et al.，2014）。企业与外部环境、相关者的良性交换，促进外部创新元素进入企业内部创新系统，从而帮助中小企业从外部获得创新资源（Bessant et al.，2014）。创新产业的生态系统是突破性创新价值创造的载体。以中国本土的广东省 LED 照明行业为例，在位企业与新进入企业的主要差距体现在产业生态系统的再造上。中国在内的后发国家科技型企业有望通过塑造创新生态系统实现颠覆性创新的追赶（王俊娜等，2012）。

此外，在生态视角下，数字技术的应用对企业的突破性创新与互补技术的互动提出了新的要求：要求企业具备新的组织能力以获得并利用数字化互补技术，要求企业实体设施与数字化互补技术相融合等（Sambamurthy & Zmud，2000；Nalin & Venkatraman，2010）。也有学者认为数字技术的兴起打破了传统的中心化、分布式的网络架构，使企业间形成开放的、具有柔性且以需求为驱动的交互式生态系统（Chang & West，2006），但是同时这种以大众智慧为基础的生态系统也重塑了生态参与者间的连接模式与关系（Selander et al.，2010）。对后发国家而言，怎样利用互补性技术，是数字技术时代下企业进行高效追赶的重要因素（Wu & Zhang，2010）。

1.2.3　研究评述

通过对国内外现有研究的综述，我们发现现有研究从技术供给角度分析突破性创新的偏多，如 S 形曲线、主导设计、技术标准，强调大学和政府的作用及科技供给等，同时，还有一些研究聚焦于组织层面需要具备的资源和能力基础。学术界以往对突破性技术的研究，或者聚焦于突破性技术产业化以后的表现，关注在位企业或新进入者的角色定位；或者强调技术变革的作用，仍然从单一角度研究对突破性创新的影响，忽视了市场需求、组织、制度环境等方面。

回顾过去，中国企业对本土需求的深刻理解、制度环境的独特认知、模仿吸收技术都成为快速实现追赶、获取竞争优势的重要手段。过去的几年，中国企业获取竞争力的情境发生了变化。例如，本土需求已经从面向 BoP 群体的低端需求逐步发展到中端甚至高端的需求，过去 30 多年中国出现的几个突破性技术的成功案例，其共性就是开发全新的技术解决本土的特有需求，制度环境已经从非正式制度逐步发展到正式制度与非正式制度混合，技术知识已经从模仿吸收逐步发展到已有技术的重组甚至原创技术的阶段。这些中国情境下的手段和方法，是否有助于突破性创新的形成，最终实现中国企业竞争力的提升呢？显然，关于突破性创新的研究，特别是基于中国情境下的突破性创新形成机制还有待进一步发掘。需求、知识或技术、制度环境、彼此之间的交互及中国情境等因素，为我们继续思考突破性创新的形成和演化提供了一个框架。当今世界正面临一个新产业技术革命时代的来临，互联网的兴起、大数据、平台经济等将带来很大的突破性创新的机会窗口，而基于新产业革命背景的企业突破性创新研究还非常缺乏。

针对中国情境下突破性创新的形成和演化问题，我们不能孤立地研究单一要素对突破性创新的影响，也不能单纯地应用中国企业数据进行实证，中国更需要的是建立与时俱进的管理实践理论，这也是我们在梳理现有研究的过程中发现的研究缺口。

第2章 突破性创新的生态系统视角

2.1 导　　言

随着全球化进程的不断推进，以及技术尤其是网络信息技术的快速发展，Porter（1980，1985）提出的企业竞争优势，已经不再是建立在单个企业间或者产品间的竞争，而是转变为产业链、平台、联盟、创新网络和生态系统之间的竞争（Gomes-Casseres，1994）。截至 2014 年，安卓（Android）系统已占全球市场份额的 81.5%，在其背后则是基于开放源代码所构筑起的，包含众多手机终端设备制造商、数以万计手机软件开发商及数以亿计用户的创新生态系统（innovation ecosystem）。

创新生态系统这一形式是在企业之间可以快速建立联系，快速获取发展动力，同时面临着更为复杂的市场环境和更为激烈的市场竞争（Adner，2006）的背景下出现的，它使企业的创新活动呈现出了以下四个新的特点：

第一，互联网的兴起，使企业创新活动中参与者的边界变得更为模糊，创新主体间的联系更为快速和紧密。创新从传统的由制造商为主导，转化为用户、供应商、制造企业、规制部门等利益相关者共同参与完成的创新活动。在这样的商业环境中，传统的组织内研发将无法满足当下的创新活动要求（Li，2009）。更为开放的环境使组织在创新投入、创新产生及创新商业化过程中的边界越来越模糊化（Chesbrough，2013），它改变了传统的线性创新的模式，使创新活动中的参与者之间互相依存的活动更加频繁，极大地加快了技术创新的过程。最典型的例子是安卓系统，作为一款免费的手机操作系统，它允许终端用户参与到系统的开发与改进中，还可以让终端用户及手机软件公司基于公开的源代码设计并创造适用于安卓系统的应用，从而满足客户需求并不断创新。

第二，技术进步导致创新活动更为复杂和系统化，依靠单一企业的自身资源很难独立完成具有需要复杂系统知识的创新，要求企业组织间开展更为紧密的协同，形成具有共同进化、共生机制的创新生态系统。它有如下重要的意义：一方面，企业需要通过共同进化与共生的创新机制获取与自己的核心能力互补的异质化能力或者资源，与合作企业在更短的周期内一起建立和发展新的能力以获取市场的竞争优势（Bengtsson & Kock，2000）。例如，阿里巴巴、小米的成功源于其构建的以用户为核心的创新生态系统；中国核电产业的技术升级强调相关产业的协同发展。另一方面，企业越来越依靠共生的创新机制进入自己之前未涉及的领域，进而完成满足客户需求的创新活动，如德国电信，它通过与新兴领域内的企业进行合作，实现技术创新，并进入新兴产业领域（Rohrbeck et al., 2009）。

第三，企业需要更加多样的创新战略，以提高竞争力。新的商业模式被不断发明。例如，苹果公司使手机成为商场；思科（Cisco）公司通过并购来获取互补性能力以拓展自己的创新活动（Li, 2009）；宝洁公司则大规模采用"创客"的模式实现快速创新。

第四，政府干预创新的模式也在不断变化。因为创新往往是不同产业、不同部门协作的结果。企业创新成果的产业化和创新扩散，不再单纯地强调技术和单一产业自身，而是越发依赖于产业的外部环境构建，包括市场的培育、多个相关产业的协同发展、用户及相关利益者的价值创造与共享。德国光伏产业产品的扩散则受益于德国政府的新能源补贴政策（feed-in-tariff，FIT）和以可再生能源配额制（renewables portfolio standard，RPS）为代表的需求端市场培育政策（Dong, 2012）。

企业创新活动的这些新特点产生了许多新的管理实践，改变了传统的创新管理范式（Sveiby et al., 2012）。传统企业竞争理论，以 Porter（1980, 1985）为代表的钻石模型，强调了如何根据环境确定企业竞争战略，将企业获得竞争力的关注重点放在分析产业（市场）结构竞争环境上。以资源为基础的竞争优势理论则将研究着眼点放在企业资源和能力上，认为企业拥有的特有资源（其他企业无法得到或复制的），以及企业利用这些资源的独特方式和能力是企业形成竞争优势的基础（Nelson & Winter, 1982）。在以资源为基础的竞争理论之上，有学者提出核心竞争力理论，认为核心竞争力的获得在于"组织中的积累性学识，特别是关于如何协调不同的生产技能和有机结合多种技术流的学识"（Prahalad & Hamel, 1990, 1994; Prahalad, 1993）。因此，核心竞争力的形成要经历企业内部资源、知识、技术等的积累、整合过程。随后，随着知识经济的到来，又有学者相继提出知识、学习、创新等为基础的企业竞争力理论（Lundvall & Johnson, 1994）。

但这些理论已经难以解释企业竞争的新现象：为什么有些企业会用产品和服务免费的战略、开放知识产权的战略来形成竞争力？为什么技术优势不能转化为企业的竞争优势？为什么大量的企业围绕核心企业或平台形成利益共同体？为什么后发企业或后发国家可以借助创新生态实现快速追赶与跨越？一些组织管理的学者早就注意到了这一问题。例如，Pfeffer 和 Salancik（1978）早在 1978 年就提出，企业战略选择行为的一个外部视角和框架是外部的环境。在不确定性和开放的环境下，企业通过与外部环境建立联系来取得对重要资源的控制或掌握，企业行为也依赖外部环境的权变。正如 Pfeffer 和 Salancik（1978）所说，"为了知道一个组织行为，你必须知道该行为的背景——组织的生态"。但组织管理学派的一些研究并没有有效地与企业创新行为的分析结合起来。

Moore（1993，2006）提出商业生态概念，他认为，在战略理论中，有关经济组织的理论主要是市场和科层（hierarchies），而商业生态系统基于生物学是一个新概念，它有三个特征：共生（symbiosis）、平台（platform）与共同演化（co-evolution）。共生的内涵是：商业生态下有一群松散的网络关系，它们由供应商、配送商、外包企业、产品和服务制造商、技术提供者组成，推出一些产品和服务（Iansiti & Levien，2004b）。其成员有领导者，如 IBM、福特等，也有参与者，但它们有共同的未来。它们之间关系松散，但目标相同。因此，竞争不再是企业间的竞争，而是生态系统间的竞争（Li，2009）。

近年来，创新学者对生态系统的概念进行了延伸：用于分析和研究创新现象。Adner（2006）提出了"创新生态系统"的概念与观点，即强调创新依赖于技术、制度、结构等的共同演化，而这种共同演化需要不同的主体、公司、产业的参与（Laranja et al.，2008）。Adner（2006）认为，创新生态系统是一种协同机制，它实现了个体与其他行为主体的联系，提供面向客户的解决方案并实现价值输出，进而实现单一组织无法实现的共同价值创造。当然，创新生态系统不仅依赖系统内成员的参与，还依赖外部环境的变化。

在本书中，结合一些学者的定义（Autio & Thomas，2014），我们将创新生态系统定义为一个由相互关联组织形成的网络，通过一个核心企业或一个平台相关联，包括生产端主体（如生产商和供应商）及使用端主体（如用户）的参与，通过创新来创造、分享和占有新价值。这一定义首先明确了创新生态系统的架构是一个围绕核心企业（Teece，2007）或者技术平台（Cusumano & Gawer，2002；Gawer & Cusumano，2002）的网络。但是与传统管理学理论中的集中讨论生产端主体关系的集群、创新网络和聚焦使用端主体关系的用户网络不同的是，创新生态系统包含更为复杂的利益相关者（即生产者、用户、竞争者和互补者等）。它们之间的组织关系，既有松散的关系，也有紧密的关系；既有股权关系，也有市场关系。但这种关系网络的本质是价值创造，主要活动是价值与知识的共同创造与占有。

创新生态系统观点认为，在竞争日趋激烈的今天，企业已经成为横跨多个产业的生态系统中的一部分，一方面在生态系统中通过创新来提升自己的能力（Moore，1993），另一方面与其他的共生企业结成生态系统以缓冲外界环境的冲击（Iansiti & Levien，2004a）。在创新生态系统内部，企业往往需要通过价值的共享（Li，2009）及互补性资源与能力的使用（Adner & Kapoor，2010）来进行创新活动与价值创造。而价值共享和互补性资源与能力的使用实际上使产业竞争优势理论变得更为复杂（Hearn & Pace，2006），它们打破了原有的竞争与合作的对立，将其融合成为更为复杂的"竞合"（coopetition）关系（Bengtsson & Kock，2000）。

因此，如何在生态系统中和生态系统间进行战略选择以进行创新和竞争活动已经逐渐成为了企业当前的战略重心（Li，2009），即企业在进行战略制定时，考虑的基本单位不再是单个的企业或扩展的企业，而是合作演化的生态系统；在进行战略部署时，需要打破固定的企业与产业的边界；在进行战略评估时要考察整个生态系统的成长和稳定，而不仅仅是企业内部管理效率和行业利润率市场占有率这些指标。生态系统也被认为是与市场和层级制一起构成了现代的商业思维，并为竞争提供了理论基础（Moore，2006）。近年来，对生态系统在管理学领域的应用，用生态系统的视角对传统的战略理论进行重塑和再思考，以及对创新生态系统的研究也成为中外学术界的热门研究问题之一。

基于 Web of Science 数据库，我们发现自 Adner 于 2006 年在《哈佛商业评论》（*Harvard Business Review*）明确提出创新生态系统的概念后，与之相关的文献量大幅增加。相关文献在主流管理学期刊，如 *Strategic Management Journal*（截至 2016 年共发表相关文献 4 篇）、《哈佛商业评论》（8 篇）；在创新管理学主流期刊，如 *Research Policy*（7 篇）、*Technovation*（7 篇）上均有一定的发表量，这说明创新生态系统的相关研究正受到学术界的关注与重视。而中国对这一问题的研究较之国外相对滞后，且大多集于宏观层面，面向企业微观层面的研究非常少。

随着创新生态系统重要性的日益提升，各国政府也将创新生态系统的构建作为国家创新战略中的关键组成部分。例如，美国总统科技顾问委员会（President's Council of Advisors on Science and Technology，PCAST）在 2004 年指出"国家的技术和创新领导地位取决于有活力的动态的创新生态系统"，随后美日德等国均将创新生态系统纳入国家战略规划范畴。而我国在 2011 年 11 月下旬于科学技术部举行的"创新圆桌会议"上讨论了"创新生态系统"的议题。

在中观的产业层面上与微观的企业层面上，创新生态系统的理念已经在我国生根开花。例如，阿里巴巴在美国上市时，马云就强调阿里巴巴的商业成功得益于互联网平台基础上建立的创新生态系统；腾讯公司的微信则依靠更为开放的生态系统，在与依靠封闭生态系统的传统电信运营商（如移动公司的飞信）的竞争中获得巨大的优势；小米公司允许第三方智能机设备搭载 MIUI 系统，虽然一定程度上与小米手机形成竞争，但是小米公司却借助第三方智能手机设备扩展了其用户群体和市场，形成了更为丰富的生态系统。而因为不重视创新生态系统的构建而导致失败的案例在我国也屡见不鲜。例如，我国自主研发的通用中央处理器——龙芯，就因为不能兼容 Windows 操作系统，放弃了中央处理器的主流生态系统，同时也未能建立起自己的生态系统，导致发展的停滞（柳卸林等，2015）。类似的失败案例还包括国产操作系统红旗 Linux。

综上所述，我们认为，我们的研究具有重要的理论与现实意义。在理论上，目前学术界对创新生态系统的研究甚少，尤其是对创新生态系统形成的微观机制、架构、治理模式等各方面的研究尚处于萌芽状态，中国学者可以与国外学者在同一起跑线上做出自己的贡献。在实践中，中国企业的发展模式正面临着新的创新环境所带来的挑战，中国的部分企业，如小米、阿里巴巴，通过构筑围绕自己的生态系统获取较大的竞争优势。但仍有大量中国企业在创新生态系统的背景下处于全球竞争的不利地位，如没有领军企业，多数占领导地位的创新生态系统是由跨国公司在发达国家市场建立起来的，企业在产业链底端的恶性竞争等。因此我们认为，在强调创新生态系统之间竞争的背景下，中国企业可以通过正确的战略选择融入已有的创新生态系统中，通过协同、价值共享等机制来提升自己的创新能力，并与生态内其他主体共生（梅亮等，2014）。

相比较而言，突破性创新更需要创新生态系统的视角才能得到更好的理解，因为突破性创新是对现有商业生态系统的一个破坏，或者需要建设一个全新的商业生态体系，才能使创新得到实现。我们的研究已经说明，许多重大的技术突破，如果没有相应的互补技术，没有相应的上下游产业链，没有通过自身的能力建立围绕自身技术的创新生态系统，创新，尤其是突破式创新就难以实现（柳卸林等，2015）。

2.2　国内外研究现状

Moore（1993）通过生态系统类比企业的竞争活动，提出了商业生态系统（business ecosystem）概念，在此基础上，Adner（2006）提出了创新生态系统，之后，这一领域的研究得到了迅速的发展。

Adner（2006）的研究，是想指出创新活动的复杂性，只有从创新生态的视角，才能理解今天创新的风险与瓶颈。他早期的研究指出，当今企业通过创新创造价值的过程已经不能只依靠单一创新主体，而是要与周围的其他创新主体进行合作，共同创造价值。创新生态系统是一个涉及产品周期、资源配置和风险评估等内容的复杂系统，且创新生态系统不仅依赖系统内成员的参与，还依赖外部环境的变化。他还指出了关于产业创新生态系统中的风险，认为创新生态系统中存在着三类基本风险：自发形式的风险（initiative risks）、相互依赖的风险（interdependence risks）及整合的风险（integration risks）。

后来，他基于学习理论，通过实证研究表明，当核心企业的上游元件面临的技术挑战越大时，则技术领先者的竞争优势呈增长态势；与之相反，当下游互补品面临的技术挑战越大时，则会一定程度上销蚀技术领先者的优势（Adner & Kapoor，2010）。但在 Adner 等合作所写的论文中，主要是重视核心企业如何通过更好的生态观念来提高自己的创新能力，并没有注重创新生态作为一个整体的创新能力的形成与提高，也没有关注生态形成机制和架构的演化。

与 Adner 并行的学者，也从生态学中得到启发，提出了用商业生态系统的概念来思考企业创新战略。Iansiti 和 Levien（2004b）通过生态位的概念来阐述创新生态系统，认为创新生态系统由占据不同但彼此相关的生态位的企业所组成，并且他们还阐述了居于不同生态位的企业的动态变化过程。他们提出了平台作为一个企业战略的重要性，即众多企业在平台相互支撑。Schot 和 Geels（2008）也将生态位引入技术能力与技术创新研究中，成为创新生态系统研究的一种手段。但他们主要考察的是不同平台下不同企业发展的特点，对平台与商业模式创新的关系、如何运用知识产权战略发展平台，都没有作相关分析。

在一个创新生态系统内，谁是创新生态中重要的成员，也是重要的学术问题。有些学者强调了创新生态系统中其他利益相关者的作用，如社会公众的参与，这会使传统的三螺旋模型向着有公众参与的四螺旋模型（quadruple helix）进化（Carayannis & Campbell，2009），后来的学者强调了核心企业的作用（Möller & Svahn，2003）。但我们认为，现在的创新生态由于受到互联网的影响，越来越丰富多样，如用户在创新生态中作用越来越强，创客成为创新生态中的一个重要角色。因此，急需加强创新生态系统构成架构的研究。

针对创新生态运营的治理机制，一些学者也进行了探讨。Li（2009）通过对思科公司的企业生态系统技术路径的研究，认为创新生态系统不仅基于市场和产业结构，还具有三个主要特点，即共生关系（symbiosis）、共同进化（co-evolution）和平台（platform）。围绕着创新生态系统的三个主要特点，国外学者进行了相关的研究。

第一，要达到共生，纵向边界上的企业之间会有更为紧密的联结，Adner 和 Kapoor（2010）基于学习理论，通过对半导体平版印刷行业的实证研究证明焦点公司的上下游企业的技术挑战会影响核心企业的创新绩效，他们还特别强调了互补产品对降低技术不确定性的作用。而在企业横向边界上，企业间的关系就由传统的竞争或合作关系演进为更为复杂的"竞合"关系（Bengtsson & Kock，2000）。在"竞合"关系中，竞争者可以通过使用对方的异质性资源或者互补性能力来缩短创新的生命周期（Li，2009），进入之前未涉足的全新市场（Gawer & Henderson，2007），以及完成创新的扩散（Ritala et al.，2014）。但是为了维持这种"双赢"的"竞合"关系，竞争对手间需要让出一部分利益（Li，2009），而这也有别于传统的产业竞争优势理论（Bengtsson & Kock，2000）。在微观的企业层面，亚马逊（Amazon.com）线上图书 Kindle 就是创新生态系统中竞合共生的典型代表，其通过在苹果公司的平板电脑（iPad）上安装其应用来实现创新扩散与创新生态的培养，虽然 Kindle 与苹果公司自身的线上阅读应用 iBook 形成竞争关系，但是苹果公司仍和亚马逊进行合作，借助 Kindle 应用向 Kindle 的用户扩展其平板电脑产品的生态系统，这就形成了"竞合"的共生关系（Ritala et al.，2014）。在中观的区域层面，美国的硅谷就是创新生态系统中竞合共生的典型代表，硅谷成功建立了一个充满互助与竞争的企业创新生态系统，形成了一个不断产生和进化新技术的集群（Hwang & Horowitt，2012）。例如，半导体发展的前30年，横向边界上的竞争企业成立了许多合资企业，促进了相互之间的发展与进步，也形成了硅谷"崇尚竞争、讲究合作"的创新文化。

第二，共同进化则强调生态系统内主体间的协同发展，这种协同发展不仅是单一产业链的，也是多个产业链间的协同发展。Horn（2005）认为福特汽车的成功得益于其与汽车周边零配件厂商的共同发展。而 Choi 和 Anadón（2014）则以光伏产业为例，认为光伏产业的创新与发展要同时强调电学、化学等多个产业的协同发展。Hwang 和 Horowitt（2012）将共生与共同进化基于集群的视角，去研究创新生态系统，并揭示了硅谷作为一个集群是如何建立充满互助与竞争的企业创新生态系统，从而使其中的企业相互促进发展与进步。

第三，基于开放式创新的平台理论在构建创新生态系统中发挥着十分重要的作用（Rohrbeck et al.，2009）。Gawer 和 Henderson（2007）通过对英特尔公司的案例研究描述了英特尔公司是如何通过建立创新平台来连接合作企业从而进入互补性产业来建立自己的生态系统。Li（2009）则通过对思科的创新平台的研究发现，思科通过平台战略连接了顾客、雇员、合同制造商和供应链上其他合伙人，成为基于互联网的多站点、多地区的互动网络，进而形成创新生态系统。但上述研究都缺乏从知识创造与共享、价值创造角度进行分析，也将生态系统内企业拥有的资源和能力假设为同质的，但事实上中国企业面临的情况与此并不相同。

也有不少学者从组织的结构，以及生态内组织间的结构来研究创新生态系统。创新生态系统的一个重要研究领域是生态系统内组织间的特殊关系资产（Dyer & Singh，1998）。Lewis（2013）认为战略联盟内的信任是联盟运转的重要因素，而这对于创新生态系统内需要共生的创新主体同样重要。Rohrbeck 等（2009）对德国电信进行了组织拆分，分离出11个实现开放创新下创新生态系统构建的创新工具，并发现该公司整合外部资源的价值创造在思想产生阶段最高。Ring 和 van de Ven（1992）认为组织间的连接结构会影响战略及技术的绩效，Kapoor 和 Lee（2013）通过对美国医疗保健领域1995～2006年数据的实证研究表明，组织形式的不同对医院在投资新的医疗影像技术时决策的影响，在三种合作方式下，通过产业联盟结成生态系统的公司更有可能投资新技术，且联盟范围越广，成员得到的利益越多，则越有可能投资新技术。

Jap 和 Anderson（2007）从资源观的角度理解组织间关系（inter-organizational relationship），将它定义为出现在两个或多个组织之间相对持久的资源交易、资源流动和资源联结。Zaheer 等（2000）从资源观出发，对企业网络和资源进行了研究，指出企业所在的网络使其从环境中获得了关键的资源，其中知识资源是影响企业创新的关键。Kogut 和 Zander（1992）从组织学习理论视角来解释组织间关系对企业创新的影响，认为通过组织间构建关系网络、相互学习和转移组织间知识可实现知识的沟通与整合，从而企业得以学习和创新。Dyer 和 Nobeoka（2000）探讨了丰田公司的学习与组织间关系网络演进过程，其结论已经为关系观提供了实证支持：组织间关系网络比单个组织更有利于知识的产生、转移与整合，从而实现创新。美国学者 Leonard-Barton（1995）及日本学者 Nonaka 和 Takeuchi（1995）分别通过介绍美国公司和日本公司，如惠普、摩托罗拉和丰田等，是如何通过有效建立和管理组织间关系以及利用组织间关系成员的知识来进行知识创造以获取竞争优势的。

对于组织间关系如何影响企业创新这一问题，Park 和 Ungson（2001）从强度、密度、集中度、正式化程度和稳定性五个要素，分别对应规制方式、关系复杂性、关系重要性、权力依赖和关系变革五个方面来刻画组织间的关系结构，并认为这五个要素将影响组织间知识和信息传递的效率及合作效果。Cravens 等（1993）指出关联组织成员之间的互动关系、知识转移、吸收潜力与组织间合作能力，以及知识在组织间关系网络中的转移机制问题，会影响企业创新效果，进而影响创新绩效。而在企业结成的网络架构形成后，还应有若干或者某个领导企业或核心企业来进行创新生态系统的管理，构筑科学的治理结构与协调机制，从而控制生态系统内的活动，建立成员间的共同目标，促进生态系统成员间的协作，保证创新生态系统的健康度，进而提升生态系统内所有参与者的能力（Gomes-Casseres，1994；Möller & Svahn，2003；Möller et al.，2005；Möller & Rajala，2007）。我们认为，上述研究为本研究的这一领域打下了很好的基础，但在互联网技术的快速影响下，组织间关系出现了许多新形式，成为创新生态系统形成与发展的重要基础，这需要作更进一步的研究。

创新生态系统的研究还有一个重要的问题需要提及，即后发企业能否利用创新生态系统实现追赶与跨越。Zahra 和 Nambisan（2011）指出，嵌入创新生态系统的公司面临着生态系统领导者带来的三个主要挑战：第一，它们不仅受到广义的企业资源限制，还会受到生态系统领导者的制约，因为生态系统的领导者往往会为生态系统的健康度而牺牲嵌入企业的短期利益；第二，嵌入企业需要不断跟随生态领导企业的技术，以及在生态系统内寻找新的但是未经证明的价值创造机会；第三，生态系统领导企业为了内化生态系统的价值，可能会在某些互补产业建立子部门，从而挤压生态嵌入公司的生存空间。但我们查找文献发现，针对后发国家如何嵌入与生态再造的研究仍然较少。

本书认为，创新生态系统的研究，将会挑战已有的竞争理论。传统的理论认为，企业竞争力来源于企业的专业化、核心技术优势或竞争战略（Porter，1980，

1985；Nelson & Winter，1982；Prahalad & Hamel，1994），但已经有学者指出，生态系统中企业的竞争力来源于所在的联盟网络及其在这个网络中所扮演的角色（Gomes-Casseres，1994）。另外，创新生态系统背景下的企业竞争力来源于其所在的创新生态系统及其在生态系统中扮演的角色。现在的商业竞争是一个创新生态系统对另一个创新生态系统的竞争。为此，需要建立新的衡量竞争力的指标体系，需要研究创新生态系统与产业竞争力的关系，但国际上对这方面研究较少。

中国学者也对创新生态系统进行了相关研究。黄鲁成（2003a，2003b）将生态学理论与方法应用于研究区域技术创新系统，提出区域技术创新生态系统的概念。徐艳梅等（2004）以数码成像技术对成像产业的影响为例，分析了产业生态变化影响产业密度及产业内企业间的相互关系、产业内企业的协同进化及企业经营战略，并指出技术进步在产业生态变迁中的作用。贺团涛等（2008）认为高科技企业创新可视为一种创新生态系统，并对其进行了分析，指出企业技术创新的成功往往依赖于很多周边的企业，且将系统的风险进行了分类，研究了它们的产生机理和识别方法。伍春来等（2013）通过对相关文献的研究综述，以及具体的产业创新基础，提出了产业技术创新生态体系研究的框架和内容，认为理解产业创新生态系统应同时考虑产业内部不同技术创新生态系统之间的竞争与合作关系。李万等（2014）通过近年来创新 3.0 范式演变的理论基础与实践探索的梳理，阐释了创新生态系统的概念与特征，包括多样性共生、自组织演化、开放式协同三个特点。梅亮等（2014）则通过科学计量的文献综述方法论述了创新生态系统理论的起源、知识演进和理论框架。曾国屏等（2013）、赵放和曾国屏（2014）则在 Estrin（2008）提出创新生态系统中的研究、开发和应用三大群落的基础上建立了研究创新生态系统的"中心-外围"模型，并将研究范围从主体之间相互依赖拓展到主体与环境的相互作用。柳卸林等（2015）则认为应以创新生态视角改革我国的科技管理体系，并通过多个案例强调了构建创新生态系统是我国企业提升产业竞争力和成功进行突破式创新成果转化的重要机制之一。

通过对国内外现有研究的综述，我们发现虽然仍存在着较大的研究缺口，但是国外有关创新生态系统的研究已经不仅仅局限于概念的阐述，而是延伸至中观的产业、集群层面及微观的企业层面。目前，*Strategic Management Journal*、*Harvard Business Review* 上发表的研究主要强调创新系统内上下游企业对核心企业价值创造的影响、互补性资产的获取和使用、产业链的上下游不对称性等方面，对于如何把价值创造和知识创造结合到生态系统中、创新生态内部的运作研究得不够充分，缺少从技术轨道竞争、知识创造、利益相关者影响等多角度系统视野的研究，尚未建立生态系统形成机制、治理模式及对竞争优势的作用机制。

总之，创新生态作为一门新的战略、组织与创新的研究新范式，在西方的研究也刚刚开始，仍然有许多理论空白，产业界创新生态的实践发展，要比当前理论的发展丰富得多。因此，急需一个更系统的研究，来填补相关的空白，这也是中国研究与国外研究可以同时起步的研究领域。但相比而言，我国的综述性研究较多，主要目的是厘清创新生态系统的定义与内涵，且大多集中宏观层面，缺乏使用该视角对管理学机理细致的刻画。在方法上，西方的研究除了案例研究，也逐渐开始使用定量的方法来进行实证分析，而我国仍以定性研究为主，相关且完备的案例研究也相对欠缺。中国经济在快速发展，企业在利用创新生态的战略和组织创新的案例越来越丰富，为我们今天的研究提供大量的研究素材。中国创新生态系统的形成与演化也具有与西方国家不同的特点，可为创新生态的一般理论发展做出贡献。

针对上述研究空白，本书致力于研究创新生态形成机制的基础条件及过程，尤其是大企业在突破性创新中，如何利用创新生态系统、领导力的形成、平台战略及生态系统内部的治理结构。其中一个核心的概念是协同，因为协同体现了企业之间在创新过程中形成一种特殊关系。有效的协同创新，可大大促进突破性创新。

第3章 基于生态观的大企业协同创新

党的十八大报告提出，"要坚持走中国特色自主创新道路，以全球视野谋划和推动创新，提高原始创新、集成创新和引进消化吸收再创新能力，更加注重协同创新"。这是我国第一次把协同创新作为自主创新的一个重要内容。

在国际上，并没有出现协同创新一词，更多的是合作创新（collaborative innovation），Ketchen 等（2007）提出，合作创新是指跨越企业或产业的边界，通过思想、知识、经验和机会的交流共享实现创新。合作创新可以达到合作的优势或出现关系租金（relational rent）（Dyer & Singh，1998）。我们认为，协同创新一词包含的含义要多于合作创新，只有合作的效果出现了 1+1>2 时，才会出现协同的效果。

基于创新生态的观点，本书认为，协同机制是实现突破性创新的关键。在我国，创新体系中高校、研究所、企业的创新能力不断提升，国家对相关要素的支持也不断增加，但我国在科技创新能力方面仍然落后于发达国家，其中的一个重要原因是：各个创新的主体间缺乏有效的互动合作与协同。因此，只有不断强化创新体系间的协同创新，才能破解创新投入不断增加而突破性创新能力提高缓慢的困局。

在实践与政策中，不仅高校要注重协同创新，以企业为主的协同创新更具有重要意义。党的十八大明确提出，加快构建以企业为主体、市场为导向、产学研相结合的技术创新体系。这说明强调以企业为主体的创新模式已经成为这个时代的主流创新模式。

协同的概念是外来的。1971 年，德国学者 Haken 在系统论中最早提出了协同（synergy）的概念，指系统中各子系统的相互协调、合作或同步的联合作用及集体行为，结果是产生了 1+1>2 的协同效应。但协同创新的概念是国内首次提出。协同创新的意义在于：在经济全球化环境下，创新越来越具有开放性，技术和知识的创造、创新与应用部门之间需要构建开放式的协同创新。例如，我国载人航天事业的巨大成就，得益于全国通力协作，得力于 3000 多个工程单位及数十万科研工作者的密切配合，使我国能够在短时间内走出一条具有中国特色的"飞天"之路。因此，只有参与更大规模的协同创新，才能增强更广阔领域的自主创新能力。

3.1 研究协同创新的目的

从 20 世纪 80 年代起，我国就开始重视产学研合作，力图提高产业与高校的合作能力。但这些政策没有解决产业核心技术突破的根本问题，原因主要有以下两方面：一是我国现有的经济与科技评价体系，强调了部门的利益，造成重大项目分解成无数的小项目，难以合成为重大的创新，单位所有制、部门所有制是合作创新的敌人。二是我国的企业与高校院所之间一直存在价值、能力、文化的差异，难以形成真正的产学研合作。例如，高校研究所强调了论文的发表，而企业强调了可工程化的技术；高校研究所重视先进的技术，而企业需要成熟的技术。从创新生态系统角度出发，企业间的关系、企业与大学研究所之间的关系，应该是一种协同的关系，即双方资源互补、价值观相同、力求实现创新。

基于此，本书将协同创新定义为：一种企业、政府、大学、研究机构、中介机构等创新主体相互合作，并产生协同效应的网络创新体系。这一概念既包括创新主体之间的连接，也包括创新产品与研发、设计、制造、运营中各创新要素的连接及创新活动与环境的互动。

协同创新又可从创新主体或创新领导者的角色划分为以企业为主体的协同创新与以高校院所为主体的协同创新。以企业为主体的协同创新是指主导终端产品的企业在创新链条的构建中，通过信息流、知识流和产业网络，促进纵向各环节相关主体的合作和横向各相关要素的结合，促进相互学习交流与配套共赢，从而使各个单体优势和各个要素集成形成整体创新优势的过程。在这一过程中，当企业成为协同创新的发动者时，其作为用户、制造商，可以牵引、参与到产品的研发、设计中，准确传达并持续挖掘用户需求，将创新付之行动。而以高校研究所为主体的协同创新，则是由一个或数个高校或研究所作为主体，一个或数个企业参与，目标在于创新的网络体系。

3.2 以企业为主导的产业链协同创新意义

3.2.1 对中国企业的管理创新具有重要意义

在我国，受到传统文化的影响，企业只关心自身的利益，不关心产业利益，使企业在合作中，机会主义、部门主义盛行，导致协同无效，破坏了协同创新。在合作中，每个部门都强调了自己利益的最大化，都把自己的部门看作是领导的部门。因此，协同创新需要发挥主导企业的协同领导力。这种能力实质包括：协同的领导力、知识共享的能力、风险共享的能力、利益共享的能力。因此，企业的协同创新，必然是管理的重要创新。中国企业非常需要具备这种产业链协同创新的管理能力。

3.2.2　可打破我国长期产业核心技术突破无力的困境

企业主体的协同创新还可打破我国长期产业核心技术突破无力的困境。我国在汽车、电子、机床、电视、钢铁、化工等诸多产业，核心技术基本上受控于人的局面没有被打破过。究其原因如下，产业的重大核心技术，需要从一个产业链的角度进行协同攻关，需要产学研的高度合作，需要从用户的角度进行协同创新。

北京科技大学罗维东教授指出，"我国对记忆合金的研究大致有二三十年了，但与国外相比，仍然存在着很大差距，这个距离不是理论研究的先进性与否，而是体现为材料的具体应用上。我们拥有丰富的研究经验、发表了很多专业文章、取得了多项前沿成果的记忆合金材料，而国外则率先把这种记忆合金材料做成导管应用到医用的支架上，形成了一个非常大的产业，取得了巨大的经济效益与社会效益。为什么美国人想到了、领先了"？罗维东分析："原因一是国外的高校、研究机构和企业，能够时刻关注用户需求，其研发的产品因此深受用户欢迎，更具市场潜力；二是他们形成了一种协同创新的机制，医用支架的研发涉及材料、医疗仪器和医学等学科领域，正是这种机制把这些领域的专家组织到一起。"罗维东认为，"回顾这些年世界科技的发展，由中国发明的东西不多。虽然我们在产品的引进、仿制、跟踪研发方面反应较为迅速，产业化能力很强，但我们真正需要的是拥有核心技术的产品。这是无法依靠引进而获得，必须由自己研发。而这种研发需要以'用'为引领，多部门、多领域、多学科协同推进，也就是需要协同创新"（薛娇和陈礼达，2012）。

3.2.3　对中国大型国有企业如何实现创新驱动发展具有重要示范意义

协同创新往往是价值分享式的创新，对中国大型国有企业如何做好创新驱动发展具有重要的示范意义。因为越是重大的产业创新，需要协同的创新，往往是国家使命与企业使命高度融合的创新。这种协同创新反映出一个共同的特点；将国家的使命、社会的需求与企业的发展有效地结合起来进而实现创新，是一种价值分享的创新。这与美国哈佛大学教授波特尔所提倡创造分享价值的创新（creating shared value）非常一致。波特尔认为，资本主义的模式已经遇到了前所未有的危机：把企业的利润最大化，但忽视了社会的需求和社会的发展（Porter & Kramer，2011）。

而强调了社会责任的模式也没有解决根本的问题。因此，他认为，在西方社会需要一场新运动，通过创造分享价值的模式，可以实现新的创新和发展。这种价值分享的创新可以为西方资本主义找到新生。他把价值分享的概念定义为：是一组政策与运营实践，它在增进企业竞争力的同时，增进了企业所有社区的经济和社会条件。

这种价值分享包括了以下具体内容：①企业的发展要综合考虑市场与社会的需求，即把外部化的成本内部化，实现企业与社会的共同发展；②企业要从价值链中重新定义生产率，要考虑资源、能源的利用，企业可以通过更好的技术实现能源的有效利用，按照波特尔的这一观点，在全球布置生产链并不是价值分享，因为全球范围内的大规模的运输并不经济；③企业需要在社区内建立供应链系统，实现相关企业的共同发展。

但波特尔的新企业的想法，是一个理想。他并没有从企业产权意义上进行反思如何从企业所有权形式改革实现这一新型的创新模式。但通过考察中国企业特色的创新模式时可以发现，一些型国有企业的协同创新，是一种创造价值分享的创新。这是由国有企业的特点所决定的，也是国有企业的优势所在。因此，从价值分享的角度来理解中国国有企业的协同创新是一个更加科学的视角，也是对国有企业未来如何走创新发展道路的一个更好的注解。通过价值分享创新模式的研究，可为国有企业创新和发展找到一个更加有意义的制度和行为框架。

为了上述目标，我们对中国四大协同创新的主体——中广核工程有限公司、国家电网公司、中国南车股份有限公司、中国移动通信集团公司进行了调研访问。这四家企业分别在核电领域、特高压输电、高铁领域、通信标准实现了产业核心技术的重大突破，且是横跨产业的协同创新。总结它们的经验，对中国产业的协同创新具有重要的借鉴意义。

3.3 以企业为主导的协同创新机制

3.3.1 关于协同创新和用户创新的研究

根据协同创新的内容、层次和组织结构的不同，协同创新被具体划分为内部协同创新和外部协同创新。内部协同创新主体是产业组织本身，依赖于组织内部各部门、技术及文化等要素间的互动，国内外学者主要围绕与企业内部创新相关的核心要素（技术和市场）和若干支撑要素（战略、文化、制度、组织、管理等）的协同创新模式、运行机制、影响因素及效应等展开研究。外部协同创新的实现取决于产业组织与外部其他组织协同开展创新活动，国内外学者主要围绕横向协同创新和纵向协同创新展开研究。其中,横向协同创新主要是指同一大类产业中细分产业主体间的协同;纵向协同创新主要是指同一功能链不同环节上的产业主体间的协同。现有的研究主要围绕企业与高校院所之间、不同类型企业之间、企业与其他机构之间及供应链上各主体协同创新的驱动因素、模式与运行机制、模型收益分配实施策略、风险分担及创新绩效等问题展开研究。

产学研协同创新是合作各方以资源共享或优势互补为前提,以共同参与、共享成果、共担风险为准则,为共同完成一项技术创新所达成的分工协作的契约安排,以企业为技术需求方,以大学、科研机构为技术供给方的研发合作是主要形式(鲁若愚,2002)。Yong(1996)指出,获取互补性研究成果、进入新技术领域、开发新产品、接近大学(研究所)的重要人员、提高学术研究是企业参与产学研协同创新的主要动机。而大学也能从合作中获得企业对其研究的经济支持、推进研究的实用性、探索新的研究领域以获得更多的学术成果(Geuna & Nesta,2006)。

协同创新有不同的模式。张钢和陈劲(1997)基于我国典型的技术密集型企业的案例分析,认为我国企业创新动力不足的原因主要在于企业内组织、技术与文化在创新问题上缺乏一致性,该研究旨在助推我国企业实现依靠技术创新实现可持续发展,并提出了企业内部组织、技术与文化三者协同创新的分析框架与一般模式。金林(2007)通过分析科技中小企业与科技中介的协同动因、协同效应和协同创新的运行模式,构建科技中小企业与科技中介协同创新网络。张波(2010)分析并完善中小企业协同创新的各种模式,对中小企业发展及社会和谐发展具有重要的理论意义。何勇等(2007)以退货政策模型为例,证明采用供应商和销售商共担创新成本的模式可以解决单纯的退货政策无法实现供应链协作问题。

王方瑞(2003)对战略引导和组织结构支持下的技术创新和市场创新的协同创新管理架构进行了分析,提出了具体的可操作性的技术-市场协同创新管理机制。郑刚等(2008)结合海尔集团的案例,基于面向创新理论视角深入研究了技术创新各环节中技术、战略、组织、文化、制度、市场等各关键要素的协同问题,提出 CIS 五阶段全面协同创新过程模型。饶扬德(2008)深入研究了企业内部协同创新的组织结构和运行机制,将协同创新细分为技术、市场和管理三个维度,并提出企业在构建三维创新协同机制中应注意的几个问题。刘国龙(2009)从产品创新、工艺创新和市场创新三者协同作用的视角,研究协同创新对产业成长的促进作用和机制。何郁冰(2012)提出了协同创新的理论框架,即战略协同层面、知识协同层面、组织协同层面,借此来阐明作为企业、大学和科研机构是如何利用知识和资源在组织间的快速互动、共享与集成,加快提高国家和区域创新系统的效率。唐丽艳等(2009)在协同理论、交易成本理论和网络组织理论的基础上,分析了科技中小企业与科技中介的协同动因、协同效应、协同创新的运行模式,进而构建了科技中小企业与科技中介协同创新网络,并对协同创新网络的基本构架、特征、作用和协同网络的治理进行了深入的研究。张巍等（2008）研究了一个由供应商、制造商、销售商组成的三级供应链，建立了具有纵向溢出效应的供应链企业间协同创新模型。张旭梅等（2008）提出了供应链上所有成员（包括客户）在产品设计、产品制造、产品运输、市场营销等整个产品生命周期上协同创新的内涵及其运作过程，并分析了协同创新存在的问题，提出了供应链企业间协同创新的实施策略。

协同创新影响因素不同，创新绩效不同。陈劲等（2006）对企业集团内部的协同创新管理进行了理论和实证研究，识别了企业集团内部协同创新的六大关键因素，分析了各影响因素与三个不同维度协同效应之间的关系，并验证了协同创新效应对创新绩效的促进作用。白俊红等（2008）通过对企业内部创新协同机制及其影响要素进行实证分析，指出技术、组织、文化、战略和制度五个因素对创新协同绩效有显著影响。万幼清和邓明然（2006）通过分析知识重组过程中影响产业集群协同创新绩效的因素，建立产业集群协同创新绩效模型。Fan 和 Tang（2009）从环境、投入、产出、合作机制和效应等方面入手，建立产学研技术协同创新绩效评价指标体系，对中国产学研技术合作创新进行评价。解学梅（2010）运用结构方程模型探讨了企业-企业、企业-中介、企业-研究组织、企业-政府等协同创新网络与企业创新绩效的关系。

3.3.2 关于用户创新的研究

用户创新概念的提出基于美国学者 von Hippel（1976）"用户是创新者"的观点。之后，von Hippel（1986）第一次对用户创新与生产者创新做出了清晰的鉴别，并将用户视为创新的一大重要来源。1988 年，Urban 和 Hippel 对创新的源泉进行了分类，分成用户创新、制造商创新及供应商创新三大类。用户创新（user Innovation）是指用户对其所使用的产品、工艺的创新，包括为自己的使用目的而提出的新设想和实施首创的设备、工具、材料、工艺等，以及对制造商提供的产品或工艺的改进（吴贵生和谢伟，1996）。用户创新的理论在实践中也得到了很好的检验，最早的关于用户创新的例子可追溯到 18 世纪（Bogers et al.，2010）。用户充当发明者或合作开发者角色等用户创新行为也在化工和化工设备、拉挤异形材处理设备、滑雪板帆板运动设备、科学仪器、半导体和印刷电路板工艺等不同领域得到了证实（Lettl et al.，2006）。

Urban 和 von Hippel（1988）对用户创新现象从经济学的角度进行了合理解释。其认为创新是一种利益驱动型行为，并根据用户所期望的利益来预测创新来源。熊彼特认为，成功的创新者可以从他们对自己创造出的创新产品的暂时垄断中获得回报，而且这种创新能力会进一步发挥杠杆作用，使创新者在市场上占据优势，并通过创新获得"经济租金"。在创新的早期阶段，由于市场的高度不确定性及突破性技术的复杂性，制造商需要承担将创新推向市场的风险，而用户可以免于承担这一风险并获得创新租金。此外，有学者认为用户创新的另一产生因素是用户的需求得不到满足。制造商很难准确地了解用户的新需求，也很难预估用户的新需求有多大的市场，因而不敢大规模地生产某种产品或服务（Bartkus et al.，2002）。用户需求信息的黏着性被视为另一驱动用户创新的因素。von Hippel（1994）指出，信息的黏着性是指信息从一个地方传递到另一个地方以供使用所产生的"增量成本"，这种成本越高，信息的黏着性越大。成功的创新需要两种主要的信息，一种是用户产生的关于需求和使用情况的信息，另一种是制造商产生的关于解决问题的信息，这两种信息的结合有一定的难度。基于信息的黏着性，用户往往倾向于自己完成创新。

范式的分类是基于用户在创新过程中的参与深度的。Kaulio（1998）将用户参与创新的程度分为三类：为用户创新、与用户共同创新、由用户创新。Ives 和 Olson（1984）通过对管理信息系统软件开发的研究，将用户参与程度分为以下几种：不参与、象征性参与、通过建议参与、弱控制参与、共同参与及强控制参与。国内学者董艳等（2009）将用户创新行为分为用户自主创新、用户主导创新和用户合作创新。

von Hippel（1986）将领先用户从普通用户中分离出来，强调领先用户在创新中的重要作用。他认为对领先用户需求和解决方案的数据分析能提高快速变革领域新产品开发的效率。领先用户分析法也成为用户创新管理的一个行之有效的方法，并在一些产业中得到了实证验证（von Hippel，1988，1989，1992，2000）。另一个用户创新管理的方法是用户创新工具箱。通过提供用户创新工具箱，制造商可以把设计任务转交给用户，从而加快设计速度，降低设计成本并提高顾客满意度。用户运用创新工具箱进行自主设计，设计出能够满足自己需求的产品（von Hippel & katz，2002）。

我国许多学者也已经认识到，用户或需要牵引的协同创新，可以大大改变我国许多产业领域有技术无创新的局面。由于我国高校与产业界的"两张皮"现象，许多产业领域，虽然科研工作很早，论文也很多，但缺乏产业核心技术（薛娇和陈礼达，2012）。因此，通过用户驱动的协同创新，可以大大改变我国产业创新体系的组织与模式，提高我国产业核心技术的供给能力。

通过对现有文献进行总结发现，目前对协同创新的研究主要集中于以高校为主体的协同创新，以企业为主体的模式相对较少；而基于用户驱动的协同创新在国内外也并不多见。因此，本书研究将围绕用户驱动的以企业为主体的协同创新展开，在国内外都有一定的创新性。

另外，价值分享作为一个新的创新思想，也是国际上新提出的概念。把价值分享的创新与国有企业的发展目标联系起来，可解决国有企业发展中存在的一个根本问题——垄断。国家支持是一个对社会有益的行为还是一个对企业有益的问题？通过价值分享创新的模式的研究，可为国有企业创新和发展找到一个更加有意义的制度和行为框架。

3.4 以企业为主导的协同创新现状及运行机制构建

3.4.1 以企业为主导的协同创新

当今世界，随着新科技革命的迅猛发展，不断引发新的创新浪潮，产品复杂程度也不断提高，产品生命周期越来越短，创新技术的融合性加剧，同时互联网使消费者获取信息的广度和速度得到了前所未有的提高，用户需求的不确定性及个性化增加，对市场的要求日益快速和顾客化。因此，技术的迅猛发展、环境的高度不确定性，使得创新日益成为一种复杂性活动，需要广泛的资源和能力，企业面临的创新压力大大增加，单个企业的创新能力日益受到挑战，即使大公司也不可能在所有的技术前沿领域进行深入研究，跟上技术变革的步伐。即使实力雄厚的企业也不可能拥有创新所需的全部资源和技术。再加上经济全球一体化趋势愈演愈烈，国际化的生产和贸易正以前所未有的速度增长，创新活动也变得越来越国际化和开放。许多企业通过契约关系、合作网络、社会关系与企业、大学、科研机构、政府和中介机构等联结形成协同合作网络。中国要想实现建设创新型国家的目标，实施创新驱动战略，提高自主创新能力，需要更多的制度创新，而协同创新就是其中重要的战略选择。

协同创新已是当今世界科技创新活动的新趋势，成为整合创新资源、提高创新效率的有效途径。美国硅谷之所以能诞生苹果、惠普、英特尔等一大批世界著名的高科技企业，很大程度上得益于硅谷所在地政府、企业、大学、科研机构及其他中介机构的合作创新生态系统，即深层次的科技力量整合、创新资源共享、创新人才聚集的创新模式——协同创新。

人们通常把技术创新的合作过程看成是产学研合作的一种表现形式，协同创新也不例外。但是需要注意的一点是，产学研合作并不是一个可以自动触发启动的过程，这是因为从博弈论基础的角度来看，产学研的各个主体有着各自的利益诉求，都希望通过产学研的过程使得自身利益达到最大化而非整个联盟利益的最大化。也正因为各个主体争先追求各个目标，也很容易对整个创新系统的创新生态环境造成不良影响，最终产生各自为政的局面。这样的情况从近几年我国产学研合作的成效中可得以验证：我国高校、科研单位的科技成果转化率长期低位徘徊，真正实现产业化的不足 5%。相对而言，美国的科技成果转化率高达 85%。而协同创新机制恰恰可以很好地解决这一问题，它强调"官"在产学研合作中所起的关键作用，即国家层面的制度安排和政策引导，避免了子系统群体的非理性导致的整个创新系统的非理性，实现创新体系整体的利益最大化。为了更好地探索协同创新的组织架构，应当站在国家创新体系的高度，从宏观的视角进行分析。因此，传统的封闭、独立的创新模式并没有真正解决我国创新所面临的严峻局面。

协同创新相较于其他创新模式的优势，有如下特点：

相对于开放式创新，协同创新是一项更为复杂、更重视要素结合效果的创新组织方式，协同创新也可以说是开放式创新的一种形式。协同创新的关键是形成以大学、企业、研究机构为核心要素，以政府、金融机构、中介组织、创新平台等为辅助要素的多元主体协同互动的网络创新模式，通过知识创造主体和技术创新主体间的深入合作和资源整合，产生"1+1+1>3"的非线性效用。美国的硅谷把创新型企业、研究型大学、研究机构、行业协会、服务型企业等紧密连在一起，演化出扁平化和自治型的"联合创新网络"。

相对于传统意义上的产学研合作创新，协同创新更多地强调政府的介入、金融的参与、中介的完善，为协同创新的顺利开展提供良好的环境和支持。

（1）政府的介入。当前我国的市场机制还不够完善，当各种创新资源和生产要素被区域分割和组织垄断时，各级政府发挥的作用不容忽视。政府通过战略导向、健全政策法规体系、构建灵活的支持平台等方式来组织实施创新主体间的协同合作，这样一种方式要比由企业与高校或科研机构通过市场的自由合作更加顺畅和有效。在协同创新过程中，政府的作用大致体现在宏观指导、政策引导、利益整合、服务保障、财政支持等方面。因此，在协同创新过程中，政府的作用不但不可少，还应摆在首要的位置。

从理论上看，协同创新机制代表政府对于自身在市场经济初期全能角色的清醒的意识。政府是协同创新机制的灵魂，企业是协同创新机制的主体，高校和科研机构是协同创新机制的源泉。良好的软、硬件创新环境的打造，少不了由政府带动企业、高校和科研机构的共同创造。

从财政资助现状看，当前我国的研发资金主要来源于政府和企业。虽然近几年来源于企业的研发资金有所增加，但总体上政府的宏观调控资金仍占最主要的地位。政府将通过制订各类科技计划、配置发展基金及运作协同创新专项科研项目的匹配资金，来参与创新系统的运作和管理过程，从而起到联系科技与经济的纽带作用，支撑协同创新系统的高效运转。

从物质生产环节看，政府在协同创新过程中起到衔接各创新主体的优势和宏观配置资源的作用，是支撑科技事业发展的物质基础。很多时候，体制是阻碍知识创新和技术创新的重要原因。

（2）中介的完善。协同创新强调中介组织在国家创新体系中的功能。国际经验表明，国家创新网络需要一个完善而高效的社会化服务体系，这个服务体系是由以知识服务于技术创新的各类中介机构组合而成，为协同创新平台或联盟提供各项服务。

协同创新是创新资源重组、各创新主体间通力合作的一个过程。创新主体通过有效利用外生"创新资源"实现协同合作，而利用外生资源，首先有一个搜寻、选择及被选择的过程。无论是在企业间（包括与用户），还是企业与外部科研机构、高校之间，都要经过搜寻和识别，工作量非常大，成本非常高，风险也很大，想要找到志同道合的合作者根据各自的效用函数和收益预期，历经博弈，走向合作，是相对困难的一件事情，而且这还会使得创新主体很难集中精力专注于技术创新等关键环节。因此，中介组织的参与，可以综合由于社会高度分工而产生的众多比较优势，通过借助中介机构的核心协调能力，最大限度地降低协同创新的运作成本与风险。

除此之外，中介组织还可起到沟通衔接作用，将拥有各类创新资源的主体衔接在一起，实现知识增值，为用户提供服务，从而达到价值创造的目的。中介组织所能提供的服务范围主要包括：科技成果和技术咨询服务、人才中介服务、管理咨询服务、投资融资服务、评估服务和信息服务等。中介机构的服务构成了协同创新网络中至关重要的节点。

总之，在协同创新系统中，政府是引导者、监督者，企业是创新主体和主力军，高校和科研机构是助推器，金融机构是支持者。协同创新是在国家、高校、科研院所、金融机构和企业之间优势互补、利益共享基础上的协同效应产生的过程，是风险共担、利益共享的合作机制，这对协同创新的成功合作具有重要意义。

3.4.2　以企业为主导的协同创新特点

1. 具有更强大的动力

企业家作为创新者，会比科学家更愿意承担创新的风险，汇聚创新的资源。在开放式创新成为主流的今天，大量的创新是企业主体的协同创新。例如，苹果手机的创新是一个协同创新的重要体系，苹果公司并没有开发智能手机所需的全部技术，但它通过基于全球供应链的协作，实现了创新。其中，中国的富士康是苹果手机的重要生产厂商，大量的创新是苹果手机与富士康协同实现的，如苹果智能手机天线的再设计，正是富士康帮助苹果实现了这一创新。

2. 具有更高的效率

以企业为主导，企业的技术需求可以有效表达，技术供给也更加贴近市场需求，缓解了学术价值与商业价值的冲突，使创新成果更加易于商业化，增强了产学研的合作效率。这改变了传统的以大学为主，相当多的成果难以产业化的弊端。以企业为主导的协同创新甚至可以达到用户成为产品设计者的作用。在用户创新管理的发展中，领先用户分析法成为一种有效方法，强调领先用户在创新中的重要作用，将领先用户从普通用户中分离出来，对领先用户需求和解决方案的数据分析能够提高快速变革领域新产品开发的效率。此外，制造商通过把设计任务转交给用户，也能够加快设计速度，降低设计成本，提高顾客满意度。

3．围绕具体的目标

以企业为主导的协同创新可以有效地带动创新系统中的研究开发院、大学研究所、设计公司为共同的创新目标而努力。这种协同，有基于市场的协同，也有基于长期的供应关系、制造用户的关系，是一种更有效的协同创新。而在以大学为主的协同创新中，由于以大学或研究所为主导、国家的科研经费作催化剂，结果往往是被动参与多，短期效应多。

4．改变了创新中资金约束的难题

如果企业愿意进行创新，它们会更主动地获取资源，克服创新中的资金约束。在以高校为主导的协同创新中，由于企业对技术了解不深，不敢承担成果转化的风险，而在以企业主体的协同创新中，企业自己有能力进行创新所需的试验，批量生产。

5．国有企业的许多创新其实是一种价值分享的创新

国有企业的许多创新是从市场和社会需要的角度进行设计的创新。当一些国有企业领导人同时具有经济和社会责任感时，这种国有企业可以做一些伟大的创新。价值分享的创新模式可以作为国有企业持续发展的一个新模式。因为国有企业一般都兼有社会和经济主体的使命，它们的创新也应该是一种价值分享的创新，才能不辜负社会对它们的期望。

3.4.3　复杂创新系统背景下以企业为主导的协同创新优势

复杂创新系统概念于 20 世纪 90 年代提出，分为复杂产品和复杂系统。其中复杂产品包括飞机、高速列车、智能大厦等，复杂系统包括通信技术系统、机场、核电站、地铁等。复杂产品系统是衡量一国竞争力的重要行业群。发达国家在该领域具有明显的技术和竞争优势，中国等后发国家将长期面临复杂技术的挑战。企业开发复杂技术面临高风险，而风险控制的关键在于如何对复杂产品进行系统

有效的创新管理。根据以往研究,复杂产品系统管理有以下特点:一是技术和知识分布的复杂性和关联性;二是项目的高投入性和高风险性;三是项目管理过程的高复杂性和关联性。由于复杂产品系统管理难度大,需要对产业链上复杂的关联技术创新及产品质量进行有效管理,对复杂的项目实施过程进行有效管理,并进行风险管理和成本控制。因此探索符合中国发展实际的复杂产品创新管理方法具有重要意义。陈劲和桂彬旺(2006)研究指出,我国复杂产品创新失败的原因中,创新过程管理存在问题占 45.97%,合作伙伴关系不融洽占 29.68%,技术不成熟占 20.86%,创新资源不足占 9.36%。因此,复杂产品系统管理核心在于如何解决复杂产品系统产业链的创新管理问题。

国际经验表明,推进产学研协同创新活动的开展,必须始终坚持企业的主体地位,这是由企业自身的体制机制所决定的。目前的国家创新体系对复杂产品系统的研究还是以国家重点实验室为中心,科研资金被大量投入到了高校和科研院所。但高等院校和科研院所是以"创造知识、革新技术"为使命的部门,一般从事的是基础性和纯技术性的研究,关注的结果大多是论文和专利,而非产业化。由此可见,现阶段的科研体系并没有真正起到支撑企业自主创新和直接促进国家创新体系整体提高的作用。正因为科研和产业之间这种分散的、各自为战的封闭状态,使得我国科研单位向企业转移技术困难,新技术成果转化率相当低,科技成果的转化成功率不足 10%,导致科技竞争能力并没有按投入产出比提高,造成了有限科技资源的巨大浪费。而在协同创新活动中,企业基于对经济利益和自身发展的不懈追求,是整合创新资源、应对市场竞争、展示创新实力、实现创新价值的核心部门。企业能够带头把协同创新的落脚点放在关乎其自身生存和发展的创新需求上,承担与国际先进产品竞争的重大科技项目,整合科技与非科技创新资源,应对瞬息万变的市场环境,实现协同创新成果的市场价值。以上这些方面,都是高等院校和科研院所无法"越位"完成的重任。因此,相对于高等院校和科研院所而言,企业作为产学研协同创新的主体更有助于实现较高的创新绩效。

3.4.4　用户主导的协同创新的优势

用户创新概念的提出基于美国学者 von Hippel(1976)"用户是创新者"的观点。众多学者研究了用户创新的产生原因及存在的合理性。Urban 和 von Hippel(1988)认为创新是一种利益驱动型行为,并根据用户所期望的利益来预测创新来源。在创新的早期阶段,由于市场的高度不确定性及突破性技术的复杂性,制造商需要承担将创新推向市场的风险,而用户可以免于承担这一风险并获得创新租金(Bartkus et al.,2002)。用户需求信息的黏着性被视为另一驱动用户创新的因素。von Hippel(1994)指出,成功的创新需要两种主要的信息,一种是用户产生的关于需求和使用情况的信息,另外一种是制造商产生的关于解决问题的信息,这两种信息的结合有一定的难度。基于信息的黏着性,用户往往倾向于自己完成创新。

强调用户的重要性、以市场为导向,促进成果产业化、科技创新成果产品化和产业化的过程,其本质就是科技创新成果与市场接轨的过程。然而,大量科研成果被束之高阁,科技成果转化率与科研实力形成强烈反差,这些现象都印证了用户和市场导向的重要性。挖掘市场信息、控制市场风险是高校和科研院所需要面对和解决的问题。科技创新成果要始于市场,同时也终于市场。用户主导的协同创新能够紧紧围绕市场展开,不脱离实际应用,不偏离市场需求。合作各方紧密联系在一起,充分发挥高等院校的学科优势和科研资源,充分利用企业的市场信息和资金实力,扎实有效地打好科技创新成果产业化的基础,抓住市场机遇,共同促进创新成果产业化,切实提高科技创新活动的成功率和回报率。一方面,用户导向是协同创新的基础和动力。协同创新活动的首要环节是搜集和分析包括顾客和竞争者在内的市场信息,而用户导向是协同创新活动的信息源。另一方面,协同创新是用户导向得以实践的途径。用户导向作为一种无形的战略资源,在独立的状态下无法自行转化为组织有形的能力和绩效。因此,需要与创新活动结合在一起,才能嵌入具有社会复杂性和规范流程的组织系统中,从而实现用户导向的价值。

3.5 我国以企业为主导的协同创新存在的问题

经济全球化使得越来越多的企业不断增强技术创新意识,积极寻求与科研院校及其他主体的协同创新。然而,我国的产学研协同创新绩效并不乐观,最直接的表现就是科技成果转化率低,这在一定程度上说明了我国企业在协同创新中的主体地位仍然需要加强,高等院校和科研机构的研发活动应该更多地贴近产业和对接市场。目前,我国协同创新的实践中主要存在以下问题:

3.5.1 缺少协同创新的动力

一方面,我国中小企业一般都不是处于某个产业链的源头或拥有其中一个环节的核心技术者,需要的只是更好的适应性技术,以获得在这个环节更大的生存空间,因此认为协同创新的意义不大;同时,通过开展协同创新可获得国家的补贴、引导和支持,因此,中小企业的创新行为多是对市场被动的应对,而不是有意识地去形成自主创新的研发机制,其现有的创新模式多属模仿创新,即技术创新中的"搭便车现象"。另一方面,大型企业受自身体制影响,效率低下,安于现状，缺乏活力和创新意识，不愿意承担创新的风险，而现有的相关法律和规章制度并不完善，大型企业创新成果的产权无法得到保护，导致蒙受巨大的创新投入的损失。这些都使得协同创新的各主体缺乏合作的动力，高校、科研院所、企业之间基于利益驱动的自愿协同创新尚未成形。

3.5.2 缺少创新人才，协同创新的层次偏低

长期以来，企业忽视了对创新人才的引进和培养，多数企业在企业性质、企业文化、科研条件、工作环境、个人发展前景等方面都不具备吸引优秀科技人才的优势。这禁锢了企业与高校和科研院所的合作层次和深度，尤其是 90%以上的中小企业只是通过购买某项技术专利或提供资金来委托高校和科研院所解决某个具体的技术难题，这种停留在技术转让和委托开发层面上的协同创新，没有从根本上发挥协同创新的效用，很难持续有效地提升协同创新主体的创新竞争力。

3.5.3 协同创新主体之间缺乏兼容性，缺乏有效的合作和协调机制

企业与企业之间及企业与高校和其他协同创新主体之间，各自的背景、组织文化、目标、技能、经验、价值观念等存在明显差异，增加了协同创新的复杂性和难度。例如，企业、大学和科研院所由于在创新过程中的定位资源和能力发展目标上存在差异，形成了不同甚至是潜在对立的组织文化和行为准则。在各方主体协同的过程中，企业通常具有明显的利润导向，注重合作带来的经济价值；大学则是科研导向，考虑合作是否有利于学术研究，这种价值观的分歧影响着各方对合作利益的评价及合作范围和模式的选择，造成大学所提供的科技成果与市场脱节，而企业则过多地干预大学研究，两种文化之间缺乏认同和包容。这导致各主体之间单纯寻求短期的合作，而忽视了长期稳定的协调机制和信任的建立，协同创新的组织形式也比较松散，难以开展长久的合作。

3.5.4 缺少协同创新的风险承担、利益分配机制

一般意义上的风险主要包括技术风险、市场风险，由于技术创新的难度不断加大，技术创新成本不断增加，企业在技术创新过程中面临着技术创新失败、错失市场机遇等各种风险。目前协同创新各主体间的创新联系不够紧密，在风险共

担、利益共享方面还没有形成有效合理的机制。

3.6　国内外以企业为主体的协同创新经验及启示

综观国内外协同创新的经验，较为成功的有美国扁平化、自治型的硅谷产学研"联合创新网络"；致力于生物技术协同创新的北卡罗来纳州三角科技园；日韩的技术研究组合和官产学研结合；芬兰、爱尔兰和瑞典等国协同创新网络及联盟等；欧盟在 2007～2013 年推动协同创新的一项重要举措是，在一个特定产业和区域中，设立由创新实验室、企业、研究机构和大学共同参与的"创新集群"（innovation cluster）。我国北京的"中关村协同创新计划"，以产业链为基础，打造高新技术产业集群的企业标准联盟、技术联盟和产业联盟，引导和支持各类主体的协同创新活动，引导和支持产业链骨干企业开展竞争前的战略性关键技术和重大装备的研究开发，呈现出政府引导调控下外部需求驱动、参与各方内在利益驱动两大运作模式。

本书的第二篇，主要选取中广核工程有限公司、国家电网公司、中国南车股份有限公司和中国移动通信集团公司的案例，分析企业主体的协同创新的模式与机制。之所以选择这四家公司，一是它们所进行的创新，都是复杂产品系统的创新，需要高度的协同才能实现，因此，它们的创新是典型的协同创新。二是它们是典型的用户驱动的协同创新，中广核工程有限公司是工程公司推动的协同创新，国家电网公司的超高压输电是用户驱动的创新，中国南车股份有限公司在高铁中的创新是原铁道部作为用户推动的协同创新，中国移动通信集团公司的 4G 是国际协同创新。三是它们的协同创新，都是价值分享的创新，是国家需求与市场需求的高度融合。这四家公司的创新都带动了整个产业的技术进步，都带动了产业的集群创新。因此，研究创新的协同创新，具有重要的典型意义。

2013 年 1 月 18 日，在国家科学技术奖励大会上，"特高压交流输电关键技术、成套设备及工程应用"荣获国家科学技术进步奖特等奖。这是国家电网公司迄今为止获得的国家科技进步最高奖项，也是我国整个电工领域在国家科技奖上收获的最高荣誉。通过产、学、研、用协同攻关，国家电网公司在特高压交流输电关键技术的研发上实现了电压控制、外绝缘配置、电磁环境控制、成套设备研制、系统集成、试验能力六个方面的突破式创新，提升了我国在国际电工领域的影响力和话语权，实现了中国创造和中国引领。截至 2016 年，国家电网公司已累计获得国家科学技术进步奖 51 项，其中，特等奖 1 项、一等奖 6 项、二等奖 44 项。并在 2016 年首次跃居中国企业 500 强榜首，同时连续第 12 年位列中国服务业企业 500 强榜首。

2015 年 1 月 8 日，在国家科学技术奖励大会上，以"京沪高速铁路工程"为代表的高铁项目荣获国家科技进步奖特等奖。京沪高铁是世界上一次性建成里程最长（1318 千米）的高速铁路，从根本上缓解了北京—上海铁路运输紧张的状况，成为连接两大经济圈发展的一条重要的交通动脉。高铁动车组主要由我国机车制造的两大龙头企业中国南车股份有限公司和中国北车股份有限公司（现已合并成为中国中车股份有限公司）研制，确保了中国拥有完全自主知识产权的高速列车与京沪高铁开通同步投入运营。实现了工务工程、牵引供电、通信信号、动车组、运营调度、客运服务六大系统的自主完成和关键技术攻克，中国高铁的突破式创新成为中国创造走出国门的一张有利名片。

2017 年 1 月 9 日，在国家科学技术奖励大会上，"第四代移动通信系统（the 4th generation mobile communication technology，4G）关键技术与应用"项目荣获 2016 年度国家科学技术进步奖特等奖。这标志着我国移动通信产业再次登上科技创新的高峰。中国移动通信集团公司、华为技术有限公司、中兴通讯股份有限公司作为其中的主要完成单位功不可没。4G 技术也是中国实现的一项成功的突破式创新技术。30 年来，经过 1G 空白、2G 跟随、3G 突破的发展，终于在 4G 时代实现了国际同步，建成全球最大的 LTE 网络，并在 5G 的布局上处于全球领先地位。

在本书的第三篇，我们选择了一些国外的大企业，分析它们推进突破性创新的经验。一方面，与前面所分析的我国大企业的经验作对照；另一方面，由于我国企业在创新能力与国外顶尖企业有差距，因此，这些国外大企业的突破性创新的模式和做法，值得我国企业的借鉴。我们选择的企业有美国的 IBM、波音公司、洛克希德·马丁空间公司和欧洲的空中客车集团。

第一篇参考文献

白俊红，陈玉和，李婧. 2008. 企业内部创新协同及其影响要素研究 [J]. 科学学研究, 26 (2)：409-413.

陈傲，柳卸林. 2011. 突破性技术从何而来？——一个文献评述 [J]. 科学学研究, 29 (9)：1281-1290.

陈劲，桂彬旺. 2006. 复杂产品系统模块化创新流程与管理策略 [J]. 研究与发展管理, 18 (3)：74-79.

陈劲，谢芳，贾丽娜. 2006. 企业集团内部协同创新机理研究 [J]. 管理学报, 3 (6)：733-740.

陈晓红，解海涛. 2006. 基于"四主体动态模型"的中小企业协同创新体系研究 [J]. 科学学与科学技术管理, 27 (8)：37-43.

程鹏，牟敏，柳卸林，等. 2016. 后发企业的突破性技术如何涌现？——本土需求引致突破性技术的过程研究 [J]. 兰州大学学报（社会科学版）, 44 (4)：119-127.

董艳，张大亮，徐伟青. 2009. 用户创新的条件和范式研究 [J]. 浙江大学学报（人文社会科学版）, 39 (4)：43-54.

何勇，赵林度，何炬，等. 2007. 供应链协同创新管理模式研究 [J]. 管理科学, 20 (5)：9-13.

何郁冰. 2012. 产学研协同创新的理论模式 [J]. 科学学研究, 30 (2)：165-174.

贺团涛，曾德明，张运生. 2008. 高科技企业创新生态系统研究述评 [J]. 科学学与科学技术管理, 29 (10)：83-87.

黄鲁成. 2003a. 研究区域技术创新系统的新思路——关于生态学理论与方法的应用 [J]. 科技管理研究, 23 (2)：29-32.

黄鲁成. 2003b. 区域技术创新生态系统的特征 [J]. 中国科技论坛, (1)：23-26.

解雪梅. 2010. 中小企业协同创新网络与创新绩效的实证研究 [J]. 管理科学学报, 13 (8)：51-64.

金林. 2007. 科技中小企业和科技中介协同创新的研究 [D]. 大连：大连理工大学硕士学位论文.

李万，常静，王敏杰，等. 2014. 创新 3.0 与创新生态系统 [J]. 科学学研究, 32 (12)：1761-1770.

刘国龙. 2009. 协同创新促进产业成长机制研究 [D]. 武汉：武汉理工大学硕士学位论文.

刘旭，柳卸林，韩燕妮. 2015. 海尔的组织创新：无边界企业行动 [J]. 科学学与科学技术管理, (6)：126-137.

柳卸林. 2006. 基于本土资源的重大创新——汉字信息处理系统案例研究 [J]. 中国软科学, (12)：44-51.

柳卸林. 2008. 全球化，追赶与创新 [M]. 北京：科学出版社.

柳卸林，孙海鹰，马雪梅. 2015. 基于创新生态观的科技管理模式 [J]. 科学学与科学技术管理，
　　36（1）：18-27.

鲁若愚. 2002. 企业大学合作创新的机理研究 [D]. 北京：清华大学博士学位论文.

梅亮，陈劲，刘洋. 2014. 创新生态系统：源起，知识演进和理论框架 [J]. 科学学研究，
　　32（12）：1771-1780.

饶扬德. 2008. 市场、技术及管理三维创新协同机制研究 [J]. 科学管理研究，26（4）：46-49.

谭洪波，郑江淮，张月友，等. 2012. 需求对战略性新兴产业的拉动作用研究综述——兼论需求
　　和创新对产业结构演变的作用 [J]. 华东经济管理，26（5）：134-139.

唐丽艳，王国红，张秋艳. 2009. 科技型中小企业与科技中介协同创新网络的构建 [J]. 科技进
　　步与对策，26（20）：79-82.

田红云，陈继祥，田伟. 2007. 破坏性创新机理探究 [J]. 研究与发展管理，19（5）：1-7.

万幼清，邓明然. 2006. 产业集群内部知识共享的制约因素及促进策略[J]. 企业经济，(10)：59-61.

王方瑞. 2003. 基于全面创新管理的企业技术创新和市场创新的协同创新管理研究 [D]. 浙江
　　大学硕士学位论文.

王俊娜，李纪珍，褚文博. 2012. 颠覆性创新的价值系统分析——以广东省 LED 照明行业为例[J].
　　科学学研究，30（4）：614-621.

王生辉，张京红. 2007. 突破性创新、在位者惰性与组织再造[J]. 科学学与科学技术管理，28（7）：
　　82-87.

吴贵生，谢伟. 1996. 用户创新概念及其运行机制 [J]. 科研管理，17（5）：14-19.

伍春来，赵剑波，王以华. 2013. 产业技术创新生态体系研究评述 [J]. 科学学与科学技术管理，
　　34（7）：113-121.

徐艳梅，韩福荣，柳玉峰. 2004. 技术进步对产业生态影响的实证分析——以成像产业为例[J].
　　研究与发展管理，16（2）：33-38.

薛娇，陈礼达. 2012. 高校应如何推进协同创新？——专访北京科技大学党委书记罗维东教授
　　[J]. 中国高校科技，(7)：4-6.

曾国屏，苟尤钊，刘磊. 2013. 从"创新系统"到"创新生态系统"[J]. 科学学研究，31（1）：
　　4-12.

张波. 2010. 中小企业协同创新模式研究 [J]. 科技管理研究，30（2）：5-7.

张钢，陈劲. 1997. 技术，组织与文化的协同创新模式研究 [J]. 科学学研究，15（2）：56-61.

张巍，张旭梅，肖剑. 2008. 供应链企业间的协同创新及收益分配研究 [J]. 研究与发展管理，
　　20（4）：81-88.

张旭梅，张巍，钟和平，等. 2008. 供应链企业间的协同创新及其实施策略研究 [J]. 现代管理
　　科学，(5)：9-11.

赵放，曾国屏. 2014. 多重视角下的创新生态系统 [J]. 科学学研究，32（12）：1781-1788.

郑刚，朱凌，金珺. 2008. 全面协同创新：一个五阶段全面协同过程模型——基于海尔集团的案

例研究［J］. 管理工程学报，22（2）：24-30.

周江华，仝允桓，李纪珍. 2012. 基于金字塔底层（BoP）市场的破坏性创新——针对山寨手机行业的案例研究［J］. 管理世界，（2）：112-130.

Abernathy W J, Utterback J M. 1978. Patterns of innovation in technology［J］. Technology Review, 80（7）：40-47.

Adner R, Euchner J. 2014. Innovation ecosystems［J］. Research-Technology Management, 57（6）：10.

Adner R, Kapoor R. 2010. Value creation in innovation ecosystems: How the structure of technological interdependence affects firm performance in new technology generations［J］. Strategic Management Journal, 31（3）：306-333.

Adner R, Kapoor R. 2016. Innovation ecosystems and the pace of substitution: Reexamining technology S-curves［J］. Strategic Management Journal, 37（4）：625-648.

Adner R, Levinthal D. 2001. Demand heterogeneity and technology evolution: Implications for product and process innovation［J］. Management Science, 47（5）：611-628.

Adner R, Zemsky P. 2006. A demand-based perspective on sustainable competitive advantage［J］. Strategic Management Journal, 27（3）：215-239.

Adner R. 2006. Match your innovation strategy to your innovation ecosystem［J］. Harvard Business Review, 84（4）：98.

Adner R. 2017. Ecosystem as structure an actionable construct for strategy［J］. Journal of Management, 43（1）：39-58.

Ahuja G, Lampert C M. 2001. Entrepreneurship in the large corporation: A longitudinal study of how established firms create breakthrough inventions［J］. Strategic Management Journal, 22（6-7）：521-543.

Andersen E S, Lundvall B. 1988. Small national systems of innovation facing technological revolutions: An analytical framework［J］. Microscopy Research and Technique, 51（1）：101-108.

Anderson P, Tushman M L. 1990. Technological discontinuities and dominant designs: A cyclical model of technological change［J］. Administrative Science Quarterly, 35（4）：604-633.

Andriopoulos C, Lewis M W. 2009. Exploitation-exploration tensions and organizational ambidexterity: Managing paradoxes of innovation［J］. Organization Science, 20（4）：696-717.

Ansari S S, Krop P. 2012. Incumbent performance in the face of a radical innovation: Towards a framework for incumbent challenger dynamics［J］. Research Policy, 41（8）：1357-1374.

Ansari S, Garud R, Kumaraswamy A. 2016. The disruptor's dilemma: TiVo and the U. S. television ecosystem［J］. Strategic Management Journal, 37（9）：1829-1853.

Autio E, Thomas L. 2014. Innovation ecosystems［J］. The Oxford Handbook of Innovation Management, 204-288.

Baldwin C Y, Clark K B. 2000. Design Rules: The Power of Modularity [M]. Cambrige: The MIT Press.

Bartkus B, Glassman M, McAfee B. 2002. Do large European, US and Japanese firms use their web sites to communicate their mission? [J]. European Management Journal, 20 (4): 423-429.

Beesley L. 1988. Organizational learning [J]. Annual Review of Sociology, 14 (1): 319-340.

Bengtsson M, Kock S. 2000. "Coopetition" in business Networks—to cooperate and compete simultaneously [J]. Industrial Marketing Management, 29 (5): 411-426.

Bessant J, Öberg C, Trifilova A. 2014. Framing problems in radical innovation [J]. Industrial Marketing Management, 43 (8): 1284-1292.

Bogers M, Afuah A, Bastian B. 2010. Users as innovators: A review, critique, and future research directions [J]. Journal of management, 36 (4): 857-875.

Carayannis E G, Campbell D F. 2009. "Mode 3" and "Quadruple Helix": Toward a 21st century fractal innovation ecosystem [J]. International Journal of Technology Management, 46 (3): 201-234.

Chandy R K, Tellis G J. 1998. Organizing for radical product innovation: The overlooked role of willingness to cannibalize [J]. Journal of Marketing Research, 35 (4): 474-487.

Chang E, West M. 2006. Digital ecosystems a next generation of the collaborative environment [C] //iiWAS: 3-24.

Chesbrough H. 2013. Open Business Models: How to Thrive in the New Innovation Landscape [M]. Boston: Harvard Business School Press.

Chiu W H, Chi H R, Chang Y C, et al. 2016. Dynamic capabilities and radical innovation performance in established firms: A structural model [J]. Technology Analysis and Strategic Management, 28 (8): 1-14.

Choi H, Anadón L D. 2014. The role of the complementary sector and its relationship with network formation and government policies in emerging sectors: The case of solar photovoltaics between 2001 and 2009 [J]. Technological Forecasting and Social Change, 82 (1): 80-94.

Christensen C M, Bower J L. 1996. Customer power, strategic investment, and the failure of leading firms [J]. Strategic Management Journal, 17 (3): 197-218.

Christensen C. 1997. Patterns in the evolution of product competition [J]. European Management Journal, 15 (2): 117-127.

Cravens D W, Shipp S H, Cravens K S. 1993. Analysis of co-operative interorganizational relationships, strategic alliance formation, and strategic alliance effectiveness[J]. Journal of Strategic Marketing, 1 (1): 55-70.

Cusumano M A, Gawer A. 2002. The elements of platform leadership [J]. MIT Sloan Management Review, 43 (3): 51-58.

Dess G G，Beard D W. 1984. Dimensions of organizational task environments [J]. Administrative Science Quarterly，29（1）：52-73.

Dong C G. 2012. Feed-in tariff vs. renewable portfolio standard：An empirical test of their relative effectiveness in promoting wind capacity development [J]. Energy Policy，42（2）：476-485.

Dong J Q，Yang C H. 2016. How information technology influences patenting innovation：a knowledge recombination perspective [C] //Academy of Management Proceedings. Academy of Management，（1）：11459.

Dosi G. 1988. Sources，procedures，and microeconomic effects of innovation[J]. Journal of Economic Literature，26（3）：1120-1171.

Duerr S，Wagner H T，Weitzel T，et al. 2017. Navigating Digital Innovation-The Complementary Effect of Organizational and Knowledge Recombination [J].

Duncan R B. 1976. The ambidextrous organization：Designing dual structures for innovation [J]. Management of Organization Design，（1）：167-188.

Durisin B，Todorova G. 2003. The ambidextrous organization：managing simultaneously incremental and radical innovation [J]. Ssrn Electronic Journal. 10.2139/ssm.457522.

Dyer J H，Nobeoka K. 2000. Creating and managing a high-performance knowledge-sharing network：The Toyota case [J]. Strategic Management Journal，21（3）：345-367.

Dyer J H，Singh H. 1998. The relational view：Cooperative strategy and sources of interorganizational competitive advantage [J]. The Academy of Management Review，23（4）：660-679.

Eggers J P. 2014. Competing technologies and industry evolution：The benefits of making mistakes in the flat panel display industry [J]. Strategic Management Journal，35（2）：159-178.

Ernst D，Naughton B. 2008. China's Emerging Industrial Economy：Insights from the IT Industry[M]. London，New York：Routledge.

Estrin J. 2008. Closing The Innovation Gap：Reigniting the Spark of creativity in a Global Economy [M]. New York：McGraw.

Fajgelbaum P，Grossman G M，Helpman E. 2011. Income distribution，product quality，and international trade [J]. Journal of Political Economy，119（4）：721-765.

Fan D C，Tang X X. 2009. Performance evaluation of industry-university-research cooperative technological innovation based on fuzzy integral [C] // International Conference on Management Science and Engineering，1789 -1795.

Filippetti A，Archibugi D. 2011. Innovation in times of crisis：National systems of innovation，structure，and demand [J]. Research Policy，40（2）：179-192.

Fleming L，Waguespack D M. 2007. Brokerage，boundary spanning，and leadership in open innovation communities [J]. Informs，18（2）：165-180.

Fleming L O. 1998. Explaining the source and tempo of invention：Recombinant learning and exhaustion in technological evolution ［C］// the Academy of Management Meetings，San Diego.

Foster R N. 1985. Timing technological transitions ［J］. Technology in Society，7（2-3）：127-141.

Foster R N. 1986. Innovation：The attacker's advantage ［M］. New York：Summit Books.

Freeman C，Perez C. 1988. Structure crisis of adjustment，business cycles and investment behavior ［A］// Dosi G. Technical Change and Economic Theory ［C］. London：Frances Pinter.

Gao Y，Gao S，Zhou Y，et al. 2015. Picturing firms' institutional capital-based radical innovation under China's institutional voids ［J］. Journal of Business Research，68（6）：1166-1175.

Gawer A，Cusumano M A. 2002. Platform Leadership：How Intel，Microsoft，and Cisco Drive Industry Innovation ［M］. Boston：Harvard Business School Press.

Gawer A，Cusumano M A. 2014. Industry platforms and ecosystem innovation［J］. Journal of Product Innovation Management，31（3）：417-433.

Gawer A，Henderson R. 2007. Platform owner entry and innovation in complementary markets：Evidence from intel ［J］. Journal of Economics and Management Strategy，16（1）：1-34.

Geuna A，Nesta L J J. 2006. University patenting and its effects on academic research：The emerging European evidence ［J］. Research Policy，35（6）：790-807.

Gilbert C G. 2005. Unbundling the structure of inertia：Resource versus routine rigidity［J］. Academy of Management Journal，48（5）：741-763.

Gilsing V A，Duysters G M. 2008. Understanding novelty creation in exploration networks，structural and relational embeddedness jointly considered ［J］. Technovation，28（10）：693-708.

Gomes-Casseres B. 1994. Group versus group：How alliance networks compete［J］. Harvard Business Review，72（4）：62-66.

Gulati R，Nohria N，Zaheer A. 2000. Strategic networks ［J］. Strategic Management Journal，21（3）：203.

Haken H，Graham R. 1971. Synergetik-Die lehre vom zusammenwirken ［J］. Umschau，6（191）：178.

Hart S，Prahalad C K. 2002. The fortune at the bottom of the pyramid ［J］. Strategy Business，26（1）：54-67.

Haupt R，Kloyer M，Lange M，et al. 2007. Patent indicators for the technology life cycle development［J］. Research Policy，36（3）：387-398.

Hearn G，Pace C. 2006. Value-creating ecologies：Understanding next generation business systems ［J］. Foresight，8（1）：55-65.

Henderson R M，Clark K B. 1990. Architectural innovation：The reconfiguration of existing ［J］. Administrative Science Quarterly，35（1）：9-30.

Herstatt C，von Hippel E. 1992. From experience：Developing new product concepts via the lead user method：A case study in a "Low-Tech" field ［J］. Journal of Product Innovation Management，

9（3）：213-221.

Horn P M. 2005. The changing nature of innovation［J］. Research Technology Management，48（6）：28-31.

Hwang V W，Horowitt G. 2012. The Rainforest：The Secret to Building the Next Silicon Valley［M］. Los Altos：Regenwald.

Iansiti M，Levien R. 2004a. The keystone advantage：What the new dynamics of business ecosystems mean for strategy，innovation，and sustainability［J］. Future Survey，20（2）：88-90.

Iansiti M，Levien R. 2004b. Strategy as ecology［J］. Harvard Business Review，82（3）：68-78，126.

Ives B，Olson M H. 1984. User involvement and MIS success：A review of research［J］. Management Science，30（5）：586-603.

Jansen J J P，Tempelaar M P，van den Bosch F A J，et al. 2008. Structural differentiation and ambidexterity：The mediating role of integration mechanisms［J］. Erim Report，20（4）：797-811.

Jap S D，Anderson E. 2007. Testing a life-cycle theory of cooperative interorganizational relationships：Movement across stages and performance［J］. Management Science，53（2）：260-275.

Johnson B，Lundvall B. 1994. The learning economy［J］. Journal of Industry Studies，1（2）：23-42.

Kaplan S M. 1999. Discontinuous innovation and the growth paradox［J］. Strategy and Leadership，27（2）：16-21.

Kapoor R，Furr N R. 2015. Complementarities and competition：Unpacking the drivers of entrants' technology choices in the solar photovoltaic industry［J］. Strategic Management Journal，36（3）：416-436.

Kapoor R，Lee J M. 2013. Coordinating and competing in ecosystems：How organizational forms shape new technology investments［J］. Strategic Management Journal，34（3）：274-296.

Kaulio M A. 1998. Customer，consumer and user involvement in product development：A framework and a review of selected methods［J］. Total Quality Management，9（1）：141-149.

Kelley D. 2009. Adaptation and organizational connectedness in corporate radical innovation programs［J］. Journal of Product Innovation Management，26（5）：487-501.

Ketchen D J，Ireland R D，Snow C C. 2007. Strategic entreprenurship，collaboative innovation and wealth creation［J］. Strategic Entreprsunurhsip Journal，1（3-4）：371-385.

Kogut B，Zander U. 1992. Knowledge of the firm，combinative capabilities，and the replication of technology［J］. Informs，3（3）：383-397.

Koornhof C. 2001. Developing a framework for flexibility within organisations［J］. South African Journal of Business Management，32（4）：21-29.

Kortelainen S，Järvi K. 2014. Ecosystems：Systematic literature review and framework development［C］//ISPIM Conference Proceedings. The International Society for Professional

Innovation Management，1.

Kotabe M，Jiang C X，Murray J Y. 2014. Examining the complementary effect of political networking capability with absorptive capacity on the innovative performance of emerging-market firms［J］. Journal of Management，43（4）.

Laranja M，Uyarra E，Flanagan K. 2008. Policies for science，technology and innovation：Translating rationales into regional policies in a multi-level setting［J］. Research Policy，37（5）：823-835.

Leonard-Barton D. 1995. Wellspring of Knowledge：Building and Sustaining the Sources of Innovation［M］. Boston：Harvard Business School Press.

Leonard-Barton D. 1992. Core capabilities and core rigidities：A paradox in managing new product development［J］. Strategic Management Journal，13（S1）：111-125.

Lettl C，Herstatt C，Gemuenden H G. 2006. Users' contributions to radical innovation：Evidence from four cases in the field of medical equipment technology［J］. R&D Management，36（3）：251-272.

Lewis J D. 2013. The new power of strategic alliances［J］. Strategy and Leadership，20（5）：45-62.

Li Y R. 2009. The technological roadmap of Cisco's business ecosystem［J］. Technovation，29（5）：379-386.

Malerba F，Nelson R，Orsenigo L，et al. 1999. "History-friendly" models of industry evolution：The computer industry［J］. Industrial and Corporate Change，8（8）：3-40.

Malerba F，Nelson R，Orsenigo L，et al. 2007. Demand，innovation，and the dynamics of market structure：the role of experimental users and diverse preferences［J］. Journal of Evolutionary Economics，17（4）：371-399.

March J G. 1991. Exploration and exploitation in organizational learning［J］. Organization Science，2（1）：71-87.

Mcintyre D P，Srinivasan A. 2017. Networks，platforms，and strategy：Emerging views and next steps［J］. Strategic Management Journal，38（1）：141-160.

Miles I，Rigby J. 2012. Demand-led innovation［J］. Innovation Policy Challenges for Century.

Miller D，Friesen P H. 1980. Momentum and revolution in organizational adaptation［J］. Academy of Management Journal，23（4）：591-614.

Mindruta D，Moeen M，Agarwal R. 2016. A two-sided matching approach for partner selection and assessing complementarities in partners' attributes in inter-firm alliances［J］. Strategic Management Journal，37（1）：206-231.

Mitchell W. 1989. Whether and when? probability and timing of incumbents' entry into emerging industrial subfields［J］. Administrative Science Quarterly，34（2）：208-230.

Möller K，Rajala A，Svahn S. 2005. Strategic business nets—their type and management［J］. Journal of Business Research，58（9）：1274-1284.

Möller K，Rajala A. 2007. Rise of strategic nets—new modes of value creation［J］. Industrial

Marketing Management，36（7）：895-908.

Möller K，Svahn S. 2003. Managing strategic nets：A capability perspective ［J］. Acoustics Speech and Signal Processing Newsletter IEEE，3（2）：209-234.

Moore J F. 1993. Predators and prey：A new ecology of competition ［J］. Harvard Business Review，71（3）：75-86.

Moore J F. 2006. Business ecosystems and the view from the firm ［J］. Antitrust Bulletin，51：31.

Morrison P D，Roberts J H，Hippel E V. 2000. Determinants of user innovation and innovation sharing in a local market ［J］. Management Science，46（12）：1513-1527.

Nalin K，Venkatraman N. 2001. Strategic options in the digital era ［J］. Business Strategy Review，12（4）：7-15.

Nelson R R，Winter S G. 1982. An Evolutionary Theory of Economic Change ［M］. Cambridge：Belknap Press.

Nijssen E J，Hillebrand B，Vermeulen P A M. 2005. Unraveling willingness to cannibalize：A closer look at the barrier to radical innovation ［J］. Technovation，25（12）：1400-1409.

Nonaka I，Takeuchi H. 1995. The Knowledge-Creating Company：How Japanese Companies Create the Dynamics of Innovation ［M］. Oxford：Oxford University Press.

North D C. 1990. Institutions，Institutional Change and Economic Performance ［M］. Cambridge：Cambridge University Press.

O'Reilly C A，Tushman M L. 2016. Lead and disrupt：How to Solve the Innovator's Dilemma ［M］. Standfond：Stanford University Press.

O'Reilly C A，Tushman M L. 2008. Ambidexterity as a dynamic capability：Resolving the innovator's dilemma ［J］. Research in Organizational Behavior，28：185-206.

Park S H，Ungson G R. 2001. Inter-firm rivalry and managerial complexity：A conceptual framework of alliance failure ［J］. Organization Science，12（1）：37-53.

PCAST. 2004. Sustaining the Nation's Innovation Ecosystem，Information Technology Manufacturing and Competitiveness ［R］.

Perez C. 2010. Technological revolutions and techno-economic paradigms ［J］. Cambridge Journal of Economics，34（1）：185-202.

Pfeffer J，Salancik G R. 1978. The external control of organizations：A resource dependence perspective ［M］. New York：Social Science Electronic Publishing.

Pierce L. 2009. Big losses in ecosystem niches：How core firm decisions drive complementary product shakeouts ［J］. Strategic Management Journal，30（3）：323-347.

Podolny J M. 2001. Networks as the pipes and prisms of the market ［J］. American Journal of Sociology，107（1）：33-60.

Porter M E，Kramer M R. 2011. Creating shared value ［J］. Harvard Business Review，1-17.

Porter M E. 1980. Competitive strategy：Techniques for analyzing industries and competitors［J］. Social Science Electronic Publishing，（2）：86-87.

Porter M E. 1985. Competitive Advantage：Creating and Sustaining Superior Performance［M］. New York：Free Pass.

Prahalad C K，Hamel G . 1994. Strategy as a field of study：Why search for a new paradigm? ［J］. Strategic Management Journal，15（S2）：5-16.

Prahalad C K，Hamel G. 1990. The core competence of the corporation ［J］. Harvard Business Review，68（3）：275-292.

Prahalad C K. 1993. The role of core competencies in the corporation ［J］. Research Technology Management，36（6）：40-47.

Ring P S，van de Ven A H. 1992. Structuring cooperative relationships between organizations ［J］. Strategic Management Journal，13（7）：483-498.

Ritala P，Golnam A，Wegmann A. 2014. Coopetition-based business models：The case of Amazon. com ［J］. Industrial Marketing Management，43（2）：236-249.

Rohrbeck R，Hölzle K，Gemünden H G. 2009. Opening up for competitive advantage—How Deutsche Telekom creates an open innovation ecosystem［J］. R&D Management，39（4）：420-430.

Rothaermel F T，Boeker W. 2010. Old technology meets new technology：Complementarities，similarities，and alliance formation ［J］. Strategic Management Journal，29（1）：47-77.

Rothaermel F T，Deeds D L. 2006. Alliance type，alliance experience and alliance management capability in high-technology ventures ［J］. Journal of Business Venturing，21（4）：429-460.

Rothaermel F T. 2000. Technological discontinuities and the nature of competition ［J］. Technology Analysis and Strategic Management，12（2）：149-160.

Sainio L M，Ritala P，Hurmelinna-Laukkanen P. 2012. Constituents of radical innovation—exploring the role of strategic orientations and market uncertainty ［J］. Technovation，32（11）：591-599.

Sambamurthy V，Zmud R W. 2000. Research commentary：The organizing logic for an enterprise's IT activities in the digital era—a prognosis of practice and a call for research［J］. Information Systems Research，11（2）：105-114.

Sandberg B，Aarikka-Stenroos L. 2014. What makes it so difficult? A systematic review on barriers to radical innovation ［J］. Industrial Marketing Management，43（8）：1293-1305.

Schoenmakers W，Duysters G. 2010. The technological origins of radical inventions ［J］. Research Policy，39（8）：1051-1059.

Schot J，Geels F W. 2008. Strategic niche management and sustainable innovation journeys：Theory，findings，research agenda，and policy ［J］. Technology Analysis and Strategic Management，20（5）：537-554.

Schreyögg G，Kliesch-Eberl M. 2007. How dynamic can organizational capabilities be? Towards a dual-process model of capability dynamization[J]. Strategic Management Journal, 28(9): 913-933.

Selander L, Henfridsson O, Svahn F. 2010. Transforming ecosystem relationships in digital innovation [C] // International Conference on Information Systems: 138.

Sneep R, Mulotte L, Leeuw T D, et al. 2015. The effects of knowledgebase decomposability on organizational boundary spanning behavior [J]. Academy of Management Annual Meeting Proceedings, 2015 (1): 16995.

Song Y, Shao L, You J. 2014. A study on electric vehicle business ecosystem from the perspective of complementary assets [J]. Academy of Management Annual Meeting Proceedings, 2014 (1): 13611.

Sood A, Tellis G J. 2005. Technological evolution and radical innovation [J]. Journal of Marketing, 69 (3): 152-168.

Stadler C, Helfat C E, Verona G. 2013. The impact of dynamic capabilities on resource access and development [J]. Organization Science, 24 (6): 1782-1804.

Story V M, Daniels K, Zolkiewski J, et al. 2014. The barriers and consequences of radical innovations: Introduction to the issue [J]. Industrial Marketing Management, 43 (8): 1271-1277.

Sveiby K E, Gripenberg P, Segercrantz B. 2012. Challenging the Innovation Paradigm [M]. NewYork: Routledge.

Teece D J. 1993. Profiting from technological innovation: Implications for integration, collaboration, licensing and public policy [J]. Research Policy, 15 (6): 285-305.

Teece D J. 2006. Reflections on "profiting from innovation" [J]. Research Policy, 35 (8): 1131-1146.

Teece D J. 2007. Explicating dynamic capabilities: The nature and microfoundations of (sustainable) enterprise performance [J]. Strategic Management Journal, 28 (13): 1319-1350.

Teece D J, Pisano G, Shuen A. 1997. Dynamic capabilities and strategic management [J]. Strategic Management Journal, 18 (7): 509-533.

Tripsas M. 2010. Unraveling the process of creative destruction: Complementary assets and incumbent survival in the typesetter industry[J]. Strategic Management Journal, 18(S1): 119-142.

Tushman M L, Anderson P. 1986. Technological discontinuities and organizational environments[J]. Administrative Science Quarterly, 31 (3): 439-465.

Tushman M L, O'Reilly C A. 1996. The ambidextrous organizations: Managing evolutionary and revolutionary change [J]. California Management Review, 38 (4): 8-30.

Urban G L, von Hippel E. 1988. Lead user analyses for the development of new industrial products [J]. Management Science, 34 (5): 569-582.

Utterback J M. 1994. Mastering the dynamics of innovation[J]. Research-Technology Management, 37 (1): 1-16.

Uzzi B. 1997. Social structure and competition in interfirm networks: The paradox of embeddedness [J].
Administrative Science Quarterly, 42（1）: 35-67.

von Hippel E, Katz R. 2002. Shifting innovation to users via toolkits [J]. Management Science,
48（7）: 821-833.

von Hippel E. 1994. "Sticky information" and the locus of problem solving: Implications for
innovation [J]. Management Science, 40（4）: 429-439.

von Hippel E. 1976. The dominant role of users in the scientific instrument innovation process [J].
Research Policy, 5（3）: 212-239.

von Hippel E. 1986. Lead users: A source of novel product concepts [J]. Management Science,
32（7）: 791-805.

von Hippel E. 1988. Users as Innovators [M]. Oxford: Oxford University Press.

von Hippel E. 1989. New product ideas from "Lead Users" [J]. Research-Technology Management,
32（3）.

Wang X L. 2013. Organisational unlearning, organisational flexibility and innovation capability: An
empirical study of SMEs in China [J]. International Journal of Technology Management, 61（2）:
132-155.

Wu B, Wan Z, Levinthal D A. 2014. Complementary assets as pipes and prisms: Innovation incentives
and trajectory choices [J]. Strategic Management Journal, 35（9）: 1257-1278.

Wu X B, Zhang W. 2010. Seizing the opportunity of paradigm shifts: Catch-up of Chinese ICT firms
[J]. International Journal of Innovation Management, 14（1）: 57-91.

Xin K R, Pearce J L. 1996. Guanxi: Connections as substitutes for formal institutional support [J].
Academy of Management Journal, 39（6）: 1641-1658.

Yong S L. 1996. Technology transfer and the research university: A search for the boundaries of
university-industry collaboration [J]. Research Policy, 25（6）: 843-863.

Zahra S A, Nambisan S. 2011. Entrepreneurship in global innovation ecosystems [J]. Ams Review,
1（1）: 4-17.

Zhou K Z, Li C B. 2012. How knowledge affects radical innovation: Knowledge base, market
knowledge acquisition, and internal knowledge sharing [J]. Strategic Management Journal,
33（9）: 1090-1102.

第二篇　国有大企业通过协同实现突破性创新的实践

第4章 中广核工程有限公司：工程公司主导的协同创新

2004年是我国核电发展的里程碑，发展核电的政策由"适度"改变为"积极推进"。核电产业随之进入规模化、批量化的发展阶段。核电站是典型的复杂产品系统，具有产业链长、技术复杂程度高、安全要求严格、对供应商技术能力要求高等特点，决定了核电产业链协同创新管理的必要性和重要性。中广核工程有限公司是我国第一家专业化的核电工程建设与管理公司，是当前全球在建核电机组数量与装机容量最多的企业。中广核工程有限公司充分发挥核电工程建设总承包商的带动作用，推动我国核电产业集群式发展，逐步提高核电装备制造能力和管理水平，有力地保障了核电的高效发展。中广核工程有限公司在核电产业具有典型的代表意义，它的协同创新管理是研究大型复杂工程协同创新的优质案例。

4.1 中广核工程有限公司介绍

4.1.1 中广核工程有限公司现状

中国广核集团，原中国广东核电集团，是伴随我国改革开放和核电事业发展逐步成长壮大起来的中央企业，由核心企业中国广核集团有限公司和30多家主要成员公司组成的国家特大型企业集团。2013年4月，中国广东核电集团正式更名为中国广核集团，中国广东核电集团有限公司同步更名为中国广核集团有限公司。截至2015年，中国广核集团有限公司核电在运规模为国内首位，在运核电机组达到11台，拥有在运核电装机1162万千瓦，占中国内地在运总装机容量的64%；中国广核集团有限公司在建规模为全球首位，在建核电机组13台，装机1550万千瓦，占中国内地在建总装机的50.6%；拥有风电投运装机达500万千瓦，太阳能光伏发电项目发电装机容量50万千瓦，水电控股在运装机147万千瓦，在分布式能源、核技术应用、节能技术服务等领域也取得了良好发展[①]。中广核工程有限

[①] 数据来自中国广核集团官方网站：http://www.cgnpc.com.cn/n1281/n1282/index.html。

公司（简称中广核）是中国广核集团下属全资子公司，成立于 2004 年，是中国第一家专业化的核电工程管理公司（核电 AE①公司），其前身是广东核电合营有限公司工程部（1987～1995 年，负责大亚湾核电站工程建设）、岭澳核电有限公司工程部（1996～2003 年，负责岭澳一期核电站工程建设）。中广核注册资本为 12.86 亿元，截至 2013 年底，公司拥有总资产约 215 亿元，净资产约 24 亿元，拥有员工 6388 人。中广核一直致力于提高核电设计建造水平，并已具备成熟的核电工程总承包能力，在核电建设领域形成了设计主导与系统集成、产业链资源整合与协同创新、项目精细化管理与项目群运作核心能力，可为核电站的建设提供从厂址选择、设计、招标采购与设备成套、施工管理（含监理）、机组调试启动到商业运行的全周期专业化服务。2015 年中广核同时承担 13 台百万千瓦级核电机组的建设任务，总装机容量达到 1550 万千瓦，在建机组数量和装机容量均位居世界第一。中广核在运机组和在建机组均占全国的一半以上，装机量也排名第一，具体参见表 4-1 中广核在运核电站基本情况，以及表 4-2 中广核在建核电站基本情况。面对国家积极推进核电建设、我国核电工业体系基础相对薄弱、国际核电技术市场相对垄断的形势，安全高效发展核电仍是我国加快调整能源结构、增加清洁能源供给的重要战略选项，我国核电发展面临着良好机遇。

表 4-1 中广核在运核电站基本情况

项目		大亚湾核电站	岭澳核电站一期	岭澳核电站二期	宁德核电站一期	红沿河核电站一期
装机容量（万千瓦）		2×98.4	2×99	2×108.7	1×108.9	1×111.9
首台机组开工日期	1 号机组	1987 年 8 月 7 日	1997 年 5 月 15 日	2005 年 12 月 15 日	2008 年 2 月 18 日	2007 年 8 月 18 日
	2 号机组	1994 年 2 月 1 日	2002 年 5 月 28 日	2010 年 9 月 20 日	—	—
投产日期		1994 年 5 月 6 日	2003 年 1 月 8 日	2011 年 8 月 7 日	2013 年 4 月 15 日	2013 年 6 月 6 日
国产化率（%）		1	30	64	75	75
上网电量（亿千瓦时）2013 年 12 月		2755.9；其中输港 1899.89；	1647.22	420.18	62.7	49.857
连续安全运行天数（天）2013 年 12 月		1 号机组：4022 2 号机组：1842	1 号机组：2941 2 号机组：2262	1 号机组：1022 2 号机组：777	—	—
能力因子（2012 年）		0.9196	0.9242	0.8453	—	—

————————————

① AE，即 architect engineering，是一种兼备工程咨询与技术支持的复合概念。

项目	大亚湾核电站	岭澳核电站 一期	岭澳核电站 二期	宁德核电站 一期	红沿河核电 站一期
世界核营运组织指标 （2013 年）与 9 项指标 比较：达到先进值	1 号机组：6 项	1 号机组：6 项	1 号机组：4 项	—	—
	2 号机组：6 项	2 号机组：6 项	2 号机组：5 项		

注：资料来源于中国广核集团有限公司官方网站：http://www.cgnpc.com.cn。

表 4-2 中广核在建核电站基本情况

项目	辽宁红沿河核 电站一期	福建宁德核 电站一期	阳江核电站	台山核电站一期	广西防城港 核电站一期
在建装机容量 （万千瓦）	3×111.9	3×108.9	6×108.6	2×175	2×108
首台机组 开工日期	2007 年 8 月 18 月	2008 年 2 月 18 日	2008 年 12 月 16 日	2009 年 9 月 1 日	2010 年 7 月 30 日
首台机组投入 商业运行日期	1 号机组于 2013 年 6 月 6 日投入 商运	1 号机组于 2013 年 4 月 18 日投入商 运	2013 年	2013 年	2015 年
核电技术	CPR1000[a]	CPR1000	CPR1000 ACPR1000[b]	三代 EPR[c]	CPR1000
国产化率（%）	75	80	85	50	85
投资方	中国广核集团有 限公司、中电投 核电有限公司、 大连市建设投资 公司	广东核电投资有 限公司、大唐国际 发电股份有限公 司、福建省能源集 团有限责任公司	中国广核集团 有限公司、广东 核电投资有限 公司	中国广核集团有 限公司、广东核 电投资有限公 司、法国电力公司	中国广核集 团有限公司、 广西投资集 团有限公司
项目进度	1 号机组已投运 2 号、3 号、4 号 号机组建设中	1 号机组已投运 2 号、3 号、4 号 号机组建设中	1~6 号机组已 开工	1 号、2 号机组已 开工	1 号、2 号机组 已开工
备注	东北地区第一座 核电站	海峡西岸第一座 核电站	我国目前在建最 大核电站	我国目前单机容 量最大核电站	我国少数民 族地区首个 核电站

注：资料来源于中国广核集团有限公司官方网站：http://www.cgnpc.com.cn。

a 表示中广核推出的中国改进型百万千瓦级压水堆核电技术方案；b 表示中广核研发的先进百万千瓦级压水堆核电技术；c 表示新一代改进型压水堆核电站，属于第三代核电站。

4.1.2 核心技术的成功国产化：引进、消化、吸收、再创新

引进先进技术是知识时代技术进步的一个长期的必然选择，也是基于中国国情的必然选择。国产化方面，中广核一直坚持走引进、消化、吸收、再创新的核电发展之路，如图 4-1 所示。在引进国外先进技术建成大亚湾核电站后，从 1994 年开始，中广核每年投入 1500 多万美元对大亚湾核电站进行技术改进和创新；1997 年 5 月 15 日开工建设的岭澳核电站，通过实施 52 项重大技术改进，按照国际标准，实现了工程管理自主化、建安施工自主化、调试和生产准备自主化、部分设计自主化和部分设备国产化；在 2005 年 12 月开工建设的岭澳核电站二期中，通过采用经过验证的技术改进，结合新技术应用、经验反馈及核安全法规发展的要求，进行了数字化仪控、半速汽轮机等 15 项重大技术改进和 40 多项其他改进，设备的国产化率已经从岭澳核电站一期建设时期的 30% 上升到 64%，2010 年建设的广西防城港核电站一期的国产化率已经提高到了 85%。实现了百万千瓦级核电技术"自主设计、自主制造、自主建设、自主运营"，全面实现工程设计、制造、建设、运营自主化，形成了我国百万千瓦级压水堆核电技术品牌——中国改进型压水堆（CPR1000）核电技术（马雪梅和柳卸林，2014）。

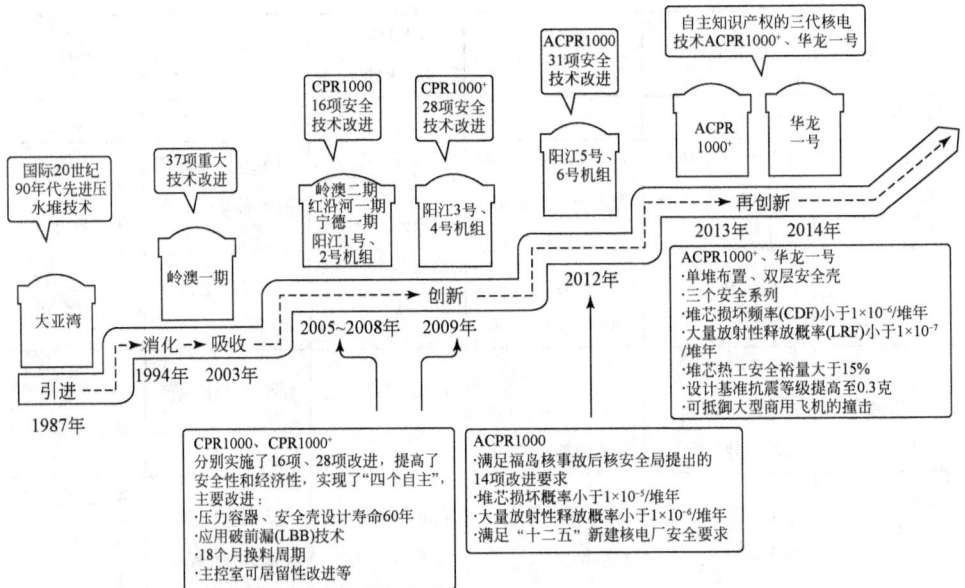

图 4-1 中广核引进、消化、吸收、再创新路线图

2013 年，在岭澳二期核电站工程建造的基础上，中广核不断增强工程自主设

计能力、优化核电站工程设计，向国际先进核电站建造标准看齐，参照最新核电安全标准，加快研发具有三代核电特征的新机型 ACPR1000-P，其安全性能指标达到核安全规划要求（堆熔概率低于 $1×10^{-6}$/堆年，早期释放概率低于 $1×10^{-7}$/堆年）。与此同时，中广核以国际市场为目标，通过消化和吸收先进的理念和技术，加快研发具有自主知识产权、完全满足最新核安全法规标准要求的 ACPR1000 技术，将福岛核事故的经验反馈转化为能够切实提高我国核电机组安全性和极端灾害抵抗能力的先进核电技术，为后福岛时代的中国核电发展提供可选择的先进核电技术（束国刚，2012）。

中广核是我国第一家核电 AE 公司，在成功建设大亚湾、岭澳核电站一期的基础上，通过岭澳核电站二期建设，逐步掌握了核电工程自主建造技术，形成了科技创新、工程设计、市场经营、项目管理、工程采购及设备集成、施工管理、调试启动七大核心能力，尤其在设计、采购、施工和调试领域具备较强的技术研发实力，同样在推进核电工程设计、建造技术的科技创新，研究开发具有自主产权的模块化设计及建造技术方面开展了大量的工作。

4.2　中广核协同创新的动因分析

世界核电开发运行的实践证明，核电是一种相对安全、清洁、经济、可靠的能源，世界各国核电发展的经验表明，发展核电是解决能源供应和改善环境的有效途径（汪永平等，2005）。对于复杂产品系统创新过程而言，其中一个小部件的改变，会对整个产品系统其他部分的控制系统、材料及设计方案等提出新的要求。核电是典型的复杂产品，核电站建设涉及设计、设备制造、施工等上下游几千家队伍，上万个工种和专业。其产业特点要求中广核必须选择协同的方式来适应企业发展的需要。中广核对协同的诉求源自于核电工程的特性及自身发展的需求（马雪梅和柳卸林，2014）。

一是核电自身的特点决定了基对核安全的要求。一方面，工程建设的质量是核电的基础和根本，必须把工程建设全产业链动员起来，才能够确保工程建设各个环节的质量，核电工程较为典型和复杂，包括 20 000 多台设备、3600 多个外部接口、500 多家供应商等，协同更有助于复杂工程的管理和全产业链的组成。另一方面，面对国家推进的核电建设，我国的工业基础相对落后，中广核的建设面临众多挑战。我国核电产业组织结构松散、集中度低，而且从核电站工程设计到核电设备制造都缺乏专业化分工（陈甲华等，2010）。核电工程是典型复杂的系统工程，整体解决方案，涉及的业务领域包含了设计、采购、施工管理，更不用说产业链，有 500 多家企业支持这个产业链的过程。如何将这些条块产业整合起来成为急需解决的一道难题，在工程建设现场责任很难有效传递至每个产业链和每个板块。

谁对最终的工程建设和产品负责呢？如果以工程建设为中心，以核电最终产品解决方案为中心安排各项工作，则呼唤的是协同方式的支撑（束国刚，2014）。

二是行业竞争的需要。一方面，我国核电产业链薄弱，需要提升外部供应商的能力，同时，这些外部参与者有意愿参与核电建设，但自身能力的制约使其必须依赖中广核，因此双方都有意愿形成一种协同共生的发展关系；另一方面，自2004 年以来，AP1000、EPR 等先进技术的引入和机组投建，中国电力投资集团公司获得核电牌照及国家核电技术公司成立，使得国内核电技术竞争激烈（张文彬等，2014）。

三是核电工程是名副其实的超级工程，它集高安全、高科技、多学科、跨行业等特殊性于一身，必须通过协同才能实现创新。一个核电站建设投资以数百亿元计，复杂的工程由成百上千个子系统构成，安装的管道长度达数百公里，敷设的各种电缆总长则达数千公里，所用设备重量达到数万吨，设备件数达到几万件，小零件更是多到无法计量。核电站建设还涉及设计、设备制造、施工等上下游几千家队伍、上万个工种和专业（刘传书，2013a）。这一特点决定了核电产业链协同创新管理的必要性和重要性。原因在于：①核安全要求高、关联性强，要求产业链上所有参与者共同参与、协同保障；②核电站产业链长，建造、运营过程复杂，对各环节协同运作要求高；③核电技术复杂度高，知识关联性强，导致不同技术间协作性要求高；④核电对供应商要全过程控制和结果控制，需在总包商和供应商间形成协同共生关系（张文彬等，2014）。

四是国家核电建设技术进步的需要。核电站建设涉及设计、设备制造、施工等上下游几千家队伍、上万个工种和专业，对一个国家的科技进步、产业带动、经济发展、人员就业，乃至整个社会都有巨大影响。以一家公司之力显然不能完成如此复杂的大型项目。以 CPR1000 双机组核电项目为例，每两台机组的工程造价约 250 亿元，项目建设周期约 64 个月，共涉及 380 余个系统、2 万多台设备、500 余家设备供应商、3 万余条二级进度、360 多个外部接口，现场土建安装人数合计约 2 万人[①]。核电站建设属于典型的复杂系统工程，具有技术复杂、专业接口多、建设周期长、工程造价高等特点。没有哪一个创新主体能独立完成创新的全过程。创新通常不是个体的行为，创新的出现源自多个组织间的互动，尤其是生产者和用户的互动。

五是企业发展的需要。早期，中广核的质量体系和责任体系都没有建立起来。尽管每一个单位都存在责任体系，但是围绕着几百家企业的一个工程建设的职能体系却没有建立起来。早期中广核的经历是在现场发现的很多问题，却找不到责

---

① 资料来源：中广核工程有限公司内部资料《以打造国际一流核电 AE 公司为目标的协同管理》。

任人[1]。核电站的建设，对一个产品来讲，不管你是哪一家的，最终的产品都是要满足设计的要求和质量的要求。当时，中广核不仅质量体系不完善，职能体系也没有建立起来，造成各相关方在出了问题的时候，相互推诿责任。同时，专业化、条块式产业分工，对满足业主需求的核电站产品整体解决方案，怎么样把这些条块产业整合起来等一系列问题也是在工程现场经常遇到的问题。随着核电事业的加速发展，中广核承担的项目越来越多，早期的管理和分配体制机制与多项目多基地发展不匹配，已不能满足公司生产建设的需要。当数个项目同时进行时，各项目间互相争夺资源，优质资源难以流动，信息难以共享（束国刚，2010）。若要满足项目建设的需要，需要对已有的管理和分配体制机制进行改革。如果以工程建设为中心，以核电最终产品解决方案为中心安排各项工作和分配资源将大大提高资源的利用效率。

产业爆发增长的工程使队伍在管理、技术等方面都大大地被稀释了，多台机组同时共建还带来了其他资源紧张的状况。专业人员不足、设备资源短缺、建安承包商队伍能力滞后等问题十分突出，同时，还要面临资源匮乏的问题。面对国家推进的核电建设，我国的工业基础相对落后。核电发展初期，我国工业体系没有建立起来，岭澳核电站一期建设时我国国产化率不到20%，而且都在辅助设备上，如果想用国外的资源来配合企业每年四到五台机组的发展也存在很多的问题：首先，国外也没有这么多资源；其次，如果利用国外的资源，从长远的角度来讲我们将受制于人。如何解决资源匮乏的问题，还是需要从协同的角度寻找办法。

4.3 中广核协同创新管理的特色

4.3.1 企业依托重大工程、突破关键技术成为创新链的主导者

核电工程装备自主化的核心是设计自主化，并由设备采购、制造和施工中的国产化来带动整个产业链的发展。从以企业为主体、用户驱动的研究视角出发，通过实地调研和大量的二手资料研究发现，在核电工程创新联合体中，中广核处在中心的位置，能够把科研单位、设计单位、建设单位、设备厂家及政府有关部门的支撑等创新要素和创新的参与者整合在一起。一系列的改革举措，使中广核犹如巨大的"磁场"，吸引协同单位展开深度融合，以实现协同效应的最大化。中广核工程有限公司变革的经验表明，组织结构的重组、柔性组织的设置、分权体系的实施、市场化机制的落实同样能提升企业的生产效率和管理效率。

---

[1] 资料来源：调研中广核的访谈整理。

中广核的外部协同：在核电产业，中广核作为总装公司，协同众多企业共同构筑核电产业生态，带动了整个产业链的发展。如图 4-2 所示，A_1 所在的位置即为中广核在核电产业中所处的位置，中广核自身的聚集和吸附效应让众多的大中企业（B_1，B_2，…，B_n）围绕着中广核形成核电产业稳定的核心层，这些企业依据中广核提出的需求，按照严格的核电生产标准为中广核提供关键的零部件及成套设备。在这些大中企业的外围存在着更加广泛的中小企业（C_1，C_2，…，C_n）以外包或者契约等形式为大中企业（B_1，B_2，…，B_n）提供关键的配套产品、技术等，形成加长的产业链及更大的产业生态圈。中小企业（C_1，C_2，…，C_n）虽然不直接同中广核发生联系，但是由于大中企业（B_1，B_2，…，B_n）是需要满足中广核的需求来制定生产的标准，因此外围层的中小企业（C_1，C_2，…，C_n）同样也需要以中广核的标准来进行生产。以此类推，存在更多的其他企业（D_1，D_2，…，D_n）围绕中小企业（C_1，C_2，…，C_n）形成新一级的生态层，这些众多的企业构成一个以中广核为核心，相互协同、相互依附、共同发展的生态圈。目前，在我国具有核电站建设总承包资质的企业有三家：中广核、中国核工业集团公司及中国电力投资集团公司。如图所示的 A_2 是和 A_1（中广核）存在竞争关系的同类企业（中国核工业集团公司或中国电力投资集团公司），大量的大中企业（如上海电气集团股份有限公司、东方电气集团东风电机有限公司、西安陕股动力股份有限公司、沈阳鼓风机集团股份有限公司等）为这些核心企业提供标准的产品和零部件。与存在竞争关系的企业形成了涉及范围更广的产业生态圈。如果考虑政府、中介服务公司、金融服务公司、科研机构、高校等机构，核电的产业生态系统则更为广泛。

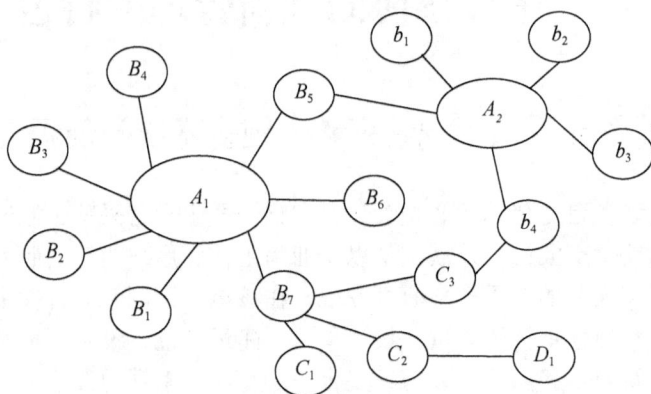

图 4-2 中广核产业链主体集聚的模式和过程

中广核的内部协同：中广核的协同创新能够成功是在于公司从战略层、组织层、人力资源层及企业文化等多个层次深刻嵌入协同的理念，如图 4-3 所示。在战略层面，公司上下贯彻推行协同理念，倡导 AE 战略，AE 概念深入人心，运用

AE战略布局公司运营的每一个环节；在组织结构层面，中广核通过独创的"矩阵+职能"型的机构有效地执行AE战略，改变了原有的单一的组织结构，不仅提升了效率，也使资源的利用最大化；在人力资源层，中广核对内部严格培训，培养员工协同意识，推动AE概念深入员工内心；在企业文化层，中广核提炼出一套体现创新趋势、适应当前发展及未来挑战的文化理念体系，确立了"一次把事情做好"的核心价值观和"安全第一、质量第一、追求卓越"的基本原则，"你AE了吗"这句有趣却富有深意的问候方式，也体现出协同理念已深入中广核全体员工。

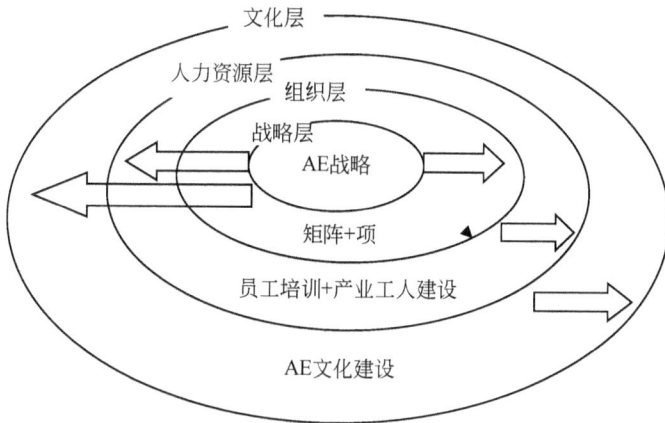

图4-3 中广核协同创新模式

中广核全面掌握核电建造技术，通过设计主导、系统集成、资源掌控与组织协同，安全、优质、高效地建造核电站，并为客户提供专项技术服务；要充分运用"客户需求、市场订单"的牵引作用，以满足用户需求为目标，推动建立产业链上下游协作机制，优质、高效地完成核电项目群的建设，共同创造市场价值，形成协同利益，持续增强各方参与协同的积极性；以全球化的视野和开放包容的心态，博采众家之长，广泛吸引国内外同行、研究机构等加入协同体系中，从技术、管理、文化等各方面密切协作和互动，提升核电AE公司的核心技术能力，同时促进相关企业元件技术和产品配套能力的增强，进而提升协同平台的持续发展能力；以核电核心技术为引领，协同平台内企业，以共同走向国际核电市场为目标，推进技术创新、产品创新。

作为承建单位，中广核处在产业链的最前端，是对产业链上其他企业产品和零部件的整合和集成，中广核在生产第一线，对核电站的实际运营最为了解，是最终的用户，所以由中广核提出需求和标准，由产业链的中端和后端来完成。这个过程中，需要满足最终的用户需求，即所有的参与者都需要对最终的核电站建设负责，中广核负责对整个产业链进行整合和协同。中广核帮助产业链上的其他企业实现共赢，解决供应商的协同，这是科研院所没有能力做到的。以东方电气广州重型机器有限公司（简称东方重机）为例，东方重机是具有世界先进水平的大型核电设备制造企业。刚接触核电产品是造一个直径只有 1 米多的钢管，计划 3 个月就完成，结果最终耗时一年。因为核级产品的制造过程要求非常严格，所有屏蔽等相关试验都要完成，每个过程都有业主、核安全局等机构见证。流程中任何一个步骤做得不全或准备不到位都不可继续。所有手续处理过程都要进行详细记录，以保证以后不管在核电站运营的哪个阶段，都必须能够从原材料到成品每一步追根溯源。在研发制造时即便成品没有问题，只要文件方面略有不完备，也不会被中广核放行。核级产品的研发制造完全颠覆了东方重机过去的管理概念，核安全文化逐渐渗入了东方重机（刘传书，2013b）。

4.3.2　以 AE 公司模式带动产业链创新

按照中广核战略部署，向世界最先进的核电工程公司看齐，成为国际一流的核电工程公司是中广核的战略方向。为此，他们与国际知名的核电工程公司进行了对标，对象主要包括美国柏克德集团公司（BECHTEL）、法国阿海珐集团（AREVA）、韩国水力原子能公司。对标发现，它们都采用了 AE 模式，即设计和工程一体化运作的方式。这些 AE 公司的两个共同点：①AE 公司的集成作用，它们能集成全国乃至全世界的资源和技术能力，以建设好的核电站；②AE 公司的引领作用，它们在核电建设中起主导和"龙头"作用，能够引领行业内其他企业进行创新和发展。

20 世纪六七十年代，核电 AE 的概念最早出现于美国，是指独立于电站设备制造商和发电企业，专门为核电站提供系统设计、工程和建设管理服务的公司（赵建光和匡伟，2013）。核电 AE 公司具有较强的核电站工程设计能力、工程管理能力及工程建设资源掌控能力，它以核电站工程设计为龙头，采取设计与建造、工程管理相结合的模式推进核电站工程建设。AE 建造模式的特点之一是在大型复杂工程中，能有效控制安全、质量和进度等风险，以核电 AE 公司的高度专业能力保障工程项目保质按期完成。

AE 简单来说就是设计建造一体化，是总体工程管理。核电 AE 公司是指全面掌握核电站总体架构技术，通过设计主导、系统集成、资源掌控与组织协同，安全、优质、高效地建造核电站，并为客户提供专项技术服务的工程管理公司。核电项目总承包（AE）是指独立于电站的设备制造商和发电企业，专门为核电站提供系统设计、工程和建设管理服务。其核心能力包括设计主导与系统集成能力、产业链资源整合与协同创新能力、项目精细化管理与多项目管理能力等方面（周光淑等，2013）。

中广核要成为市场领先者，必须成为全产业链的集成者，与产业链上游的设计分包商、供应商，下游的施工企业、院校等形成一种新型协同创新关系，具有对系统的协调能力。Hobday 和 Rush（1999）将复杂产品系统的技术能力归纳为三个方面的能力，即元件能力、构建能力和系统能力，元件能力是在掌握关键元器件知识基础上形成核心部件研发的制造能力，构建能力是在核心元器件研制基础上对整个产品系统的集成和配套扩展能力，系统能力是指能够在融合和反馈多学科知识基础上进行跨项目学习以实现产品升级的能力。Davies 和 Hobday（2005）认为系统集成是复杂产品系统企业核心的技术能力，集成能力对复杂产品系统企业的发展和竞争力提升具有非常重要的作用。对中广核来说，通过自身的资源掌控能力和技术集成能力联合产业链上下游企业共同打造中国核电工程是十分重要和关键的，图 4-4 展示了核电建设总体建构技术。

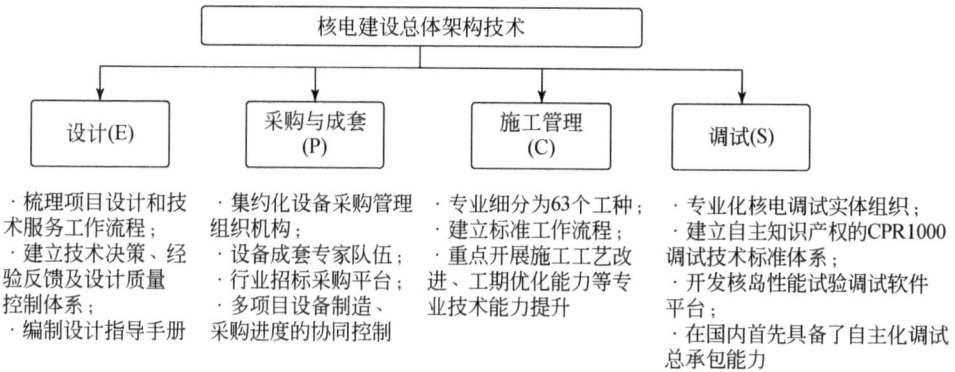

图 4-4 核电建设总体架构技术

作为生态系统中的核心企业要打通创新链，企业必须具备当链主的资源优势和核心能力。在架构技术的基础之上，要设计好怎么样协同，在基于团队技术的基础上，实现产业链的结合。要确定好关键技术和元件技术定位，不掌握架构的技术，仅仅通过合同是控制不住下游的。所以，关键技术和架构技术的掌握及"首台套的牵引"是生态系统中主导方的必要条件。

核心企业要有设计主导与系统集成能力。复杂系统牵一发动全身，设备设计的一个变动、空间格局的一次变化都可能会影响全系统性能，中广核通过一项项局部改进对应的系统调整，逐步建立起对系统设计的深刻理解和完整掌握，最终形成系统重新设计能力和新型核电站总体设计。

4.3.3 通过一系列的组织创新实现集团内的协同创新

组织变革就是企业为适应内外条件的变化而进行的，以改善和提高组织效能为根本目的的一项活动过程。随着我国核电进入规模化、批量化发展的新阶段，中广核面临着原有的组织架构、管理模式及激励机制是否仍能适应外部环境变化和业务发展需求的问题。如何设计有效的组织架构来明确责任分工？如何建立清晰的权责体系来落实责任、提升效率？如何构建公平公正的激励与约束机制来调动员工的工作积极性？中广核自 2008 年起，从组织结构的重组、重要权利的重置、分配机制的重建等方面进行了一场深入、持久的组织变革——"三分改革"（分层运作、分权经营、分灶吃饭）。

中广核职能体系的建设紧紧地围绕着 AE 的概念，创造性地提出三类组织的划分。在一般的企业只有两类组织，即行政部门和业务部门，而中广核提出了一个项目团队的概念。模块化设计与建造技术是在国外核电建设中被实践所证明，是减少现场施工量、降低安全隐患、缩短建造工期和降低工程造价的有效方式，同时也是我国目前解决核电安全高效、批量建设与资源短缺、质量安全之间矛盾的有效措施之一（鲁勤武，2013）。中广核提出 AE 的概念就是设计和制造、设计和建设、设计和调试必须一体化。通过提出三类组织，中广核要达到 AE 一体化的要求，就要求矩阵式的运作。结合核电产业情况，形成一个两阶及两阶以上的矩阵，前台和后台有一个矩阵，后台内部之间有一个矩阵，为了达到 AE 和批量化建设的要求，提出了组织一体化的概念，同时进行三类组织的安排及两阶矩阵的安排。使前后台实现一体化，以及前台与前台之间，后台之间的各个所、各个室之间形成了有机体。

中广核建立三个层面体系，形成多边协同的正效应，构建产业和生态产业圈。以工程建设为中心，打通业务链，形成前台和后台的一体化。能否延伸到产业当中去，满足要求体系，能否有效延伸到产业链，中广核认为，发展必须利用创新驱动，在更高层次更开放的协同创新，进一步支撑公司的发展。中广核的"三分改革"带来明显成效，多项目发展难题得以解决，市场化程度不断深入，管理效率不断提升，管理干部培养水平提升，核安全文化建设的基础进一步增强，精细化管理意识增强。

4.3.4 通过培训打造产业链内协同创新的复合人才

核电建设需要大量高素质的核相关专业工程技术和管理人员，核电站投入运行后也需要稳定的核专业人才队伍进行运行管理与维护。中广核除了设置工程培训中心之外，还增设了人力资源业务支持处、人力资源开发处及员工服务处，由此实现人力资源三支柱的角色分工，从而更好地实施战略人力资源管理的职能。在 AE 战略、多项目建设、"三分改革"的联合驱动下，中广核的人力资源部门最终实现了战略人力资源管理的转型。在实施战略人力资源管理的过程中，"谋划"

"管控""服务"三方面的角色划分，构建了公司的人力资源管理体系，将"项目导向""市场导向""员工参与"等理念引入人力资源管理实践中，极大地提升了人力资源管理能力和水平。中广核 AE 战略的实施，使核电专业人才在选拔方面渠道多样、方式各异，最大限度地满足不同岗位的核电人才需求。

中广核充分发挥矩阵式运作的优势，建立了有效的人力资源动态配置机制，一是人力资源动态配置平台，二是项目部人员配置标准，三是配置的责任主体。中广核通过动态人力资源配置，实现了不同板块的人才流动，在总量不变的情况下最大限度地保障了人才的供给，为实现 AE 战略培养优秀的复合人才。明确提出 AE 发展战略以后，中广核对员工的安全意识培养、综合素质提升等尤为关注，积极采取多种劳动者素质提升策略，培养和打造了"国际一流核电 AE 公司"所需要的人才队伍，为我国核电产业人才库提供了新鲜血液，也为核电工程的安全与质量筑起一道"人的防线"。中广核不仅注重内部劳动者素质的提升，对于产业链的各个合作伙伴的劳动者，也强调从打造产业工人的角度采取各种措施来帮助他们提升员工素质，确保核电站建设相关产业链上的劳动者都能满足核电工程建设的"核安全"理念，为打造"国际一流核电 AE 公司"提供更好的服务（束国刚，2007）。

中广核实施了针对内部劳动者的安全技能培训、白鹭计划、师徒制和国际化人才培养，以及针对外部劳动者的产业工人培训等，为 AE 战略的实施提供了高素质的人才保障。公司实现了长远发展目标与员工的个人发展诉求的一致，形成了企业利益共同体，凝聚了人心。中广核还实施全员绩效行动，量化 AE 战略产出，采用全过程的绩效管理实践，实现个人业绩最大化、企业效益最大化。他们的薪酬体系遵循"责能定薪、按绩取酬、能绩调薪、岗变薪变"的原则，发挥薪酬的激励和引导作用，为企业的生存和发展起到制度保障作用。

中广核的前身是核电安装施工单位，真正从事一线劳动的，70%是农民工，而农民工每年的流失率在 30%。协同需要能力和基础，就需要推动农民工产业化建设。中广核立志让产业工人也把核电作为一种事业，或者是长期的择业来考虑。通过一系列安排，对他们进行培训，解决他们的后顾之忧和提供合适的社会保障，让他们像普通员工一样，为其建立有效的社保体系和保障体系。培训如何能够有效开展起来？有些工人的水平不高，企业还开发了一种动漫、图画色彩的书本，很多人只会写自己的名字，剩下的不会写，只能看画面。中广核培训也称为 AE 产业链培训，是培训整个产业链。

4.3.5　构建创新平台和创新联盟

中广核强调产学研联盟，更加强调企业的主体地位，图 4-5 为中广核创新联盟的多形式协同创新格局。2009 年，中广核核电设备国产化联合研发中心成立。联盟囊括了中国 60 多家顶级的核电装备制造商，以中广核工程有限公司承担的核电建设项目为依托，共同致力于中国核电设备国产化的研制和开发，实现我国核电技术与装备自主化。联合研发中心建立了开放、互信、高效的核电设备国产化研发和供应体系，在核电设备与技术国产化方面功勋卓著。CPR1000 堆型核电站压力容器、蒸汽发生器大型锻件工艺等自主化实现重大突破；破解制约核电站核岛主设备大锻件等关键瓶颈，结束依赖国外的历史；余热排出泵、电动辅助给水泵、安全壳喷淋泵、低压安注泵、核一级电动截止阀、核二级气动直通式隔膜阀不但打破了国外垄断，而且开拓了国内泵阀产业的发展方向；百万千瓦级核电机组控制棒驱动机构电源系统联合研发成功，达到国际先进水平，是核电设备国产化的重要里程碑（束国刚等，2009）。

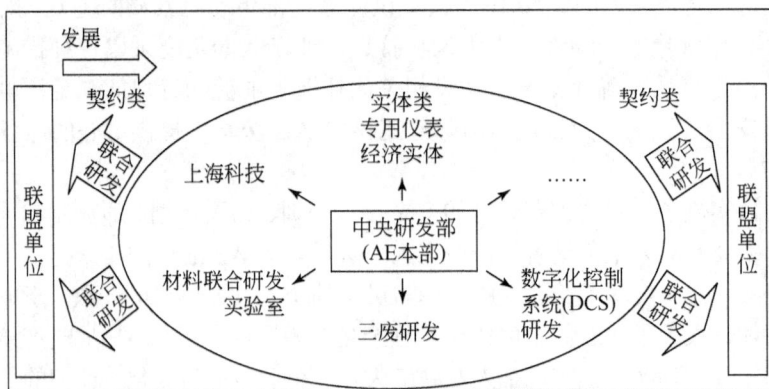

图 4-5　创新联盟的多形式协同创新格局

　　对于中广核来说，可通过自身的资源掌控能力和技术集成能力，联合产业链上下游企业，共同打造中国核电工程。

4.3.6　克服协同创新中的中国管理困境

　　首先，中国企业难以协同，原因是现今的考核机制要求本单位的利益最大化。供应商、协同的合作伙伴都有各自的利益。因此，如何化解利益冲突是协同创新的难点。例如，中广核培养了某个供应商的能力，但其结果却为竞争对手服务。中广核的相关领导认为，协同创新的困难是理念上的。"协同是有共同的目标和责任。再具体一点，就是对最终结果负责的一种责任体系，在这种责任体系下，不仅仅是责任，如何让相关方和利益方都能够共同的进步，企业强调责任，更强调进步。要满足方方面面利益的需求，互相共生。"因此，他们可以扶持供应商，使其能力不断上升，但目标是核电工业的技术不断提高。因此，不存在中广核的利益损失问题。

其次，通过组织创新化解内部的协同挑战。束国刚等（2013）提出，中广核职能体系的建设紧紧地围绕着 AE 的概念，并提出三类组织的划分。在一般的企业只有两类组织，行政部门和业务部门，而中广核把项目团队作为一个正式的组织建制，提出项目团队概念，其整个组织结构呼之欲出。中广核项目团队提出 AE 的概念就是设计和制造、设计和建设、设计和调试必须一体化。也就是说部门要从一体化的角度思考职能与责任。

最后，将质量控制和时间控制延伸到供应商，要求供应商进入协同的体系中，并保证他们的权益。他们甚至能按小时来安排产品的进度。告诉配套企业，这个机床应该怎么去做。在进度上，通过充足的分析，将进度控制延伸到装备制造业。通过源头和进度两条线，营造大团队的理念，让制造企业和施工企业不会亏损（束国刚，2014）。

4.3.7　协同创新的文化：你 AE 了吗？

2011 年以来，中广核外部面临福岛核事故后更加严峻的核电发展和舆论环境，内部面对发展不断加速、新进员工价值观多元等客观因素。中广核正处于多产业、多基地运营的快速发展阶段，面临从规模、速度向质量、效益的重要转变。中广核提炼出了一套体现创新趋势、适应当前发展及未来挑战的文化理念体系——《中广核企业文化共识》，确立了"一次把事情做好"的核心价值观和"安全第一、质量第一、追求卓越"的基本原则，得到了广大干部员工的高度认同，为中广核的后续快速、稳健发展奠定了思想基础。其中，基本原则"安全第一、质量第一、追求卓越"是一个决策原则，是指导"做正确的事"。除强调"安全是生存和发展之基"外，更在原来强调核电安全的理解上进行了拓宽，明确了大安全、大质量的理念，强调集团各业务板块要以本行业的安全标准为基准，努力成为行业安全管理的标杆。核心价值观"一次把事情做好"是一个执行原则，其内涵是"正确地做事且力求更好"，其中"一次"包含两重含义：一是"第一次"就把工作做好，不留隐患，如有规程可依的操作；二是"每一次"都把工作做好，把每个阶段、每个步骤、每个环节的工作都做好。所谓"好"，包括用心做事、规范做事、尽力做事三个标准，背后隐含着强烈的主观能动性要求，需要大家综合起来理解和应用。"做好"涵盖工作的各个环节，包括事前精心谋划和充分准备，寻求有效的思路和方法，在满足工作要求的基础上精益求精，力求达到更高的质量、更好的效益等（中广核宣传工作局，2014）。

同时，文化共识还针对集团当前的市场化、国际化战略要求提出了"客户导向""价值创造"等新的价值理念。中广核将从领导者示范、骨干推进和全员参与的三个层面，持续推进企业文化的"共知、共识、共行"，以"一次把事情做好"的核心价值观，充分发挥企业文化的引领和促进作用，为深化改革、实现核电与非核清洁能源"两驾马车"高速并进的战略蓝图而努力。

4.4 协同中的引领能力——以自动焊接为例

为保证核电建设质量和保障核安全，一项新技术如果没有经过大量的科研试验，积累充足的试验数据和经过各级专家评审是不可能获得国家核安全局的同意在核电建设中应用的。

2008 年核电站主管道窄间隙自动焊技术还是一项新技术，在国内核电建设中还从未应用过。随着核电站的批量化建设需求及核电建设质量要求的提高，中广核工程有限公司在 2008 年启动主管道窄间隙自动焊技术的研究课题。而主管道窄间隙自动焊技术的项目实施是一项系统工程，涉及上游设计、主设备制造、工具和材料采购及焊接实施等多个环节，国内任何一家核电建设单位均不可能独自完成其开发和应用工作。

为保证主管道窄间隙自动焊技术应用的顺利实施，中广核工程有限公司充分整合国内外自动焊方面优质资源，确定了以中广核工程有限公司为主导，包含中国核动力研究设计院、中国核工业二三建设有限公司、武汉核动力研究所，以及各主设备制造厂、LIBURDI 公司、METRODE 公司等多家单位在内的大项目团队运作模式。图 4-6 和图 4-7 分别为中广核自动焊接技术流程和中广核自动焊接技术团队。

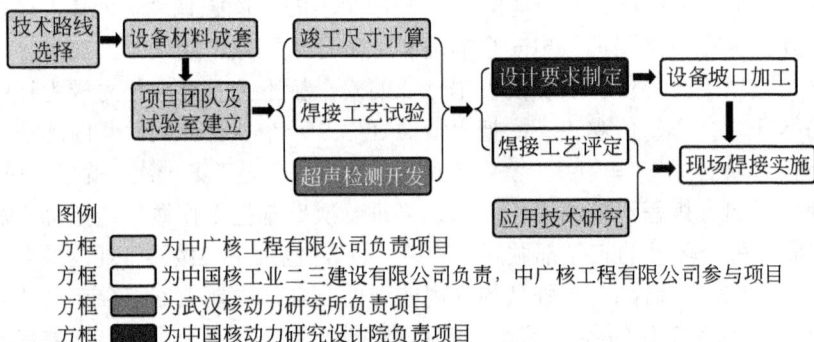

图 4-6　自动焊接技术流程

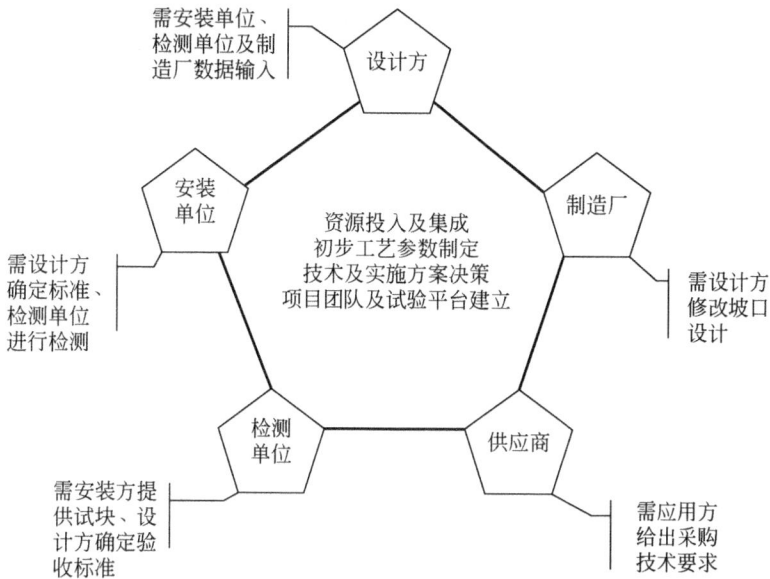

图 4-7　中广核工程有限公司自动焊接技术团队

在技术开发和应用中，中广核工程有限公司的主导作用主要体现在以下方面：

4.4.1　项目的唯一投资方

所有主管道窄间隙自动焊技术的项目研发和推广应用资金全部由中广核工程有限公司一家企业负责。包括编写所有与自动焊相关的设备、材料和设计、现场实施及检测服务的采购技术文件；采购所有的自动焊接设备、焊材、主管道模拟件、返修设备、坡口机和测量设备；签订设计服务、现场实施服务、检测服务合同和自动焊相关设备培训等服务合同。

4.4.2　技术路线的选择方

中广核工程有限公司在项目启动初期对国内外主管道窄间隙自动焊技术的进展进行了充分调研，确定了三条技术实施路线。包括：

（1）直接委托国外先进核电建设企业。

例如，法国阿海珐集团全权负责主管道窄间隙自动焊的实施。但由于国外核电建设企业不具备我国核电安装资质，不能直接进行主管道安装工作。而国外核电建设企业也不同意转让其技术给我国核电建设企业来进行主管道安装工作，因此最终放弃此技术路线。

（2）委托中国核工业二三建设有限公司全权负责主管道自动焊的实施。

虽然中国核工业二三建设有限公司具有我国核电安装资质，且是国内较早开始主管道窄间隙自动焊技术研究并成功申请自动焊专利的企业。但中国核工业二三建设有限公司的自动焊技术从未能在核电建设中获得应用，技术的应用质量及稳定性不能得到验证。因此，选择此技术路线的风险较大，最终也选择放弃。

（3）借鉴、消化和吸收法国 N4 主管道自动焊技术，开发出自主知识产权的主管道窄间隙自动焊技术。

法国 N4 机组是国际上最早在核电建设中全部采用主管道窄间隙自动焊技术的机组，技术的成熟性和应用质量得到了验证，而核电建设最注重的也是技术的成熟性和稳定性。为保证主管道焊接质量，降低项目实施风险，中广核工程有限公司最终确定通过借鉴、消化和吸收法国 N4 主管道窄间隙自动焊技术，开发具有自主知识产权的主管道窄间隙自动焊技术。

4.4.3　技术开发及技术评审的主导者

主管道窄间隙自动焊技术的开发、评审和技术的推广应用等均由中广核工程有限公司直接负责。具体包括制订主管道窄间隙自动焊试验方案，确定自动焊试验项目，研究确定自动焊焊接参数，组织相关专家及国家核安全局等完成对自动焊技术的评审。

4.4.4　项目团队中的组织领导者

由于自动焊技术在核电中的推广应用是一项系统工程，中广核工程有限公司联合了中国核动力研究设计院、中国核工业二三建设有限公司、中核武汉核电运行技术股份有限公司及国内主要的核电设备制造单位等，组建包括设计、制造、安装及检测实施在内的主管道自动焊项目实施团队。其中，中广核工程有限公司负责项目组织、技术研究及实施方案制订、焊接设备（母材、焊材）等选型及采购、工艺参数开发、主设备测量计算和质量跟踪；中国核工业二三建设有限公司负责工艺试验件焊接、主设备测量实施、坡口加工和现场实施；中国核动力研究设计院负责安全端管嘴焊缝应力计算及主管道自动焊相关设计文件出版；中核武汉核电运行技术股份有限公司负责焊缝超声检测技术研究及现场实施。

4.4.5　项目工程应用的先驱者

目前，已获得 3 项国家发明专利具有自主产权的中广核工程有限公司主管道窄间隙自动焊技术在宁德核电站首次成功投入应用，这也是核电机组主管道窄间隙自动焊技术在国内核电工程的首次应用。在此之前，国内同行没有任何一家企业完成主管道窄间隙自动焊技术的工程应用。

中广核工程有限公司是国内首家在核电建设中成功应用主管道窄间隙自动焊技术的企业，开发出的主管道窄间隙自动焊技术的科学性、稳定性和实用性对国内同行具有深远的影响。例如，中国核工业二三建设有限公司在福清核电项目中采用的主管道窄间隙自动焊技术借鉴了通过测量焊缝宽度选择焊接参数的方法，在根部和填充分别选用不同焊材，通过三维测量完成主管道的坡口加工和组对。

4.5　总结和思考

我们认为，中广核的协同创新体现了如下的特色，值得其他企业借鉴和学习，也具有很好的管理学意义。

4.5.1　实现了以企业为核心引领的市场化运作

基于自身架构技术和能力，中广核从技术、管理和组织等多个角度与全产业链相关企业展开协同创新，有效掌握产业链，并显著提升了整个产业的创新能力和竞争力，实现了以企业为核心引领的市场化运作。中广核瞄准国家核电产业和经济发展重大需求，依靠创新驱动，打造综合竞争优势，推动产业向中高端提升，促进核电产业升级。中广核的协同创新紧紧围绕我国核电产业的重大需求，通过全产业的协同创新模式，与产业链上下游的企业形成产业联盟关系，从而促进了核电站的建设和核电技术的发展，还极大地促进了我国装备制造业等全产业技术创新能力的快速提升，使我国百万千瓦级核电设备国产化率从 1% 跃升至 85%，实现了向全球价值链高端跃升和创新驱动最大化。通过协同创新，我国核电技术研发能力接近了世界先进水平，而核电站建设、运行、管理水平则达到世界先进水平，核电设备制造能力和自主化水平不断增强。

4.5.2　形成多项协同正效应，构建产业生态环境

围绕复杂技术的创新，中广核建立了三个层次的协同体系，形成多边协同正效应，构建产业生态环境。首先，是内部协同。打通业务环节，构建新的组织框架，形成纵向业务协作关系和专业化能力提升平台。推行矩阵式运作机制，建立项目间横向协作体系，提高资源集约化程度。其次，与产业链协同，以项

目为纽带，在各专业领域与上下游供应商和承包商开展技术、工艺、项目管理、质量、安全等方面协同。在运营单位合作方面，中广核树立了一个理念就是左右手一条心，责任有界，任务无界，主动打破公司的界限，形成一个共同的工程建设，形成一个统一运作的机制。在产业链上，在质量管理方面，全员质量控制上面，他们以技术装配为主线，将产业技术推广到产业链所有的管理及相关的企业及组织，他们建立全面合作伙伴型的安全质量管理体系。在产业链之间，他们形成一个反馈的体系，共同分享良好的实践和经验教训。他们把安全的责任有效地传递到各个班组。中广核特别强调培训，通过对现场培训进行考核是否可以上岗。他们也建立超越的伙伴的关系，推动产业的转型升级，在技术创新方面，在劳动者素质提升方面，跟企业一起致力于技术的创新，致力于把农民工向产业工人转变。最后，与政府、高校、研究机构等外围协同：搭建"政产学研用"有效结合的沟通协调和创新推动平台。

4.5.3　通过协同创新掌握了产业的核心技术并有所创新

中广核的协同创新是中国在复杂产品系统领域建立自助创新品牌和能力的优质案例，证明了中国也可以在复杂产品系统中获得有益的成绩，突破了早期西方国家的垄断。以中广核为核心的核电产业群也打破原有科技计划以院所和大学为主体的创新思维，围绕核电建设，整个核电产业链积极从实际生产和应用中发现问题解决问题，建立了从现场到实验室的逆向创新，科学研究都与实际生产紧密相关，这也是对十八大以来强调企业为主体的有力呼应（马雪梅和柳卸林，2014）。以中广核为主的核电生态打破中国企业没有协同创新的思维。从引进、消化、吸收到再创新，中广核掌握了大量的工程技术。目前，中广核的国产化比例已高达85%，关键技术及零部件均可以实现国产化，无论是从经济角度还是从国家安全角度，都打破了国外对核电核心技术的封锁，也打破了引进、落后、再引进的怪圈和市场换技术的怪圈。

通过科技创新带动了核电产业链的发展，设备国产率明显提高。通过消化吸收引进技术、自主创新和大规模技术改造，建成了具有国际先进水平的核电装备制造基地。产业链的快速发展，带动了地区经济发展，为打造广东省战略新兴产业基地，中广核工程有限公司积极参与核电高科技产业园的建设工作，主导建设的广东省台山产业园、深圳宝龙工业园、广州南沙工业园吸引了众多国内外大型企业，形成了核电装备产业链集群，为有效提升地方经济活力做出了巨大贡献。

4.5.4　由企业主导、中广核工程有限公司牵引的协同创新具有的独特力量

复杂产品系统的用户具有一定的特殊性，高度参与产品生产的全过程，即从产品设计到产品交付使用，系统集成商及其他利益相关者都与客户保持密切的交流和合作，不断地了解和完善客户对产品的要求，同时系统集成商也会通过技术升级、技术引进等途径的产品创新创造性地满足客户需求，从而与客户需求形成持续性的互动沟通效果（Hobday，1998）。很多企业都将注意力从单纯追求技术上的新突破，转向以满足用户需求为前提的技术创新，即"市场驱动"的创新，其本质就是用户驱动的创新。随着全球化、信息化的发展，可以预见，科学技术的发展方向将由全体用户共同决定。

过去的产业发展很重视技术研发和攻关，往往是技术和产品出来后才考虑市场应用问题，而不是一开始就把"用户需求"作为引领创新战略的基准目标，由此造成一些技术和产品在推广应用时遇到很大的困难，辛辛苦苦研发出来的成果难以实现市场价值，导致创新过程困难重重。决定创新的基本力量，不仅包括技术进步带来的机会，而且还包括市场机会。要推动产业链各个环节的平衡发展，需要企业面向"用户需求"，面向市场，与其他主体进行多类型、多层次、多角度、多环节的互动与协调。"政产学研用"最终还是要落到"用"上。

第5章 国家电网公司的特高压输电用户驱动的协同创新

5.1 导　　言

在创新生态形成的系统中，传统的以技术导向为主的制造商模式，正在发生变化，一些用户正在扮演越来越重要的角色。而且，中国企业在发展中，尤其是IT企业，常常陷入国外跨国公司已经布局好的生态系统中，如微软公司在操作系统、孟山都公司在种子业、苹果公司在手机行业等。中国企业要想获得创新生态的领导地位，非常不容易。但随着技术水平与国外的不断接近，企业面临的独特需求越来越多，一些以中国企业为核心的创新生态正在形成，特高压输电创新就是一个重要例子。为此，我们在本章着重分析国家电网公司作为特高压输电创新的领军企业，如何发挥用户的作用，在复杂的创新系统中，带领不同的企业，形成一个具有共同价值观的生态创新系统，通过协同合作，完成产业需要的重大创新；如何发挥不同类型组织的协调作用，做好创新生态联结的纽带；如何发挥好创新生态的领导作用，带领不同企业的技术进步。

5.2　用户在创新生态系统中的核心作用

创新生态系统中的企业，应该有什么成员构成？何种角色的成员构成才能使生态有效实现？已有的研究强调了互补者和辅助资产对创新生态的重要贡献（Adner & Kapoor，2010；Kapoor & Lee，2013），但在IT技术快速发展的推动下，用户、金融部门、高校科研院所及政府等其他创新生态系统利益相关者对创新生态系统的形成越来越重要。而这种利益相关者介入的程度和时间会对相关的创新生态的形成和演化产生重要的影响。因此，研究不同利益相关者介入的程度和时机对生态系统的影响；价值如何在创新生态内得到创造及共享的机制十分必要。

在今天，用户作为产业生态中的重要角色，将直接参与产品构思、设计、制造、改进等环节，使产业组织形态趋于扁平和开放。"众筹、众包、众创"的融资模式和生产方式，改变了封闭的产业资源配置方式，使智力资源和社会资本更加自由流动，形成了新的创新生态。

但创新生态的各种要素是异质性的，给企业带来的资源也是异质性的，不同要素对创新生态内部企业的影响也是异质性的。例如，核心企业的上游合作伙伴可能带来关键的资源、技术和组件的创新，而下游的客户可能带来的是应用、需求、基础设施、成熟的产业链。创新生态系统中的用户可以是消费者，也可以是产品的终端用户，客户驱动的创新生态可能有利于企业更好地整合资源，进行集成性、架构性的创新。例如，雷军创建的小米手机是典型的以客户为核心的创新生态系统。围绕客户的消费需求，从小米手机起步，先后内生扩展到平板、电视机、路由器、空气净化器等。通过旗下顺为基金、小米风投等投资几十个项目，布局硬件软件、云服务、智能家居、移动互联网、电商、创客等。然而，作为创新生态系统另一重要的利益相关者，用户对于创新生态系统形成的影响研究相对较少。用户创新概念的提出基于 von Hippel（1976）"用户是创新者"的观点，von Hippel（1986）第一次对用户创新与生产者创新做出了清晰的鉴别，并将用户视为创新的一大重要来源。随着企业创新活动中参与者的边界日益模糊，用户充当发明者或合作开发者角色等用户创新行为也在不同领域得到了证实（Lettl et al.，2006）。从创新生态系统视角来看，在核电产业的创新系统中，企业等相关主体应围绕终端用户，即核电站的需求来进行复杂知识下的创新以共同进化，从而获得双赢。

以小米为代表的用户驱动型创新生态系统，实质是设计者与用户充分互动，快速建立起创新生态系统，这样的创新系统形成模式是之前文献很少涉及的。小米模式成功之后，很多中国企业也在模仿小米模式构建生态系统，但均不理想，因此，构建客户驱动的创新生态系统需要什么能力？具体的研究问题包括：

（1）以终端用户为核心的创新生态系统构建过程是怎样的？与以制造端核心企业为核心的创新生态系统构建有哪些异同？

（2）商业模式在客户为核心的生态系统形成过程中，发挥怎样的作用？核心企业如何与客户共同创建平台？成功构建客户驱动的创新生态系统需要企业具备何种能力和资源？

本书认为，国有企业是一个特殊的企业群体。关于中国的国有企业能否有创新，已经有了大量的研究。第一种观点认为：国有大企业的产权不清晰，因此，是一个无主人的状态，企业领导也不会有创新的动力，因为不能获得创新的超额利润。第二种观点是：国有企业是一个科层制企业，庞大的组织机构使它无法获得响应市场的变化，只能进行一些改进性创新，会在突破性创新面前失去方向。第三种观点是：国有企业的领导人都是任期制，5 年期的任期制使其无法制订长期的战略和投资风险大的创新项目。最后一种重要观点是：国有企业都是垄断的企业，他们无须创新，就可以获得巨额利润，因此，他们只会阻碍产业的创新，而不是推动创新。

中国政府历来重视对国有企业的投资，因为国有企业已经在市场中占有重要的地位，是国民经济的命脉。例如，国有银行对国有企业的信贷要比对民营企业更有优惠，电力等产业甚至没有对民营企业开放。因此，研究一些国有企业的创新，也具有重要的意义。

国家电网公司成立于 2002 年 12 月 29 日，前身是国家水利电力部的电力事业部，后组建为国有特大企业，过去的电力部演变成了国家电力公司，仍然行使部分政府行政管理职能，也有企业管理职能。但发电企业和电网输配业务在改革之前均属于国家电力公司，改革后原来属于国家电力公司的发电企业被剥离出来，允许多家办电，多种所有制办电，引入竞争。为什么后来变成了国家电网和南方电网？由于当时已有从天生桥水力发电总厂向广东送电，有了从西南部往广东送电的雏形。在电力体制改革之前，实际上已经开展了一系列西电东送工作，在此基础上，形成了云南、贵州、广西、广东联网的雏形。所以说后来形成的国家电网、南方电网是各种意见，包括高层领导意见协调统一的结果，也是根据当时中国电网的状况做出的决定（张国宝，2013）。

国家电网公司以建设和运营电网为核心业务，承担着保障更安全、更经济、更清洁、可持续的电力供应的基本使命，经营区域覆盖全国 26 个省（自治区、直辖市），覆盖国土面积的 88%，供电人口超过 11 亿人，公司用工总量超过 186 万人。公司在菲律宾、巴西、葡萄牙、澳大利亚等国家和地区开展业务。2012 年，公司位列《财富》世界企业 500 强第 7 位，是全球最大的公用事业企业。

为了考察分析中国特大国有企业的创新，我们以国家电网公司特高压输电项目为例，它可以说是我国电力史上的一项突破性创新，也是用户牵引的合作创新结晶。原因在于：一是特高压输电项目是典型的复杂产品系统，具有产业链长、技术复杂程度高、安全要求严格、对供应商技术能力要求高等诸多特性，决定了产业链合作创新管理的必然性和重要性，也成为以用户为主导、以企业为主体的合作创新模式的典范；二是特高压输电项目是我国实施"一特四大"能源发展战略的重要组成部分，是实现能源资源在全国范围内的优化配置，转变能源和电力工业发展方式，保障能源可靠供应、实现可持续发展的重要战略途径。特高压输电的成功，是从发展战略、电网技术、电工装备、工程建设到安全运行的全方位突破，极具中国特色，探索其追赶过程和管理模式具有代表性和指导意义。

5.3　国家电网公司的特高压输电项目创新

5.3.1　国家电网公司特高压输电简介

2004 年底，国家电网公司根据我国经济社会发展对电力需求不断增长及能源资源与消费逆向分布的基本国情，研究提出了发展特高压输电战略。面对这一在世界上没有先例可循的重大系统性创新工程的挑战，国家电网公司提出并成功实施了用户主导的特高压输电工程创新管理，在特高压输电关键技术、设备研制和工程应用方面领先世界同行取得全面突破。

特高压交流输电是指 1000 千伏及以上电压等级的交流输电，与常规 500 千伏交流输电相比，线路自然输送功率为 4～5 倍，输电距离为 2～3 倍，输送相同容量时的输电损耗只有 1/4～1/3、走廊宽度只有 1/3～1/2，具有大容量、远距离、低损耗、省占地的突出优势。特高压交流输电代表国际高压输电的最高水平，但特高压输电技术不是超高压输电技术的简单"放大样"，工程规划设计、设备研制、建设运行的技术原则都必须建立在科研攻关的基础之上。我国发展特高压输电，既面临国际同行尚未解决的高电压、强电流下的电磁与绝缘关键技术世界级难题，又需应对重污秽、高海拔等特有严酷自然环境挑战，主要表现在：①电压控制难度极大。特高压系统输送容量大、距离远，正常运行时，最高电压应控制在 1100 千伏以下，沿线稳态电压接近平衡分布，但故障断开时，电压分布发生突变、受端电压大幅抬升，这些电压升高直接威胁系统和设备安全。②外绝缘配置难度极大。特高压系统外绝缘尺度大，空气间隙的耐受电压随间隙距离增大不再线性增加，呈现明显饱和效应，线路铁塔高、雷电绕击导线概率明显增加，我国大气环境污染严重、导致绝缘子在污秽情况下的沿面闪络电压大幅降低。③电磁环境控制难度极大。特高压线路、变电站构成的多导体系统结构复杂、尺度大，导体间相互影响显著，带电导体表面及附近空间的电场强度明显增大，电晕放电产生的可听噪声和无线电干扰影响突出。④设备研制难度极大。特高压设备包括变压器、开关等九大类 40 余种，额定参数高，电、磁、热、力多物理场协调复杂，按现有技术线性放大，会使得设备体积过大，造价过高，且部分设备无法运输，研制难度极大。

5.3.2　特高压输电工程的创新管理成效

为全面突破特高压输电关键技术难题，在国家电网公司相关领导的亲自主持并大力推动下，国家电网公司等 100 余家单位，国内科研、设计、制造、高校等方面近 5 万人参与项目的研发和建设，汇聚了前所未有的力量，付出了前所未有的努力，克服了前所未有的困难，收获了前所未有的光荣。项目涉及 180 项关键课题攻关、九大类 40 余种关键设备研制，通过产、学、研、用合作攻关，在电压控制、外绝缘配置、电磁环境控制、成套设备研制、系统集成、试验能力六大方面实现了创新突破，获得发明专利 96 项，掌握了特高压交流输电核心技术，研制成功了全套关键设备。特高压输电创新的成功，彻底扭转了我国电力技术和设备制造长期跟随西方发达国家发展的被动局面，实现了"中国创造"和"中国引领"。2014 年，"特高压交流输电关键技术、成套设备及工程应用"荣获国家科学技术进步奖特等奖，这是国家电网公司迄今为止获得的国家科技进步最高奖项，也是我国电工领域在国家科技奖上收获的最高荣誉，在世界电工领域实现了中国创造和中国引领。首先，它带动了电力和电工装备制造产业升级。通过特高压输电自主创新，我国电力科技水平和创新能力显著增强，国际话语权和影响力大幅提升，特高压标准电压已上升为国际标准，输变电设备制造企业实现了产业升级，彻底扭转了长期跟随国外发展的被动局面，已取代跨国公司在国内市场的主导地位，全面进军国际市场、实现高端产品出口零突破。2009 年以来，虽然受到国际金融危机不利影响，但国内特高压设备制造商的设备出口不降反升，500 千伏以上产品的出口总额超过 100 亿元、年增长率超过 40%。其次，形成用户主导的创新管理新模式。国家电网公司探索提出并成功实践了以依托工程、用户主导、自主创新、产学研联合攻关为基本特征的、支撑在较短时间内完成世界级重大创新工程建设的"用户主导的创新管理"新模式。采用这一模式，国家电网公司用不到 4 年时间，全面攻克了发达国家用 15～20 年尚未攻克的技术难关，在特高压交流输电技术和装备制造领域取得重大创新突破，在 ±800 千伏特高压直流输电、特高压交流串联补偿、特高压交流同塔双回路输电、高端输变电设备制造等高技术领域迅速领先世界取得一系列重大创新成果，创造了一大批世界纪录，这一创新实践对我国工业领域其他行业特别是重大装备制造行业的跨越式创新发展具有重要借鉴意义。

5.4 如何形成创新生态的共同目标

共同目标是生态内不同合作创新主体之间的纽带，可以提高合作创新主体间知识和信息的深度沟通和有价值的信息交换，而利益是创新成果转化的关键，合理的利益分配是保证各主体间建立良好关系，实现长期合作的前提。企业合作创新是在政府政策和科学技术的推动作用下，将所有的外部动力因素转化为利益驱动力，将合作创新的主体结合起来形成关系强度，成为作用于企业合作创新的动力源。

5.4.1　以解决国家的重大需求作为生态创新的共同目标

政策环境是指政府为以企业为主体的合作创新提供的一系列创新支持政策，如核准政策、优惠政策、资金支持、税收优惠等。政府通过引导、激励、保护和协调等方式影响着合作创新的整个过程。例如，在围绕国家重大需求、重大科研问题、行业共性技术问题等方面，对合作创新给予倾斜的政策优惠，如立项支持和资金支持；完善知识产权保护法等相关法律政策，为创新主体之间的合作创造良好的法律环境，确保创新成果的合理归属，以及技术的需求方通过合法的手段来获得创新成果；通过引导性政策和激励性制度发展科学技术尖端领域、涉及国计民生的重大公益性问题等领域，引导合作主体对重点领域进行创新合作。

国家电网公司积极与政府展开沟通，争取政府对特高压输电项目的政策支持。2004 年底，国家电网公司首次提出根据中国的国情，应发展特高压输电的发展战略，并积极向政府汇报，推动全国范围的认证。经过全面论证，特高压项目被列入《国家中长期科学和技术发展规划纲要》《国务院关于加快振兴装备制造业的若干意见》《国家自主创新基础能力建设"十一五"规划》和《中国应对气候变化国家方案》等一系列国家重大发展规划，并获得国家发展与改革委员会和科学技术部等相关部门的多项经费支持。2006 年 8 月，国家核准建设 1000 千伏晋东南至荆门特高压交流试验示范工程，作为我国发展特高压输电的依托工程。国家电网公司按照国家各相关部门的程序和法律法规开展工程前期建设，2009 年 1 月 6 日，工程建成投运。工程先后通过国家水利部、环境保护部、科学技术部、国家档案局和国家发展与改革委员会组织的水利保护、环境保护、科技攻关、设备国产化、工程档案等专项验收和工程整体验收。2010 年以来，国家又相继核准建设了特高压交流试验示范工程扩建工程、皖电东送淮南至上海特高压交流输电示范工程、浙北至福州特高压交流工程，使社会各界对特高压保障能源安全、治理雾霾、提高能效、服务经济社会发展的作用形成广泛共识。目前，国家已确定将淮南—南京—上海等 8 项特高压工程列入国家大气污染防治行动计划电网实施方案，特高压输电在我国已进入规模化建设阶段。可以说，在国家电网公司的积极争取和推动下，国家在科技立项、资金支持、税费减免等方面的引导和激励政策在合作创新中发挥了十分重要的作用。

5.4.2　提炼产业共性技术来形成共同的使命

技术环境是创新的基础。电网规模不断扩大、电压等级不断提高是电网发展的一般规律。基于经济增长对能源需求的不断增长，世界范围内的电力发展始终以提高供电可靠性和效率为目标，围绕提高输送能力、扩大输电范围、节约输电走廊、降低输电成本这一中心展开。

电网发展历史表明，更高一级电压通常与低电压等级的级差约为 2 倍。当年用电负荷增长为 5%～10%时，则经过 15～25 年电网电压就要上一个等级，直到系统实现基本饱和。而我国能源资源中心与需求中心逆向分布，相距 800～3000 公里，需大规模、远距离输送能源和电力。我国 70%以上的电力需求集中在中部和东部，但可用的发电资源主要分布在西部、北部和西南部，其中 76%的煤炭资源在北部和西北部、80%的水能资源在西南部。长期以来，我国能源电力发展模式为就地平衡方式，大量火电厂集中在东部和中部（目前华东、华北、华中装机均超过 2 亿千瓦），能源配置过度依赖输煤，有统计数据显示，过去输煤和输电的比例是 20：1，比例非常失衡，致使煤电运紧张局面反复出现，并导致东部地区环保压力巨大。如今环保问题已成为最大的制约因素，国家也已明确规定，除热电机组之外不能再建燃煤电厂。在新能源方面，我国的绝大部分陆地风能和太阳能也集中分布在北部和西部，需要转化成电力远距离输送，依托大电网在更大市场范围内消纳。规划的核电主要分布在中部和东部，大规模开发也需要坚强的电网支撑。我国现有电网骨干网架的电压等级为 500 千伏，经过 30 多年的发展，电网总装机容量已经达到原来的 15.3 倍，国家电网公司经营范围内的 500 千伏变电站已达 353 座、线路超过 10 万公里、平均站间距已接近 90 公里（负荷中心更为密集），长江三角洲地区更加密集，继续扩张又面临短路电流超标、走廊资源紧缺、环境保护等刚性约束，必须研发新的大容量、远距离、高效输电技术，实现能源资源在更大范围的优化配置。

国外电网的最高电压等级为 750 千伏级。特高压交流输电是世界上最高电压等级的输电技术，是国际高压输电技术的制高点，需要攻克高电压、强电流、严酷的自然环境下，电磁与绝缘等一系列世界级技术难题。20 世纪 60～90 年代，苏联、日本、意大利和美国等进行了前期研究，苏联建设了试验工程，日本建设了试验站，但没有成熟技术和设备。新中国成立以来，伴随电力发展历程积累的丰富经验，我国电力系统的电压等级一步一个脚印地往前发展，从新中国成立时期的 110 千伏到 2009 年第一个特高压交流项目投入，从完全引进国外设备到消化、吸收和自主研发，都是由国家电力系统来主导的。特高压创新需在国内现有相对薄弱的工业基础上，通过全面系统研究，自主创新、率先攻克世界上一个全新电压等级输电所需的全套技术，立足国内、研制全套特高压设备，引领国际高压输电技术进步，这是我国各常规电压等级发展过程中不曾遇到的情况。可以说，发展特高压输电技术是在现有电力技术的推动和市场需求的拉动作用下必须由国家电力系统主导实施的系统工程。图 5-1 为我国电力系统电压等级变化情况。

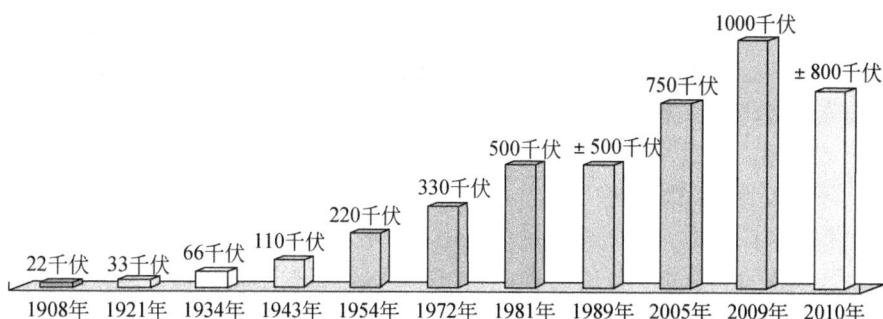

图 5-1 我国电力系统电压等级变化

5.5 创新生态的运行机制

5.5.1 创新的组织者、协调者与实施者

在国家的大力支持下，国家电网公司主导建立了密切合作的特高压输电工程创新联合体（图 5-2），集中了国内高压输电领域科研、设计、设备和工程建设四个方面的主力军，旨在打破上下游技术壁垒、加强同行技术交流合作、关键共性技术合作攻关，千方百计调用一切力量，充分发挥国内科研、制造、设计、试验、建设、运行、高校和专家团队的各方优势，弥补各单位独立研究开发普遍面临的创新能力不足的困难，通过开放式创新凝聚资源、集中智慧，形成创新合力。

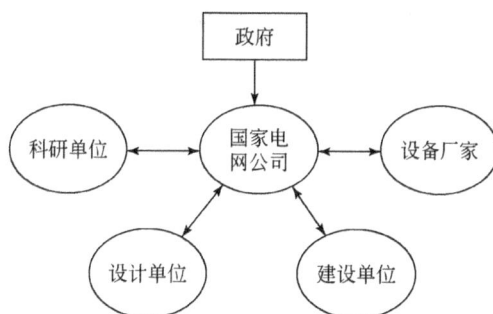

图 5-2 特高压输电工程创新联合体

组织的体系结构是管理的框架，为参与者提出了游戏规则，用来保证团队合作的默契。以组织结构创新为开端，特高压工程管理体系确保了上下级层次清晰、职责明确。庞杂的工作需要一个有效的扁平化结构体系予以管理。

国家电网公司是创新链的发起者，创新目标的提出者，创新过程的组织者、参与者、保障者和决策者，创新成果的首次应用者及大规模商业化的推动者，是创新联合体的核心主体。国家电网公司研究确定了创新联合体的总体目标（图 5-3），即全面掌握特高压交流输电系统关键技术，实现科研、规划、系统设计、工程设计、设备制造、施工调试和运行维护的自主创新，建设"安全可靠、自主创新、经济合理、环境友好、国际一流"的优质精品工程；构建了统一指挥、集约管控的创新组织体系（图 5-4），有效整合国内电力、机械行业的科研、设计、制造、高校、建设、运行等 100 余家单位的力量，为特高压输电工程创新提供了坚强组织保障；并提出了保障创新组织体系实现预定目标、高效合作运转的机制及科学严谨的组织和决策机制。

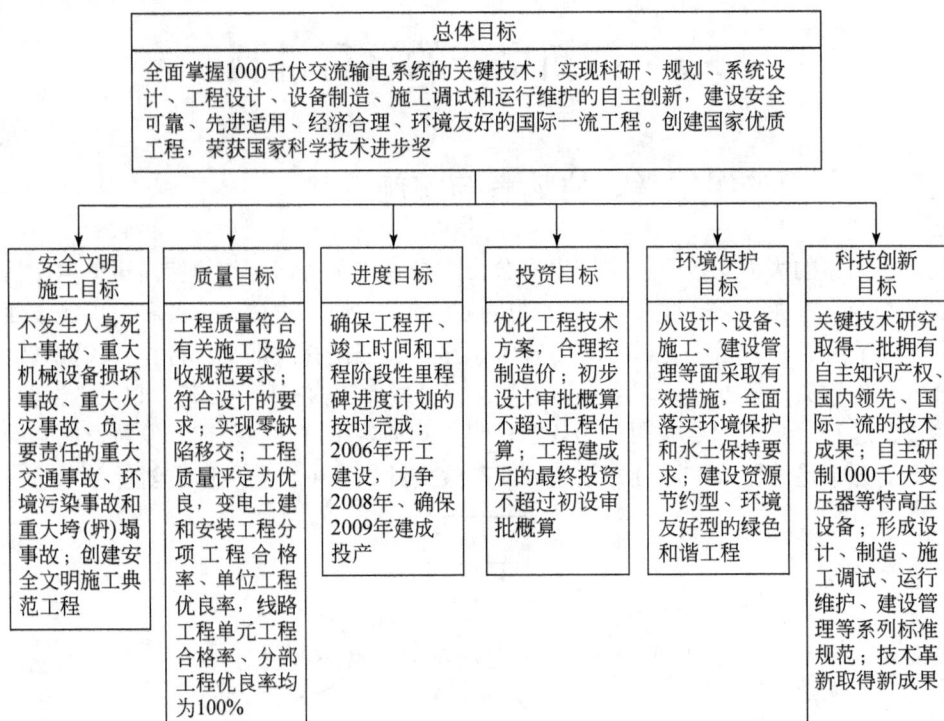

总体目标
全面掌握1000千伏交流输电系统的关键技术，实现科研、规划、系统设计、工程设计、设备制造、施工调试和运行维护的自主创新，建设安全可靠、先进适用、经济合理、环境友好的国际一流工程。创建国家优质工程，荣获国家科学技术进步奖

安全文明施工目标	质量目标	进度目标	投资目标	环境保护目标	科技创新目标
不发生人身死亡事故、重大机械设备损坏事故、重大火灾事故、负主要责任的重大交通事故、环境污染事故和重大垮(坍)塌事故；创建安全文明施工典范工程	工程质量符合有关施工及验收规范要求；符合设计的要求；实现零缺陷移交；工程质量评定为优良，变电土建和安装工程分项工程合格率、单位工程优良率，线路工程单元工程合格率、分部工程优良率均为100%	确保工程开、竣工时间和工程阶段性里程碑进度计划的按时完成；2006年开工建设，力争2008年、确保2009年建成投产	优化工程技术方案，合理控制造价；初步设计审批概算不超过工程估算；工程建成后的最终投资不超过初设审批概算	从设计、设备、施工、建设管理等方面采取有效措施，全面落实环境保护和水土保持要求；建设资源节约型、环境友好型的绿色和谐工程	关键技术研究取得一批拥有自主知识产权、国内领先、国际一流的技术成果；自主研制1000千伏变压器等特高压设备；形成设计、制造、施工调试、运行维护、建设管理等系列标准规范；技术革新取得新成果

图 5-3　创新总体目标

2004 年，在建设特高压输电项目的任务提出之时，国家电网公司就成立了一个由刘振亚总经理担任组长的特高压电网工程领导小组。工程核准之后又成立了特高压试验示范工程建设领导小组，负责整个工程建设的指挥工作，包括决定特高压输电重大事项、审查重大技术方案和重大专题研究成果、协调指导工程建设各项工作等。重大的事情都要通过专家评审，评审通过后还要报给领导小组。

工程建设指挥机构

专家委员会　　　　特高压交流输电技术标准化工作委员会

科研攻关	工程设计	设备研制	现场建设
中国电力科学研究院 国网电力科学研究院 国网北京经济技术研究院 西安高压电器研究院 有限责任公司 清华大学 西安交通大学 华北电力大学 上海交通大学 华中科技大学 武汉大学 重庆大学 同济大学 郑州机械研究所 沈阳变压器研究所股份有限公司 ……	中国电力工程 顾问集团公司 华北电力设计院 华东电力设计院 华中电力设计院 西南电力设计院 西北电力设计院 东北电力设计院 山西电力设计院 河南电力设计院 山东电力设计院 浙江电力设计院 湖北电力设计院 湖南电力设计院 江苏电力设计院 ……	中国西电集团公司 保定天威保变电气股份有限公司 特变电工沈阳变压器集团有限公司 特变电工衡阳变压器有限公司 河南平高电气股份有限公司 西安西电开关电气有限公司 新东北电气集团有限公司 抚顺电瓷制造有限公司 廊坊电科院东芝避雷器有限公司 西安西电高压电瓷有限责任公司 桂林电力电容器有限责任公司 上海MWB互感器有限公司 湖南长高高压开关集团股份有限公司 国电南瑞科技股份有限公司 北京四方继保自动化股份有限公司 南京南瑞继保电气有限公司	国家电网公司交流建设分公司 国网山西省电力公司 国网河南省电力公司 国网湖北省电力公司 国网信息通信有限公司 湖南省送变电建设公司 山西省电建四公司 河南送变电工程公司 安徽送变电工程公司 湖北省送变电工程公司 山东送变电工程公司 山西省送变电工程公司 上海送变电工程公司 山东城信工程建设监理有限公司 中超公司湖南电力建设监理咨询 有限责任公司 ……

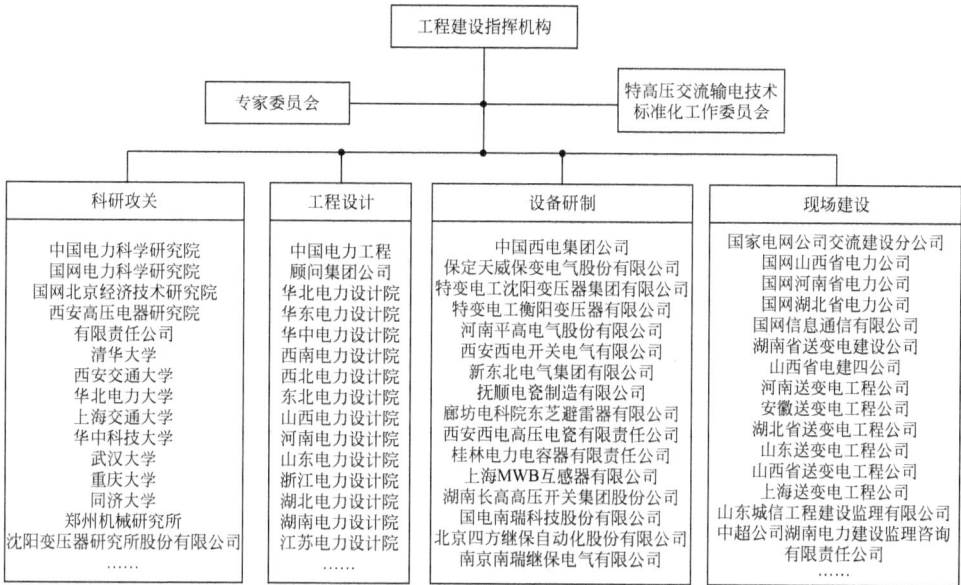

图 5-4 创新组织体系

其下还设立了两个机构：一个是专家委员会。特高压输电项目汇集了国内外各相关行业的多个工程建设、设计和设备制造商，针对每个设备都设立了一个小组，集中特高压输电相关领域院士和专家，负责重大技术原则和方案的审查把关，保证了决策科学性。另一个是特高压交流输电标准化技术工作委员会，依托工程建立特高压输电国家标准和行业标准体系，负责在工程进行过程中制定相关标准，以指导后续工程。

公司总部组建特高压建设部，行使项目法人职能，负责工程建设全过程管理和监督；在省级相关电力公司组建特高压工作机构、在工程现场成立指挥部，形成工程建设三级组织指挥体系、最大程度调用了各方的资源和力量；在科研、设计、设备各环节成立专项领导小组，具体负责组织相关领域的集中攻关；除国家电网公司以外，其他各创新主体内部均成立由主要领导负责的专门机构，直接组织特高压输电创新工作；通过严密组织和周密策划，形成了高效民主的决策机制，为解决创新难题、推动创新进程奠定了坚实基础。具体而言如下。

与科研单位：充分集合科研资源。采用开放式创新模式，打破了各科研单位之间的壁垒和行业壁垒，组织中国电力科学研究院、武汉高压研究所、国家电网北京电力建设研究院、国网南自研究院等电力行业科研机构，西安高压电器研究院有限责任公司、沈阳变压器研究所股份有限公司、郑州机械研究所等机械行业科研机构，以及清华大学、西安交通大学等高等院校联合开展科研攻关，挖掘我国在电力科技及电工装备研制领域的创新潜能，发挥全国各方面专家的聪明才智，高度重视与国际同行特别是俄罗斯等国的交流合作，最大程度集中资源和力量，形成创新合力，为突破特高压输电这一世界级难题、在更高水平上实现创新发展奠定了基础。

与设计单位：采用联合设计体系，组织集中攻关。建立以国家电网公司为主导，中国电力工程顾问集团公司及华北、华东、中南、东北、西北、西南六大电力设计院与相关科研、设备、施工、运行单位和专家组成的设计联合体。特高压工程设计在国际上没有可供借鉴的技术标准和工程实践经验，需要在关键技术研究成果基础上进行系统集成，以系统性能总体最优为目标，合作系统各相关边界条件、不同设备的制造难度、不同施工环节的实施难度、运行维护和检修难度及相互之间的关系，多方案比较，实现安全可靠性、经济性和运行灵活性的有机统一。成立设计工作组，从中国电力工程顾问集团公司及六大电力设计院抽调技术骨干在北京集中工作，主要负责研究提出关键设计技术原则和重大方案，经过审查确定后由各设计院直接应用到工程设计中；同时各设计院也各自组织集中工作，以便于统一具体设计原则和协调专业接口。打破了各设计院独立进行设计的传统模式，最大限度地集中了优质设计资源和智慧，提高了设计效率。

与设备厂商：提出并实施产学研用联合创新模式。打破用户与厂家、厂家与厂家之间的技术壁垒，国家电网公司主导组建由中国西电集团公司、特变电工股份有限公司、保定天威保变电气股份有限公司、河南平高电气股份有限公司、新东北电气集团有限公司等国内主力输变电设备制造厂、专家委员会和科研、设计、试验、建设、运行单位及高校组成的常态设备研制工作体系，强调加强技术交流与合作，同时注重借鉴国内外同类设备研制的经验和教训，调动一切可能的资源和力量，组织关键共性技术联合攻关，推进开放式创新。

与建设单位：以工程为基础，推进工程建设科学化和规范化。采用专业化和属地化相结合的管理模式，由公司系统的专业建设单位负责组织现场建设，由属地省电力公司负责征地、赔偿等地方关系协调处理，充分发挥了各方优势，集中主要力量解决施工技术难题，形成创新合力。

5.5.2　以需求带动的技术合作

国家电网公司坚持用户主导的自主创新思路，不走国外研发，国内引进、消化、吸收的路子，立足于国内，自主研发、设计、制造、建设和运营。首先，建设试验示范工程，并将示范工程作为特高压输电技术和设备自主化的依托工程，打破先行科技攻关、再推动科技成果转化的常规模式；其次，在工程整体目标统领下，直接以工程需求为中心组织科技攻关、以科技攻关成果支撑工程建设，运用工程项目的系统管理方法组织创新，有利于保证创新各环节、各方面、各要素特别是各阶段的有机衔接，有利于保证创新所需的资源和力量投入，较好解决了"资金短缺""创新孤岛""成果转化""首台首套设备使用"等困难，推动了国内电力科技和电工装备制造产业升级和跨越式发展，验证了特高压输变电系统性能和设备运行可靠性，并在成功的基础上为我国大规模推广应用特高压输电奠定了物质基础。例如，特高压输电项目中开关设备的复合套管，就是由国家电网公司全面指导，专家组提供技术咨询，多个主体合作完成的，其中，南通神马电力科技有限公司负责制造复合套管的外套，西安西电开关电气有限公司负责制造内部的芯体，由西安交通大学通过电场计算及设计校核最终确定计算方案，才使得特高压输电项目中开关设备的复合套管研制在世界上首次获得成功。这个国产化的套管已经运行长达 5 年，指标优异、性能稳定，但价格仅为日本 NGK 瓷套管的1/2，打破了国外垄断，并在后续工程中逐渐推广开来。

国家电网公司主要通过以下途径实现合作创新的技术合作：

1. 依托工程创立和推广国家及行业标准，通过标准合作规范技术合作

在试验示范工程建设伊始，基于创新成果大规模商业化应用的需要，提出"科研攻关、工程建设和标准化工作同步推进"的原则，力主依托工程、自主创新，建立全面系统的特高压标准体系。在国家电网公司推动下，国家标准化管理委员会批准在特高压试验示范工程建设领导小组下设立标准化工作机构，2007 年 2 月成立了特高压交流输电标准化技术工作委员会，由国家电网公司、中国电力企业联合会、中国机械工业联合会及国内各方面的专家学者组成，依托工程建设，结合关键技术研究和工程应用，开展特高压交流标准化工作。结合科研攻关成果和工程实践，研究提出了由七大类 77 项国家标准和能源行业标准构成的特高压交流技术标准体系并通过实际工程验证，全面涵盖系统集成、工程设计、设备制造、施工安装、调试试验和运行维护等各方面内容。目前，已发布了国家标准 29 项、能源行业标准 29 项，形成标准（报批稿）14 项。2009 年 12 月，特高压输电工程被国家标准化管理委员会授予以"工程实践与标准化的有效结合，科研、工程建设与标准化的同步发展"为内容的"国家重大工程标准化示范"称号。"特高压技术标准体系"已经在"皖电东送"淮南至上海特高压交流工程、浙北至福州特高压交流工程中全面采用。国际大电网委员会（Conference International des Grands Reseaux Electriques, CIGRE）和国际电气电子工程师学会（Institute of Electrical and Electronics Engineers, IEEE）先后成立由我国主导的 8 个特高压工作组推动特高压标准国际化，我国的特高压标准电压已成为国际标准，为中国电力技术和设备走向世界创造了良好条件，为特高压输电技术的大规模推广应用奠定了坚实基础。这种依托工程创立标准的做法是实现合作创新的技术协调的有效模式，也是一种创新的做法。

2. 坚持以工程需求为导向，通过关键技术框架与工程设计专题应用相结合统领技术合作

2005 年，国家电网公司在提出发展特高压项目初期，项目还未得到核准之时，国家电网公司就组织专家进行全面的研究和论证，指出发展特高压输电项目需要解决的技术问题，即技术需求，并以此为导向制定研究框架，提出研究课题，进而组织相关行业的专家进行评审立项。包括两个层次：第一个层次称为特高压关键技术研究框架与课题，由国家电网公司内部的科研经费来支撑研究。第二个层次则要求结合工程实践的需要组织专家来进行深化研究，包括 71 项工程单项研究。高压关键技术研究框架是宏观的研究大纲，为整个项目提供了研究方向，但不可能面面俱到。工程核准之后，在工程开工、推进、设计、研制、组织过程中出现的问题，则组织专家进行讨论核准后设立一个小项目列入课题进行研究，研究经费主要来自工程费用中的试验研究经费。

1）科研阶段

在深入进行国内外技术调研基础上，围绕特高压输电技术特征，国家电网公司研究制定了由 180 项课题组成的特高压交流输电关键技术研究框架，组织各科研单位系统开展了覆盖工程前期—建设—后期全过程的规划、系统、设计、设备、施工、调试、试验、调度和运行九大方面的科研攻关（图 5-5），其中"特高压输电系统开发与示范"等 16 个课题为"十一五"国家科技支撑计划重大项目。在全面推进特高压系统大尺度、非线性电、磁、热、力多物理场作用下各类电工基础研究的同时，特别强化了工程应用研究，用于直接推动基础研究成果工程应用的专项课题占到总课题数的 40%。

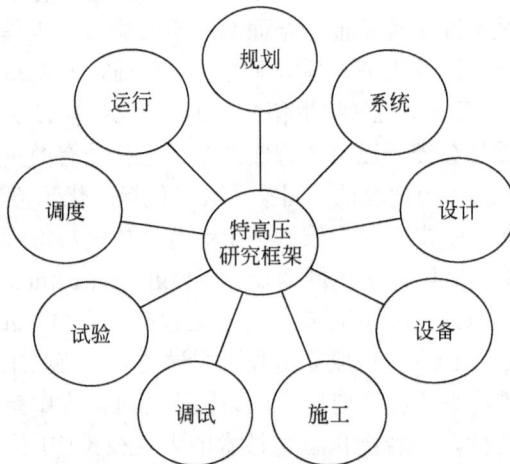

图 5-5　特高压交流输电关键技术研究框架

2）设计阶段

在初步设计中将工程主要设计原则和重大方案分解成变电和线路工程各20余项设计专题（表5-1），与特高压输电关键技术科研攻关课题形成呼应，在科研成果的基础上结合工程设计的具体应用，实现科研成果向设计技术原则的转化。关键技术研究成果为工程设计提供理论依据，设计专题研究将科研成果转化为安全可靠、经济合理的设计原则。以特高压金具设计为例，在理论研究与电晕特性试验确定金具表面电场强度计算方法和控制值的基础上，需要进行专题研究，综合考虑工程的海拔、空气湿度、风速、覆冰覆雪、抗地震、金具加工制造水平、施工安装难度等因素的影响，合理确定金具材料选择与结构设计并留有裕度，确保实现电磁环境控制指标。

表5-1 重要设计专题

序号	线路工程设计专题	变电工程设计专题
1	导线方案研究	1000千伏变电站导体选择
2	煤矿开采区路径及基础方案研究	1000千伏变电站绝缘子串选型及配串方式研究
3	风速设计标准研究	1000千伏变电站金具形式开发研究
4	绝缘子选型及污秽绝缘设计研究	1000千伏变电站1000千伏构架设计研究
5	空气间隙选择研究	1000千伏变电站大型油浸设备消防方案研究
6	绝缘子串均压及防晕方案研究	1000千伏变电站电气主接线研究
7	防雷保护研究	1000千伏配电装置设计选型
8	合成绝缘子技术条件研究	1000千伏变电站雷电过电压研究
9	电气不平衡度及换位方式研究	1000千伏变电站直击雷保护设计
10	地线电量及地线绝缘方式研究	1000千伏变电站接地研究
11	导线对地及交叉跨越距离研究	1000千伏变电站低压无功参数选择
12	刚性跳线及线路金具研究	1000千伏变电站用电设计
13	导地线位移及档距中央距离研究	1000千伏变电站保护小室设置及屏蔽效能的研究
14	杆塔规划及经济档距研究	1000千伏变电站直流系统配置研究
15	杆塔荷载设计研究	1000千伏变电站大件设备运输专题研究
16	杆塔结构设计优化研究	1000千伏变电站地基处理和构架基础选型研究
17	塔材选型及高强钢应用研究	1000千伏变电站母线及分支通流能力研究
18	基础方案优化及环保措施研究	1000千伏变电站边坡设计研究
19	大跨越设计技术方案研究	安全自动装置专题研究
20	塔线耦联对结构的安全影响评价	500千伏出线同塔双回接地刀闸专题研究
21	导地线微风振动分析与对策研究	500千伏雷电侵入波过电压研究
22	高塔风振控制研究	

3）设备制造阶段

由国家电网公司组织开展关键共性技术攻关，共享研究成果和开发经验，特别重视对计算机模拟计算结果和设计方案的试验验证，创造条件开展组部件试验、关键结构模型试验、裕度试验和特殊试验，组织中间产品在特高压交流试验基地和 500 千伏、750 千伏电网挂网试运行、积累经验、掌握典型结构、材料在特高压、强电流电磁作用下的特性规律，验证新结构、新材料和新设计。

4）建设阶段

科学严谨组织启动调试，全面开展启动竣工验收规程、系统调试方案、线路参数测试方案等专题研究，经过多次专家会议论证和启动委员会审查把关后实施，对特高压联网系统和特高压设备性能进行全面严格考核。

5）案例

以特高压输电的变压器研制为例，研制初期国家电网公司组织了设计、制造、安装、维护等国内外一流专家在国内外展开大量调研，在此基础上牵头组织联合攻关、提出技术规范、确定总体技术方案和核心设计原则。设备招标采购阶段，以方案安全可靠性作为主要评价标准，打破常规大幅提高预付款比例缓解厂家资金压力，合同划分为研制和工程供货两个阶段并以产品通过型式试验作为研制阶段成功标志，研制不成功合同终止，厂家返还除材料成本外的合同资金，同时在合同中明确了联合研制、知识产权共享原则。联合申请国家给予科研立项、税费减免等政策支持，同时在中间产品挂网运行、常规设备市场竞争等方面予以支持。产品设计阶段，组织设计单位背靠背完成产品设计，组织国内资深专家和学者对产品设计进行全面审查，并针对一些设计关键点委托国外试验机构和国内专业机构进行独立校核，确保方案可靠。设备制造阶段，开展全过程监造控制质量，尤其是在试验过程中出现重大问题时，组织联合研制工作组与厂家共同进行故障分析和研究，对局部环节设计进行背靠背复核，及时研究解决存在问题，提高了国内对电力变压器技术规律的掌握深度，并最终研制成功，同时大幅提升了厂家常规设备的市场竞争力，从而实现质的飞跃。具体步骤如下：

第一步，国家电网公司组织规划、设计、制造、安装、维护等方面的国内外一流专家，联合研究并提出技术规范，确定总体技术方案和设计原则，通过政府批准的采购方式确定供货商，签订合同。

第二步，特变电工沈阳变压器集团有限公司、保定天威保变电器股份有限公司、西安西电变压器有限责任公司背靠背进行具体产品设计。

第三步，委托第三方机构进行独立设计校核（意大利 VEI 公司、乌克兰扎不罗热变压器研究所、中国电子技术标准化研究院、荷兰 KEMA 公司、瑞士魏德曼公司）。

第四步，国家电网公司组织进行联合设计审查。

第五步，联合研究、完善优化设计并定型。

第六步，三大变组织样机制造（解决相关问题）。

第七步，工程产品制造过程质量管控（三结合）。

第八步，运输、安装、试验、调试、运行及经验总结。

变压器的研制历程较为波折，在前期组织大量研究试验的基础上，特变电工沈阳变压器集团有限公司和保定天威保变电器股份有限公司两厂的首台变压器曾在试验中出现放电故障，但无法确定故障原因，直到项目组组织各行业专家对放电进行了会诊、研究、分析，才最终确定了故障原因，并使第二台变压器的研制获得成功。深入研究结果表明，特高压变压器外壳的地电位处场强较高，引发绝缘材料局部放电并导致整体贯穿性放电。此类问题在常规设备中未见报道、无特殊设计考虑。故障的出现和解决揭示了高压变压器地电位、高场强区绝缘的重要技术规律，而变压器的研制过程也成为技术合作创新的典范。

5.6　经验与启示

电网企业在电力产业链中处于关键的一环，电厂发电需要电网企业销，客户用电需要电网企业供。换言之，电网企业两头不愁，不愁资源，不愁客户。因此，长期以来，我国电网企业在各行业中具有极强的优越感和十分明显的优势地位，应该说，这种格局是在长期的计划经济条件下形成的。然而在市场经济条件下，电网企业的职能不再是简单的销和供，而是要通过运营电网，将资源优势和客户优势充分发挥出来，从而不断提升电网企业自身的价值。国家电网公司的成立，标志着电网企业随着市场经济体制的进一步深入，职能发生了根本性的变化。作为关系国家能源安全和国民经济命脉的国家重要骨干企业，国家电网公司肩负着十分重要的经济责任、政治责任和社会责任，这些年来出色地完成了一件又一件的大事，并且创造特高压奇迹。

5.6.1　取得了"1+1>2"的合作效应

特高压工程是一个庞大的科技创新系统，历时 4 年时间，启用了数千名科学家及工程技术人员，近 5 万人投入施工建设，召开过上千次学术研讨会议，皆由国家电网公司一个企业主导、规划、组织、投资、设计和建设完成，这在中国企业史上是前所未有的，应该归功于国家电网公司独有的合作力。而特高压设备研制过程中形成的依托工程、企业主导、专家咨询、质量和技术全过程管控的产学研用合作创新模式，也同样适用于其他开放式国产化的复杂产品系统建设。

5.6.2　是价值分享创新的典范

国家电网公司作为主要的电力供应公司，具有行业垄断地位。但作为垄断企业，也是国家经济命脉的企业，他们并没有丧失创新的动力。首先，他们从企业自身的利益出发，更重要的是，他们从解决国家能源产出和使用的困境出发，从解决国家环境污染的问题出发，提出了特高压输电系统的重大创新，是一个将社会需要与市场需求紧密结合的创新。其次，他们集中了国内高压输电领域科研、设计、设备和工程建设四个方面的主力军，旨在打破上下游技术壁垒、加强同行技术交流合作、关键共性技术合作攻关，千方百计地调用一切力量，充分发挥国内科研、制造、设计、试验、建设、运行、高校和专家团队的各方优势，弥补各单位独立研究开发普遍面临的创新能力不足的困难，通过开放式创新凝聚资源、集中智慧，形成创新合力。实现了产业链企业生产率的提高和创新能力的提升。最后，这一创新，将为国家电力输送能力的提升、大气污染的防治和地方经济发展做出重要贡献。

5.6.3　是用户主导的合作创新典范

他们提出了创新的目标，并通过多年对电力输送技术的积累，带动了国家科研、设计、设备和工程建设四个方面的主力军进行合作创新。没有国家电网公司的领军作用，任何一个特定的科学院所、大学、设备公司都难以完成这一创举。

5.6.4　提出了一些重要的合作创新管理框架

首先，他们从用户需求出发，在项目管理上，提出了"基础研究—工程设计—设备研制—试验验证—系统集成—工程示范"的创新技术路线，在深入进行国内外技术调研基础上，围绕特高压输电技术特征，制定了由 180 项课题组成的特高压交流输电关键技术研究框架和多个国家重点支撑项目。这一模式遵从了创新的思路，围绕重大创新的技术路线进行项目管理，大大提高了创新的效率。其次，他们提出了供应链管理合作创新的方案。对于一个复杂的重大产品创新，大量的设备需要合作供应商完成。为此，他们进行了全国性的资源调动，以实现重大创新。最后，他们从质量、风险、人才、文化等多个角度进行合作管理，使合作创新超越了纯技术的范畴，进行到了更高的管理层次。

但这一模式也有一定的局限性。

（1）充分利用了政府的行政资源，并利用了当年电力部的资源。因为大量的参与单位都是原电力部下属的研究院所和设备企业，与国家电网公司作为下游的用户，具有很大的资源调动能力。因此，这种合作创新，是一个特殊背景下完成的，不是纯市场的行为。

（2）国有企业的创新，倾向于加强自己垄断能力的创新。而对可能颠覆自己市场地位的创新，会不支持甚至打压。

（3）国有企业的创新，成功与否往往取决于它能否控制市场。一旦市场是竞争性的市场，就难以成功。也就是说，国有企业在市场竞争激烈的产业，都难以成功，而在垄断性的市场领域，它能够成功。例如，在 TD-SCDMA 领域，由于市场面临着三种不同标准的竞争，以中国移动通信集团公司和大唐为主的企业，并没有取得预期的成功，而在特高压领域，国家电网公司是组织者，是用户，它可以确保市场的实现。

第6章　中国南车：主机企业牵引的协同创新

　　高速是铁路现代化的重要标志，高铁产业对社会发展的影响力不可低估。建设高速铁路是超大、复杂的系统工程（赵庆国，2013）。中国高铁虽然是在落后发达国家40多年后起步的，但只用了6年时间就一举站在了世界高铁技术的最高点，由此开启了中国进入高铁时代的大门，并引起了国际社会的广泛关注。我国铁路在线路条件、运用环境、运营模式上都有自己独特的国情路情，这就决定了原封不动照搬国外现成技术行不通，引进技术必须"以我为主"。在技术合作中牢牢把握住企业的主动权，在消化吸收的同时进行自我创新的配套投入，牢牢掌握住核心技术，为自主创新打下坚实的基础。中国南车股份有限公司（中国南车）是我国轨道交通装备产业的骨干企业，在原铁道部的主导下，中国南车股份有限公司通过建立以主机厂为龙头，以国内高校、科研院所为支撑的政产学研用协同创新体系，大大提升我国高速动车组技术创新能力和产业化综合能力，成为政府主导的、以企业为主体的复杂产品系统协同创新的典范。

6.1　中国南车介绍

6.1.1　中国南车现状

　　中国南车股份有限公司是经国务院同意，国务院国有资产监督管理委员会批准，由中国南车集团公司联合北京铁工经贸公司共同发起设立的股份有限公司。该公司成立于2007年12月28日，2008年8月实现A+H股上市，现有20家全资及控股子公司，分布在全国11个省（自治区、直辖市），员工9万余人，总部设在北京。中国南车主要从事铁路机车、客车、货车、动车组、城轨地铁车辆及重要零部件的研发、制造、销售、修理、租赁和轨道交通装备专有技术延伸产业，以及相关技术服务、信息咨询、实业投资与管理、进出口等业务（表6-1）。

表 6-1　中国南车主要产品和技术一览

主要产品	技术
高速动车组	建立具有自主知识产权的高速动车组技术体系和标准体系，全面掌握时速 350 公里以上高速动车组研发和制造成套技术，开发具有自主知识产权的新一代高速动车组。加快高速动车组产品的系列化研究

续表

主要产品	技术
城际动车组和客车	以"和谐号"动车组技术为基础，研究适用于我国各大城市群内主要城市之间旅客运输工具和电力驱动形式，满足不同速度等级需求，形成区域旅客运输新型轨道交通产品。研究适应城际旅客运输站间距短、载客量随时间波动大、快速起停等技术特性的城际动车组
电力机车	开发可以承担客运专线及干线的时速200公里等级、轴重21吨的C0-C0六轴客运电力机车，并具备DC600V列车供电功能。构建自主集成的客运电力机车设计平台，并在此设计平台基础上完善时速200公里等级的B0-B0四轴和八轴客运电力机车
内燃机车	完善6000马力①交流传动内燃机车产品平台，开发4000马力交流传动内燃机车产品平台，进行轴重30吨大功率交流传动重载货运内燃机车研究
铁路货车	研制既有通用线路用载重80吨、轴重27吨、商业运行速度120公里/小时的敞、棚、平车、罐车等通用货车和专用货车；研制既有运煤专线用轴重27吨以上、构造速度公里/小时的专用敞车和漏斗车；研制新建货运通道用轴重30吨以上、构造速度公里/小时的专用敞车和漏斗车；研制新型双层集装箱车；完善公里/小时快捷集装箱平车、行包快运棚车等产品，实现快运货车技术新突破；研制新型独立式及关节式商品汽车运输专用；研究160公里/小时及以上速度等级快运货车
城轨车辆	持续优化具有自主知识产权城轨车辆平台，研制时速范围在80～120公里、不同材质的A型、B型和C型城轨车辆。研制城市低地板轻轨车辆、中低速磁悬浮列车和储能式轨道交通车辆
工程机械	开展轨道交通线路工程施工、维护保养、检修、救援等工程机械整机及关键零部件的研制和系列化开发，巩固和发展捣固车、焊轨车、钢轨打磨车、接触网检测车、扫雪除冰车、轨道检测车等，为高速客运专线、电气化线路等建设提供全方位的施工、维护、检测、保养设备。开展地铁、隧道用盾构机、隧道掘进机的国产化和系列化研究，掌握核心技术和系统集成技术。形成专业化、系列化、标准化的轨道工程机械技术创新体系
新能源产业	建立全学科的风电设备自主研发能力，独立开发具有核心技术的特色风机，研制2.5兆瓦、3兆瓦、5兆瓦及以上功率风机，形成批量化制造能力；加快研制开发海上风力发电整机设备。以大型荒漠太阳能电站和大中型光伏建筑发电应用为主要目标，基于平台化战略，开发系列化的具有实时诊断和远程监测功能的光伏变流系统
新材料产业	加强新材料技术研究和工程化应用开发，以高分子复合材料及减振降噪技术等为重点研究方向，开发橡胶减振材料、改性工程塑料、降噪阻尼材料、聚氨酯树脂材料、绝缘材料和特种涂料、复合材料、膜分离材料等新材料及其应用
新能源汽车产业	完善纯电动汽车、混合动力电动客车动力系统及电机驱动系统技术平台，突破纯电动乘用车电机驱动系统技术，研究电动客车整车轻量化技术、整车集成优化技术，逐步形成纯电动、增程式、混合动力等动力系统及电动客车系列化产品，形成电动乘用车、电动客车用永磁电机驱动系列化产品

① 1马力=745.7瓦。

2013 年，中国南车积极主动应对铁路改革和市场变化，扎实推进"效率南车、效益南车"建设，各项工作迈上新台阶，保持稳定发展。全年实现营业收入 978.9 亿元，同比增长 8.21%；实现归属于上市公司股东净利润 41.4 亿元，同比增长 3.26%。另外，中国南车合营企业青岛四方庞巴迪铁路运输设备有限公司（简称 BST 公司）2013 年实现营业收入 43.2 亿元，净利润达 6.8 亿元。全年新签订单 1350 亿元，同比增长 65%。新签城轨地铁车辆合同额继续保持行业领先；核心部件不断突破，牵引系统占据国内主导地位；新能源汽车年度产销量首次突破 1000 辆；弹性元件产品实现对欧洲所有高铁国家的全覆盖；海外出口取得新进展，整机高端产品成出口主流，先后获得阿根廷电动车组项目、马来西亚电动车组增购项目、马来西亚安邦线地铁项目、伊拉克内燃动车组项目、埃塞俄比亚电力机车项目等单笔过亿美元订单。截至 2013 年末，公司在手未完工订单约 1110 亿元，同比增长 42%[①]。

中国南车具备铁路机车、客车、货车、动车组、城轨地铁车辆及相关零部件自主开发、规模制造、规范服务的完整体系。其拥有中国最大的电力机车研发制造基地、全球技术领先的高速动车组研发制造基地、行业领先的大功率内燃机车及柴油机研发制造基地，是国内高档客车研制的领先企业、全球领先的铁路货车研发制造基地和三家城轨车辆国产化定点企业，是中国最大的城轨地铁车辆制造商。同时，中国南车利用轨道交通装备专有技术，积极开发并成功扩展延伸产品市场，包括电动汽车、风力发电设备、汽车配件、船用曲轴和柴油机、大功率半导体元件、工程机械等。

中国南车是科学技术部、国务院国有资产监督管理委员会、中华全国总工会授予的"创新型企业"，拥有变流技术国家工程研究中心、高速列车系统集成国家工程实验室、动车组和机车牵引与控制国家重点实验室、国家高速动车组总成工程技术研究中心 4 个国家级研发与实验机构、9 个国家认定企业技术中心、7 个经国家实验室认可委员会认可的检测实验中心、8 个博士后工作站，并在美国成立了我国轨道交通装备制造行业第一个海外工业电力电子研发中心，在英国成立了功率半导体研发中心。其技术研发和制造水平已达到世界同行业先进水平，主要产品向着"先进、成熟、经济、适用、可靠"的技术目标不断迈进，不仅满足中国轨道交通运输的需要，而且实现批量出口。目前，中国南车以高速动车组、大功率机车为代表的一批具有自主知识产权的高性能产品技术已经达到国际领先水平，企业综合实力跨入世界轨道交通装备制造业前列。

6.1.2 中国南车高速铁路项目介绍

2004 年以来，按照国务院"引进先进技术，联合设计生产，打造中国名牌"

---

① 数据来自《中国南车股份有限公司 2013 年年度报告》。

总体要求，在科学技术部和原铁道部统一指导下，中国南车建立了以企业为主体，产学研相结合的协同创新体系，历经引进消化吸收、自主提升、全面创新和持续创新四个发展阶段（图6-1）。

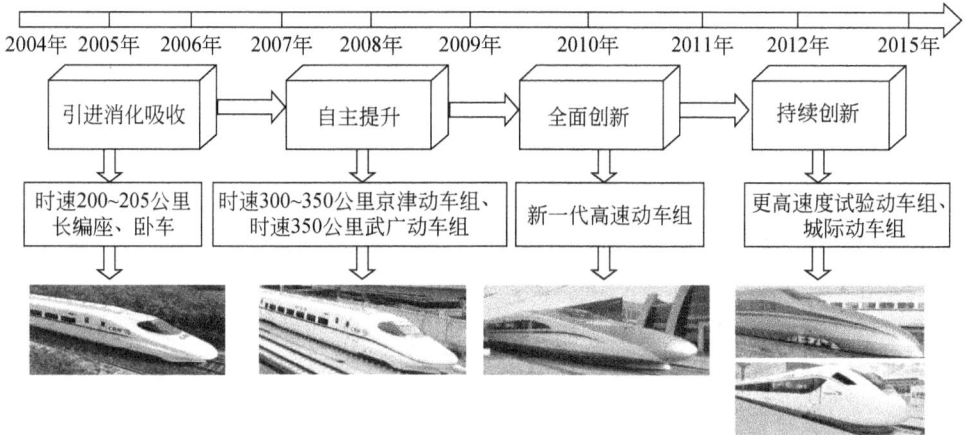

图 6-1　中国南车高铁技术发展阶段

2004 年 8 月，铁道部决定引进国际先进技术，实行铁路"第六次大提速"工程，把时速从 140 公里提高到 250 公里。为此，铁道部计划以国际招标的方式，从国外引进 160 列时速为 200 公里的列车及其全部技术，投资预算金额高达 120 亿美元。国外公司的列车产品要想进入中国市场，必须出让其核心技术，这又是一次典型的"用市场换技术"的引进项目。法国阿尔斯通、日本川崎重工、加拿大庞巴迪三家公司最终中标。2005 年 11 月，铁道部与西门子在德国签订了框架协议，同意投资约 90 亿美元，首次引进了 60 列时速 300 公里的高速列车及技术项目。中国高铁的发展，正是在这两次技术引进之后，通过原始创新、集成创新和消化吸收其引进技术的再创新，才迈出了令全世界既惊叹又羡慕的步伐。

2007 年 4 月，全国铁路实施第六次大提速和新的列车运行图，"和谐号"动车组驶入百姓的生活中。2008 年 2 月，原铁道部和科学技术部签署计划，共同研发运营时速 380 公里的新一代高速列车。2008 年 8 月，中国第一条具有完全自主知识产权、世界一流水平的高铁京津城际铁路通车运营。2009 年 12 月，世界上一次建成里程最长、工程类型最复杂的武广高铁开通运营。2010 年 2 月，世界首条修建在湿陷性黄土地区、时速 350 公里的郑西高铁开通运营。2010 年 7 月，沪宁城际高铁开通运营。2010 年 9 月，沪杭高铁从杭州到上海虹桥试运行途中，最高时速达到 416.6 公里。2010 年 12 月，京沪高铁从枣庄至蚌埠的先导段联调联试和综合试验中，由南车青岛四方机车车辆股份有限公司研制的"和谐号"380 A 新一代高速动车组最高时速达到 486.1 公里，再次刷新运营试验最高时速。这意味着中国南车高速动车组、大功率电力机车跨入世界领先行列，自主研发了时速300～350 公里动车组、CRH380A 型新一代高速动车组、更高速度试验列车，快速掌握了高速动车组的核心技术。

原铁道部用三个台阶来描述高铁产业自主创新的成就：第一个台阶，通过引进消化吸收再创新，建立时速 200～250 公里动车组技术平台和制造体系，系统掌握了动车组的九大关键技术；第二个台阶，自主研制时速 350 公里动车组，在轮轨动力学、气动力学控制、车体结构等制约速度提升的关键技术上实现了重大突破；第三个台阶，在大量科学研究实验和运营经验积累的基础上，再开展一系列技术创新，成功研制了时速 380 公里新一代高速列车，在流线型头型、气密强度与气密性、振动模态等十大关键技术上取得了重大突破。从引进国外先进技术到自主研制具有国际先进水平的产品，从引进消化吸收到再创新，中国南车用短短三四年时间，走完了国外企业二三十年走过的历程。总体来说，中国南车高速铁路项目的创新管理效果主要体现在以下三个方面：

1）缩短了与国外先进水平的差距

目前，中国南车制造的总计 95 列时速 200 公里动车组已服务于我国 11条动车组运营线路中的 10 条。在 2006 年 4 月 18 日实施的全国铁路第六次大提速中，有 47 列中国南车制造的动车组参与运营，占到上线动车组的九成以上，成为大提速的新型主力装备。我国最大功率的"和谐 1 型"八轴交流传动电力机车，目前已有 145 列投入到晋煤外运的黄金通道大秦线运输中，是大秦铁路创造年运量 3 亿吨奇迹的关键装备。自主研制的 300 公里动车组也已在京津城际铁路线上顺利运行。青藏铁路高原客车、轴重 40 吨矿石车、直线电机地铁列车、70 吨级重载货车等一批原始创新和集成创新的产品也相继问世，占据了国内外轨道交通装备的高端市场。目前中国南车的产品已成为国内轨道交通运输的主力装备，并出口到国外 30 多个国家和地区。2008年 5 月，南车南京浦镇车辆有限公司中标的印度孟买地铁车辆项目，实现我国轨道交通装备出口印度的"零突破"。

通过自主创新，中国南车目前已全面系统地掌握了动车组总成、车体、转向架等关键技术，这意味着中国铁路装备制造业已经跨入世界高速技术的最前沿。如今，高速动车组的总成、车体、转向架、牵引电机、牵引变压器、牵引变流器和牵引控制、列车网络控制和制动系统九大关键技术，均在中国南车内部实现国产化，整车国产化率超过 75%，并形成了自主研发更高等级轨道交通装备产品的能力。

2）具有南车特色的自主创新体系基本形成

通过引进技术、消化吸收再创新，中国南车积累了较强的技术优势，已经形成以变流技术国家工程研究中心、高速列车系统集成国家工程实验室、5 家国家认定的企业技术中心和 6 家经国家实验室认可委员会认可的检测实验中心为主体的比较完整的产品设计、研发、检测体系，并在美国成立了第一个海外工业电力电子研发中心。

通过引进技术、消化吸收再创新，中国南车不但锻炼和培养了一批具有创新意识的一线员工，更打造了一批富于创新精神的技术专家和工程技术人员。中国南车拥有轨道交通装备制造业领域的中国工程院院士，有 9 名国家级的中青年专家，134 名享受政府津贴的专家。

经过不断的探索和实践，一个具有中国南车特色的企业自主创新模式已经比较清晰地呈现出来，即以引进国外先进技术消化吸收再创新为切入点，逐渐推进原始创新和集成创新，从而走上引进消化吸收再创新、原始创新和集成创新相结合的自主创新道路，企业成功实现由制造型向创新型的转变，为振兴国家重大装备制造业提供了一条切实可行的创新之路。

3）促进企业效益的大幅提升

中国南车的营业收入从 2004 年引进技术之初的 184 亿元攀升至 2007 年的 324 亿元，提前 3 年实现了"十一五"末 300 亿元的战略目标，2007 年销售收入名列中国企业 500 强第 143 位、中国制造企业 500 强第 68 位，并荣膺轨道交通设备及零部件制造业第一名。实现利润总额从 2004 年的 1.6 亿元跃升至 2007 年的 12.7 亿元，净资产收益率从 2004 年的 0.99%逐年递增，2007 年再创 10.36%的历史新高。

6.1.3　中国南车研发体系

中国南车拥有 22 家全资及控股子公司，分布在全国 10 多个省（自治区、直辖市），员工总数 9 万余人，工程技术人员总数达 17 868 名，其中，2 名中国工程院、9 名国家级中青年专家、134 名享受政府津贴专家、283 名教授级高级工程师、16 名南车首席技术专家、98 名南车技术专家、231 名南车科技拔尖人才、1.5 万名工程技术人员。全年科技经费实际投入 52.4 亿元，占公司销售收入比重超过了5%。2013 年中国南车共申请专利 2603 件，其中发明专利 1065 件；获得授权专利 1806 件，其中发明专利 235 件。

以南车青岛四方机车车辆股份有限公司为例，随着南车青岛四方机车车辆股份有限公司销售收入稳步增长，科研经费投入逐年提高，2008 年至今，科研投入均达到销售收入的 5%，有力地支撑了技术创新（表 6-2）。

表 6-2　南车青岛四方机车车辆股份有限公司引进消化吸收
再创新的费用投入情况　　　　　（单位：万元）

科研项目		2006年	2007年	2008年	2009年	2010年	2011年	2012年	2013年	合计
技术引进联合设计阶段	CRH2A动车组	6 165	4 059				8 793			19 017
消化吸收、集成创新阶段	CRH2B型250公里长编组座车			8 468	1 531					9 999
	CRH2E型长编组卧铺动车组			7 852	10 298					18 150
	CRH2C型时速300～350公里动车组		8 789	9 985	15 306	22 571	3 656	2 224	556	63 087
系统提升、全面创新阶段	CRH380A型电力动车组、CRH380AL型电力动车组、新头型动车组				7 344	22 800	25 320	22 962	10 798	89 224
	400公里综合检测车						5 168	740		5 908
持续创新、实现引领阶段	更高速度等级试验列车					6 064	22 682	4 400	1 564	34 710
	CRH6型城际动车组			13 020	15 000	26 800	5 852	17 423	7 677	30 952
合计		6 165	12 848	26 305	34 479	51 435	71 471	47 749	20 595	27 1047

在引进消化吸收过程中，南车青岛四方机车车辆股份有限公司技术人员投入约 637 人，其中设计开发人员约 420 人，工艺开发人员约 210 人，项目管理人员约 7 人。但在引进消化吸收再创新中，还有大量的外部科研人员参与。例如，CRH380A 型电力动车组项目顺利实施，是由于获得包括 25 所大学、11 所科研院所和 51 家国家级实验室和工程研究中心，以及 68 名院士、500 多名教授、200 多名研究员在内的上万名技术人员的支持才最终得以成功研制。

截至目前南车青岛四方机车车辆股份有限公司在高速动车组领域共计拥有专利 430 项，其中发明专利 20 项，实用新型专利 345 项，外观专利 65 项，具体分布见表 6-3。

表6-3　四方股份公司在高速动车组领域拥有专利　（单位：项）

部件	发明专利	实用新型专利	外观专利	总计
车体	5	44	7	56
工艺装备	6	70		76
集便装置		9		9
空调系统	3	24		27
列车控制系统	1	10		11
内装	2	112	13	127
牵引电机		4		4
牵引系统		2		2
网络控制系统		10		10
制动系统		8	1	9
转向架	1	48		49
总成	2	4	44	50
合计	20	345	65	430

　　在传统研发设计流程基础上，中国南车通过仿真计算与台架试验、线路试验的对比分析、循环验证，提高了技术方案的有效性和准确性，通过产品交付后的运营跟踪和持续改进，提高了产品全寿命周期内的安全性和可靠性，形成了更加科学严谨的研发流程，中国南车高铁项目研发流程如图6-2所示。

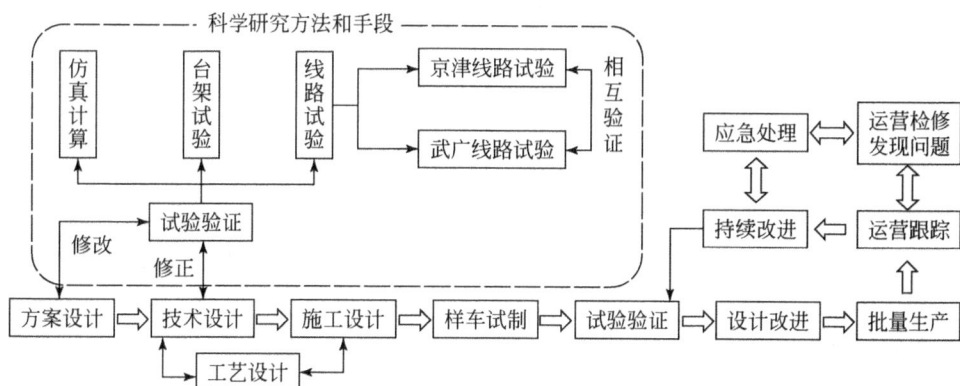

图6-2　中国南车高铁项目研发流程

6.2 中国南车协同创新的动因分析

6.2.1 需求拉动

中国南车发展高速铁路项目是顺应轨道交通装备市场发展的客观要求。一方面，在国内市场上国内轨道交通装备市场需求旺盛，为企业提供了巨大的发展空间。2004 年 1 月公布的《中长期铁路网规划》明确了我国铁路网中长期的建设目标，即到 2010 年全国铁路营业里程将达到 95 000 公里，5 年间将建设新铁路线19 800 公里，将产生世界上数量最大的高速动车组、大功率机车和重载货车需求。同时，我国城市轨道交通建设也处于规模空前的发展期。已有 13 个城市上报城市轨道交通建设规划，至 2010 年规划建设线路 45 条，规划里程 1200 公里左右，需要不同类型的城市轨道交通车辆约 6000 辆。另一方面，在国际市场上，由于新技术发展和国际能源矛盾及环保观念的不断深化，轨道交通运输方式越来越多地受到各国政府的青睐，加之目前北美、中亚、东欧、东南亚等地区的许多国家，进入新一轮轨道交通装备的更新期，国际市场轨道交通装备采购正进入一个高潮期。截至 2010 年全世界需新增各种类型铁路机车车辆和城轨车辆约 17.7 万辆（台）。可以说，中国高速铁路项目具有广阔的市场前景，也为参与高速铁路项目的各主体提供了潜在的市场价值（何德军，2010）。

6.2.2 技术推动

高速动车组技术是当代高新技术的集成体现，高速铁路系统是典型的复杂产品系统，其独立构成的子系统有 140 余个，由 40 000 多个零部件组成，如图 6-3 所示，涵盖了信息通信、电力电子、材料化工、机械制造等多学科、多专业。在高速铁路国产化改造过程中包含了多方面的技术需求。

首先，需满足国内运营环境要求，适应不同地域环境，适应长距离、大运量、高密度等运输模式。以高铁的路基技术为例，中国幅员辽阔，横跨多个不同的气候和地质区域，地质及气候条件复杂多样，京津城际是软土路基，武广高铁是岩溶路基，郑西高铁是黄土湿陷性路基，这样的地质条件下建设高速铁路，需要处理好地基和路基填筑技术，而中国高铁技术供给方——日本、法国、德国都没有如此复杂的地质条件。显然在中国高铁实际建设的环境中，国外成熟的高铁技术在中国可能就变得不够完善，必须进行进一步创新。可以预测，未来对动车组品种的需求会更加多样化，目前公司正在研制耐风沙等特殊环境的动车组及适应载客专线运行的快速货运动车组。

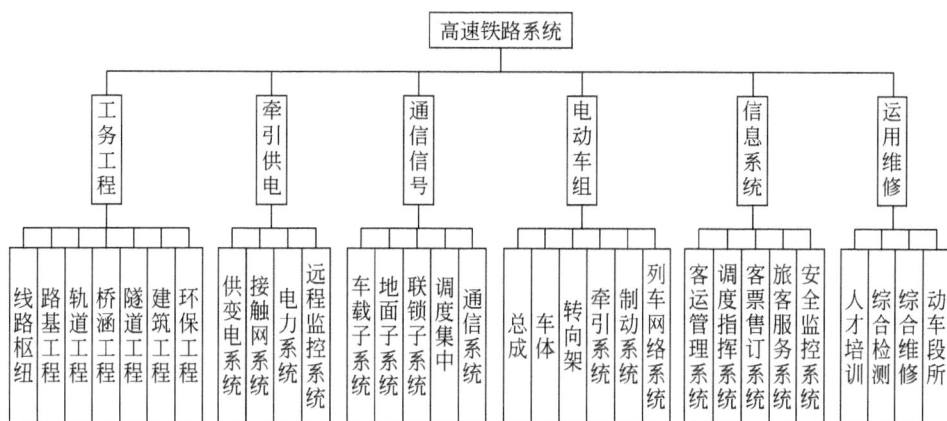

高速铁路系统

工务工程 — 线路枢纽、路基工程、轨道工程、桥涵工程、隧道工程、建筑工程、环保工程

牵引供电 — 供变电系统、接触网系统、电力监控系统、远程监控系统

通信信号 — 车载子系统、地面子系统、联锁子系统、调度集中、通信系统

电动车组 — 总成、车体、转向架、牵引系统、制动系统、列车网络系统

信息系统 — 客运管理系统、调度指挥系统、客票售订系统、旅客服务系统、安全监控系统

运用维修 — 人才培训、综合检测、综合维修、动车段所

图 6-3　高速铁路系统构成

其次，需满足国内人文因素需求。国内人文因素需求主要包括旅客的出行习惯、乘车需求等方面。例如，CRH380AL 型电力动车组研制时，相关部门针对我国线路运营实际情况，以及旅客座席的选择意向进行了大量的调研分析，最终确定座席按 20∶3∶0.5 的比例设置有二等座席、一等座席、VIP 座席，并设有观光区、休闲区等个性化区域，且配有完善的服务设施。同时大量引入人机理论分析及验证，合理布局、空间宽敞、环境舒适、更注重细节人性化。

最后，满足速度提升需求。快速、安全、舒适、经济是大多数旅客出行的需求，其中速度提升，减少旅行时间，可以进一步增强高速动车组的市场竞争力。在高铁行业，通常用时速指标衡量高铁设备的技术性能，而更高的速度并不是在原有列车基础上简单增加动力源，还需要充分考虑安全性能。这就意味着高铁运营速度每提高一个等级，就需要在车辆、路基、桥梁、轨道等建造技术进行大量创新。例如，过去用于时速较低的高铁行之有效的规范标准不能照搬于时速超过320 公里的高铁，各子系统原有的规律和相互间关系将转化为强作用而需要重新认定，迫切需要展开系统的创新，在轮轨动力学、气动力学控制、车体结构等制约速度提升的关键技术上实现重大突破，解决好系统耦合条件下的轮轨关系、流固耦合及弓网关系等一系列问题。

可以说，高速铁路国产化改造过程中的技术优化问题主要分为两个阶段，第一阶段是动车组适应性改造阶段，主要是对引进产品的一个本土化适应过程，是国外技术的优化及中国化。第二阶段是中国高铁的持续自主创新，国外许多原有的技术已不能满足发展需求，为满足技术需求，实施高铁技术自主创新。以 CRH380A 型电力动车组为例，主要在系统集成、头型、车体、转向架、减振降噪、牵引系统、弓网受流、制动系统、旅客界面等方面进行了系统创新。例如，新头型设计，头型设计充分考虑了列车运行的气动性能（气动阻力、气动升力、侧向力、交会压力波）及运行的节能环保（气动阻力、气动噪声）等关键的技术指标，基于平衡技术性能和文化特性的需求，确定 10 种优选方案进行仿真计算，并从中选出 5 种综合性能优良、外形特征鲜明的设计方案，通过 17 项 75 次仿真计算，760 个工况的气动力学试验和 60 个工况的噪声风洞试验，优化气动性能，确定了最优的头型方案。高速铁路国产化各阶段的技术优化过程都是一项复杂而浩大的工程，而我国电力机车企业各自为政，模块化设计不足，产业标准尚未统一，单个企业独立研发往往困难重重，需要来自不同领域多方主体的参与和互动。可见，协同创新是成功实现高铁技术再创新的最为行之有效的组织模式，只有各企业间形成创新合力，才能有效地分散产业链上的创新风险，提升产业整体创新效率。

6.2.3 政策引导

中国南车发展高速铁路项目是实现国家轨道交通装备产业战略布局的现实选择。国务院确定了"引进先进技术、联合设计生产、打造中国品牌"的总体方针，批复了《中长期铁路网规划》及国家科技支撑计划，为企业的创新提供了政策支持。2004 年 4 月，国务院召开会议专题研究了中国铁路客运的快速发展和轨道交通装备如何实现现代化的问题。会议决定要用 5 年左右的时间，跨越发达国家走过的 30 年历程，把国内列车的时速提高到 350 公里，在更高的起点上实现中国铁路创新。同时，国内市场的巨大需求也吸引了包括庞巴迪、西门子、阿尔斯通等国际著名轨道交通装备制造商的目光。在国家对轨道交通装备产业总体发展思路的指导下，各轨道交通装备制造商都希望通过与国内企业开展技术合作，以输出技术的形式进入中国市场，占据一定市场份额。国家在轨道交通装备产业方面的战略布局，为南车及其他各相关主体实施技术引进，增强自主创新能力，实现跨越式发展提供了契机。

6.2.4 企业自身发展的需要

中国南车是我国轨道交通装备产业的骨干企业，经过多年发展，我国轨道交通装备水平不断提高，但在产量规模进入世界一流的同时，企业的产品技术水平和技术创新能力并没有得到相应的突破，在系统集成、交流传动等关键技术上还不够成熟，材料和工艺水平有待提高，产品安全性、可靠性难以满足用户要求；在一些关键零部件和产品核心技术方面，外方仍然处于垄断地位；企业自主创新能力还比较弱，企业在研发投入、研发人员的素质、研发基础理论研究等环节，与国际先进水平还有很大差距，产品整体技术水平只相当于发达国家 20 世纪 80 年代的水平。其原因是多方面的：一是企业内部的科技资源没有得到有效利用，缺乏应有的技术转移平台和机制，研发力量过于分散，重复开发的现象大量存在，导致科技投入不足。二是优秀拔尖人才和学术带头人仍然比较匮乏，研发人员的设计观念、设计方法及现有的制造标准、制造手段等，都很难适应自主创新的要求。三是产品的设计水平、试验验证手段均需要进一步加强，部分已批量生产的产品，由于设计、制造等方面原因造成的质量问题仍然比较多。四是对知识产权保护工作重视不够，企业拥有的专利技术数量远远低于国外同类企业的水平，截至 2005 年，国外企业在国内登记的机车车辆专利超过了 20 000 项，而中国南车仅有专利 500 余项。

目前，轨道交通装备市场的竞争日趋激烈，国内轨道交通装备市场产品同质化严重。中国南车产品虽已出口到亚洲、非洲及南美许多国家，但由于产品技术水平和可靠性等方面与国外先进产品的差距，也必须依靠低价才能打开国际市场。恶性的价格竞争严重挤压了企业的盈利空间，影响了可持续发展的能力，要求企业必须改变原有的竞争方式，通过技术创新实现产品的差异化来赢得市场。在系统分析企业所面临的市场环境及自身状况的基础上，中国南车领导层认识到，为了实现快速赶超世界先进水平的目标，必须紧紧抓住国内轨道交通装备市场发展的良好机遇，以开放的心态，学习、消化和吸收国外先进的技术成果，建立协同创新体系，发挥各参与主体的优势，形成创新合力，才能克服现有的障碍，实现"以我为主"的自主创新（潘琪，2010；徐厚广，2012）。

6.3　中国南车协同创新模式

中国南车始终高度重视培育和加强自主创新能力，有效整合内外部创新资源，搭建"产学研用"协同创新体系和内外部融合的协同创新组织，大大缩短了基础研发到产业化生产的周期。

6.3.1　中国南车内部协同创新

在中国南车的统筹领导下，在高速动车组项目实施中，中国南车旗下多家企业和研发组织建立新型的协同合作关系，共同开展关键系统、关键部件、关键材料的研究，提升产品质量和技术性能，包括高速列车系统集成国家工程实验室、中国南车变流技术国家工程研究中心和 5 家国家认定企业技术中心、5 个博士后工作站，我国轨道交通装备制造行业海外工业电力电子研发中心，中国南车下属企业的多家省级认定技术中心、工程技术研究中心、重点实验室等创新机构等，如图 6-4 所示。

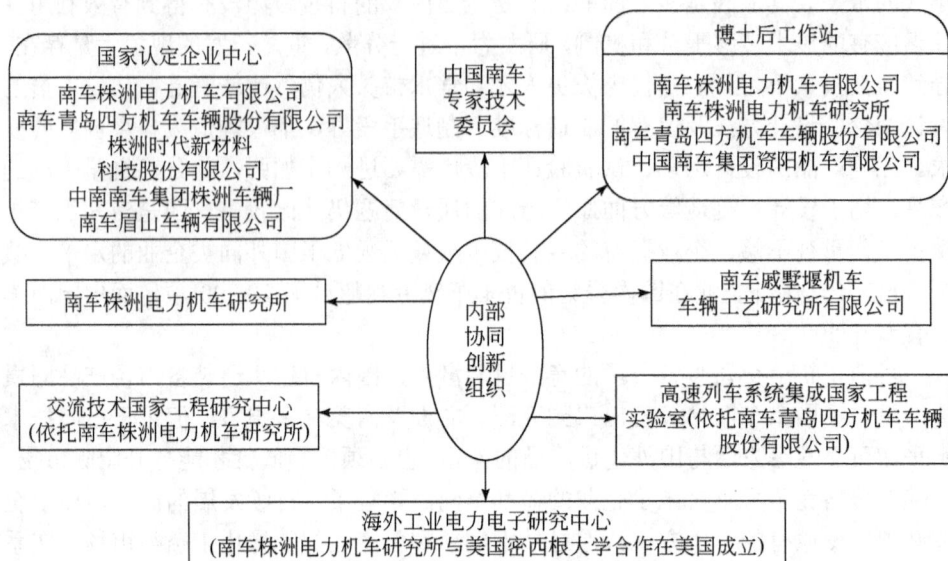

图 6-4　中国南车高铁项目内部协同创新组织图

中国南车为了实现核心技术自主协同创新，协同内部资源优势，整体布局了整个项目的协同分工。以南车青岛四方机车车辆股份有限公司、南车株洲电力机车研究所、南车戚墅堰机车车辆工艺研究所有限公司三家公司为例，集团对各公司进行统一扶植，协调匹配研发、制造能力。新技术开发过程中，中国南车统一组织，各公司对前瞻性技术进行预研开发。在具体项目实施过程中，南车青岛四方机车车辆股份有限公司重点攻克系统集成技术、车体技术和转向架技术，并负责机车总成；南车株洲电力机车研究所和南车株洲电机有限公司承担网络控制系统和牵引电传动研发制造，包括牵引变流技术、车辆信息控制技术、牵引电机技术和变压器技术；南车戚墅堰机车车辆工艺研究所有限公司负责钩缓装置、基础制动单元和齿轮传动技术；制动系统技术由南车南京浦镇车辆有限公司负责，如图 6-5 所示。南车青岛四方机车车辆股份有限公司根据整车配置提出各子系统的技术性能要求、安装接口及系统工作环境，南车株洲电力机车研究所和南车戚墅堰机车车辆工艺研究所有限公司组织相应部件研制、试验及地面相关组合试验，南车青岛四方机车车辆股份有限公司组织验收系统验收及整车性能试验验证，过程中相互穿插，又各自独立，充分发挥国内骨干企业研发与产业紧密衔接的优势。

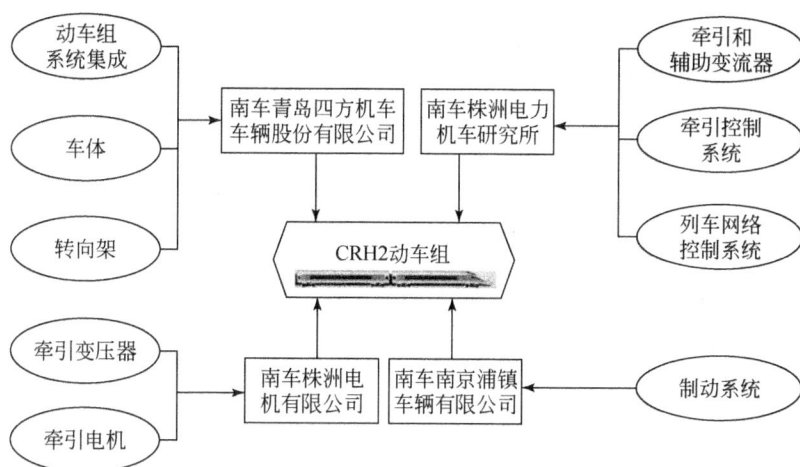

图 6-5　中国南车高铁项目内部协同创新分工图

6.3.2　中国南车外部协同创新

　　除内部协同外，中国南车还不断加强与外部的联系，建立了以政府为主导，以主机厂为龙头，以国内高校、科研院所为支撑，横向与政府、高校、院所等科研合作，纵向与产品用户、供应商、同行业企业等合作，汇集国内一流的科研资源和产业资源，构建了涵盖研发设计、试验、测试等方面的"政产学研用"协同创新模式。例如，为打破国外技术垄断，实现轻量化和薄壁大断面铝合金型材的国产化，南车青岛四方机车车辆股份有限公司累计投入 5000 多万元，与科研单位和有关供应商协同攻关，用最短的时间掌握了关键技术，全向设计了车体结构。高速动车组研制参加单位包括国内一流重点高校 25 所、国内一流科研院所 11 所、国家级实验室和工程研究中心 51 家及 500 余家配套企业。参与人员汇集专业领域、行业专家和技术领军人物 200 余名，工程技术人员多达 1 万余人。

　　1）横向产学研联盟

　　为攻克关键技术，中国南车与国内一流高校和科研院所建立了长期的战略合作伙伴关系，共同创建产业联盟和技术协同创新平台。2012 年 5 月 29 日，中国南车作为主要发起人，依托科学技术部和原铁道部联合签署的高速列车行动计划，联合清华大学、浙江大学、中国科学院力学研究所等 16 家单位，成立了我国首个高速列车产业技术创新战略联盟，共签订合作课题 125 项。该联盟致力于促进协同创新，提升我国高速动车组技术创新能力，提高高速动车组产业化综合能力，南车青岛四方机车车辆股份有限公司成为联盟首届理事长单位。针对用户提出的需求，公司与相关研究院、大学成立攻关小组，如"十二五"国家科技支撑计划项目，科学技术部、原铁道部联合主机企业及国内中国科学院、西南交通大学、北京交通大学等单位及院校，联合开发研制 CRH380A 型电力动车组，期间院校利用其自身在基础理论研究方面的专业优势，对力学、空气动力学、材料学等进行了系统研究，提高了院校的综合实力。在实际操作过程中，中国南车首先与重点院校间签订战略合作协议，搭建创新框架。具体实施时，一方面，双方建立人才联合培养机制，培养高端工程化应用人才，公司技术人员及院校老师积极交流，相互间派驻人员，院校全程参与设计过程；另一方面，公司技术人员对研究过程也全程参与，充分发挥各自的作用，联合攻关解决技术难题，如图 6-6 所示。

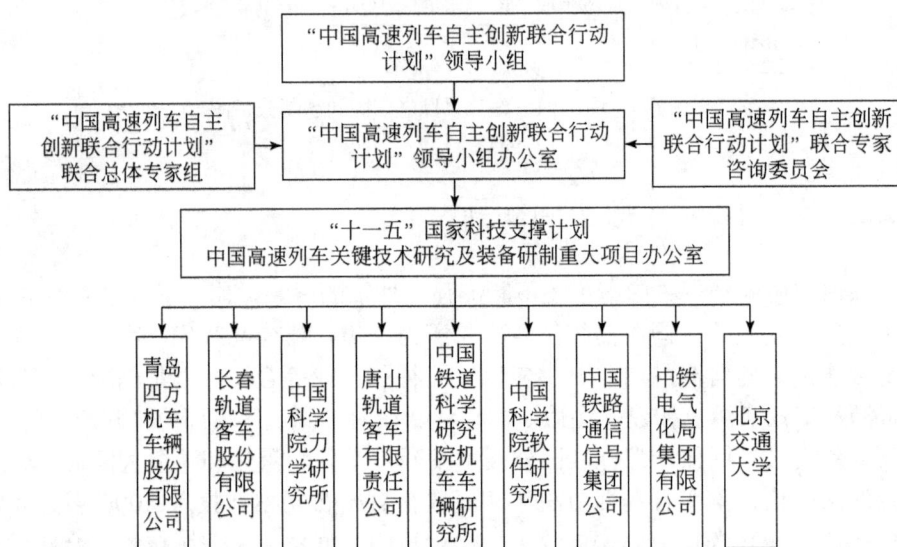

图 6-6　中国南车横向产学研联盟

2）纵向产业链联盟

在纵向上，中国南车通过南车青岛四方机车车辆股份有限公司这样的行业主机企业对产业链上下游企业开展技术引导、研发协作、联合攻关和标准制定，与各个供应商形成了技术协同创新产业联盟，使整个产业链的技术水平和竞争力得到提升。在时速 300 公里及以上创新中，针对具体的系统及部件，公司结合整车综合性能提出具体要求，供应商根据要求提出初步方案，双方对方案进行确认后，供应商组织对产品进行研发、试制及部件试验验证，公司组织装车及相关运营考核事宜，重视供应商全程参与，联合攻关解决技术难题。公司在培养供应商时，将供应商的生产看作是公司生产制造体系的一部分，在产品的设计开发阶段就使其参与到其中，通过现场指导供应商工艺开发，监督产品生产过程，严格把关产品的质量，有效沟通解决技术工艺难点，真正地实现协同创新。

6.3.3　各协同主体的作用

在以中国南车股份有限公司为主体的协同创新体系中，政府的职能是制定合作发展的战略规划及重大政策，协调重大合作项目等；高校和科研机构的职能是着眼高技术的基础研发工作，提供先进技术和研究成果；企业的职能是着重应用技术的研究开发和工艺创新，并将科技成果商品化。具体来说包括：

（1）企业是高铁建设的领头羊。以中国南车股份有限公司为主体的企业是中国高速铁路建造的实施者，是高铁建设技术的掌握者，担负着在实际工作中总结技术难题、把控科技创新方向并配合高校和科研单位进行科技攻关的重任。企业的技术人员长期在建设一线蹲点，对建设工程中出现的技术问题最为感同身受。应该说，只有企业才能提出针对性最强的科研攻关方向，从而将高铁的产学研创新真正落到实处，解决实际问题。

（2）高校和科研机构在协同创新体系中担负着科技攻关的重任。高校和科研机构是中国高速铁路科技创新的主要实施者。一方面，必须深入建设一线，对原铁道部主导引进的新技术与新工艺进行消化吸收，并结合中国的国情进行中国特色的高铁技术的研发；另一方面，要进行高铁先进技术的前沿探索，为未来高铁技术竞赛提供充实的技术储备。

（3）原铁道部作为国内最大的高铁设备用户，在高铁技术的引进消化吸收和再创新中发挥了主导者与指挥者的作用。首先，政府是我国高铁技术引进的组织者与实施者。原铁道部主导并坚持了高速铁路技术引进的四大基本原则：①确保先进性，引进技术必须面向世界，坚持高起点；②确保技术的成熟、定型，不能用没有经过实践检验的铁路技术；③确保适用；④确保技术装备性能稳定、质量良好，从而保证了我国企业有选择、有重点地引进核心技术和关键设备。其次，政府是我国高铁技术自主创新的推动者与加速者。原铁道部自 20 世纪 90 年代以来每年都进行了大量的科技立项，与科学技术部制定联合行动计划，围绕高速铁路技术的引进、我国高速铁路的技术储备及调动国家优势科研资源等方面开展了卓有成效的组织与协调工作。例如，原铁道部根据实际运行过程中出现的各种难题，提出科技研发项目指南、确定技术路线、组建科研团队、编制技术规范、培训高级技工、研发具有中国特色的高铁技术装备、确定修建计划等，以项目为载体，助推企业技术提升，并在高速客运专线实施研究性试验方面给予大力支持，同时，科学技术部、发展与改革委员会等相关部门也为高铁的技术创新工作提供了大量的政策和资金支持。最后，政府正在成为中国高速铁路产业出口的重要推手。高铁的自主创新不仅拉动了中国制造业的结构与技术升级，还对冶金、机械、建筑、材料、橡胶、电力、信息、精密仪器、环保等产业具有强劲的带动作用，它培育出的一大批明星企业已在国际上占有一席之地，许多具有自主知识产权的新产品已出口国外，并在国际市场上获得了竞争优势，中国政府正在积极致力于推动国产高铁设备的出口，这已引起了海外装备制造商的高度关注。例如，西门子和阿尔斯通的高管均表示了对"中国成为高速铁路出口国"的担忧。

6.4 中国南车协同创新机制

6.4.1 "T"形战略带动产业链协同创新

产业链是创新链的载体，升级产业链，对提高协同创新水平和产生协同创新效用具有重要作用。中国南车不断打造三级供应链体系：主机厂商+核心设备商+配套商。大力发展与主机技术水平相协调的专业化、规模化配套企业，鼓励配套企业向"专、精、特"方向发展，提升基础元器件、核心零部件及关键系统的配套能力。

中国高速铁路项目协同创新实行"T"形战略（图 6-7）。"T"形战略中"T"形的"竖"和"横"，分别指牵引传动与网络控制两大技术和核心技术的多元化应用。以中国南车株洲电力机车研究所为例，为了攻克被喻为现代机车车辆的心脏与大脑的牵引传动与网络控制两大关键技术，南车株洲电力机车研究所累计投入科研攻关资金 30 多亿元，成功为一代代"和谐型"交传电力机车装上"中国心"和植入"中国脑"，并进一步向产业链的两端进军，向上进军 IGBT[①]应用技术，向下进军应用领域。

依靠协同创新的"T"形战略，"和谐型"交传电力机车协同创新带动产业链从关键材料到关键工艺、核心部件到核心元件、大系统到大部件的整体升级。例如，以和谐 1 型八轴 9600 千瓦电力机车的系统集成技术为载体，推动牵引电机风机、电机、变压器、高压隔离开关、接地开关和安全联锁箱等机车主要配件的国产化工作，也带动周边产业链完成了相关零部件的国产化工作；株洲日望精工有限公司本是加工配件的民营小厂，在南车株洲电力机车研究所的技术扶植下，2005 年开始为高速动车变流器的柜体加工配套设备，企业销售收入增长了 20 多倍。可以说，协同创新的"T"形战略大力推动了产业链技术的发展和经济的繁荣。

---

① IGBT，即 insulated gate bipolar transistor，绝缘栅双极型晶体管，是由双极型三极管和绝缘栅型场效应管组成的复合全挖型电压驱动式功率半导体器件。

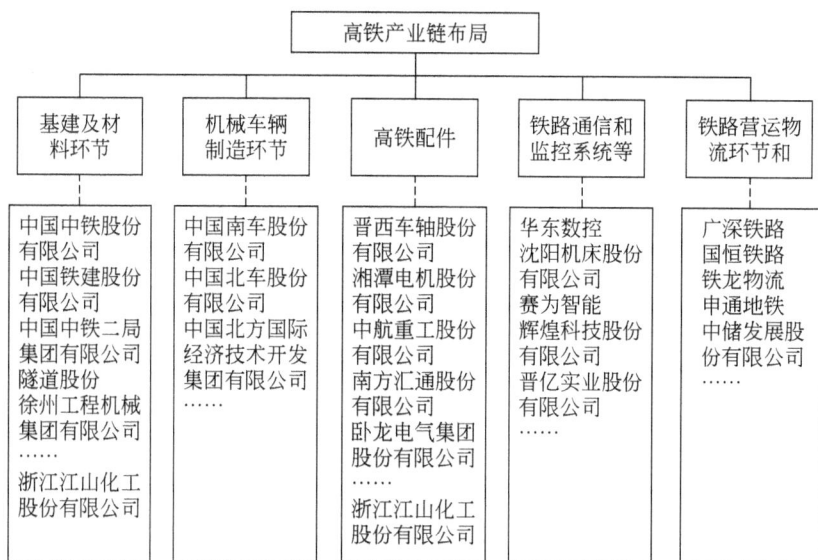

图 6-7　高铁产业链分布

6.4.2　三大协同创新平台实现内部资源整合

　　在技术引进的同时，为夯实企业自主创新基础，中国南车又同步提出建设设计、制造、产品"三大技术平台"的举措。根据各业务板块自身产品的特点，中国南车制订三大技术平台建设的项目书，按照机车车辆设计技术、制造技术和产品技术水平达到世界先进水平的标准，建立相应的评价指标体系，定期对三大平台的建设内容、建设标准和效果进行评审，引导各业务板块不断提升设计、制造、产品的技术水平。

　　设计技术平台：包括设计标准、设计流程、设计方法、设计手段和产品试验验证能力等。全面采用 CAD①、CAM②一体化作业方式和协作平台及产品数据管理系统（plant design management system，PDMS），引进多款 Pro/E、ANSYS 等国际先进的设计和分析软件，建立一流的三维数字设计和验证平台。在设计平台建立后，进一步找到设计平台工作范围的差异，特别是设计和工艺工作范围的差别，逐步贴近"设计面对市场，工艺面对现场"的国际化设计分工理念，使设计和工艺的合理分工职责逐步明朗，设计逐步从生产技术服务中解脱出来。设计人员致力于关键技术的掌握和消化吸收，而工艺人员逐步承担指导生产的职责，从而保证所掌握核心技术的完整性、有效性，形成高层次的技术创新设计平台。

_____
① CAD，即 computer aided design，指利用计算机及其图形设备帮助设计人员进行设计工作。
② CAM，即 computer aided manufacturing，指利用计算机辅助完成从生产准备到产品制造整个过程活动。

制造技术平台：包括工艺研究、工艺设计、工艺规范、工艺执行、物流管理、现场管理和质量控制、制造装备水平等。一是借鉴国外经验，研究改进现有工艺方案，提升制造工艺水平。南车株洲电力机车有限公司公司在大功率电力机车制造过程中，原原本本地学习国际先进制造工艺技术，分三步实施打造优秀制造体系计划，第一步对公司原有工艺文件全面升级；第二步以点带面推行标准化作业；第三步在手工工序和装配工序全面推行精细化作业。二是筑高工业平台，构建制造体系的物质基础。近年来，中国南车投资数十亿元用于技术改造和制造基地建设，其中电力机车和动车组的生产能力位居世界前列。以南车青岛四方机车车辆股份有限公司为例，该公司投资 9 亿多元实施工业化改造，新增厂房及基础设施15 万平方米，新增设备 2100 台（套），新增工装、计量检测器具 380 台（套），关键设备及工艺装备达到国际先进水平，具备了一流制造基地条件。经过系统改造，初步形成了日产铝合金车体 2.5 辆、不锈钢车体 1.5 辆，月产动车组 6 列，年产转向架 3000 个的生产能力，制造能力和制造水平得到大幅度提升。

产品技术平台：包括系统集成技术的自主化、标准化、系列化、模块化的整车和零部件产品，产品的主要技术、性能、质量、可靠性、服务等。结合引进技术的消化吸收工作，中国南车全面启动了产品技术的"2211"工程，以满足企业产品系列化、标准化和简统化的要求。企业产品发展方向确定为 2 高（高速、高原）、2 快（客运快速、货运快捷）、1 重（货运重载）、1 轻（轻轨地铁）。经过几年的建设，目前中国南车已形成比较完备的轨道交通装备产品体系，产品的主要技术性能、质量、可靠性等指标基本与国际水平接轨，完全能够适应我国轨道交通提速、重载的需求。

通过有组织地学习和产品开发实践，中国南车内部的优势人力、物力、财力资源逐步向着三大协同创新技术平台的建设整合集中，企业自主创新的能力也逐步得到加强。

6.4.3　沟通、学习机制保障知识协同

知识协同是协同创新的核心，协同创新的本质是知识的跨组织转移和学习管理，是企业、大学和科研院所等各主体各自拥有的隐性知识与显性知识的相互转换和提升过程，知识协同的实现离不开有效的沟通和学习机制的保障。充分消化吸收国外先进产品制造工艺，最关键的就是要全盘引进国外先进的制造工艺样本，并在本地化生产中原原本本地吸收。为避免引进技术消化吸收中眼高手低和曲解变异现象发生，南车青岛四方机车车辆股份有限公司在 200 公里动车组项目中及时提出并让职工学习了解"先僵化、再优化、后固化"的指导方针。通过首列国产化动车组的工艺验证及其他一系列的活动，职工逐步理解并形成了一个共同的

认识：只有先"僵化"执行外方工艺，生产出的产品才有可能达到原型车的质量水平；只有先"僵化"执行外方的质量理念，才能保证国产化动车组的质量不低于原型车的水平；只有先"僵化"吸收，才有可能让已经落地的先进技术和方法生根。通过这种先被动僵化，后主动优化，最终达到制造工艺固化的过程，确保了动车组制造水平的持续稳定。

同时，中国南车还建立引进技术文件体系，实现引进资料和知识的规范和完整。在引进项目的实施过程中，通过设计联络、引进技术资料分析、实物学习、专家培训、技术图纸转化、技术评审、个人讲解、产品验证、总结等方式和过程，全面掌握关键技术和标准体系。通过对引进产品总体技术性能、参数、结构、主要系统、配件性能的系统认知，建立完整的引进技术的技术文件体系，实现技术文件系统全面升级。仅时速200公里动车组就转化设计图纸7000余张、设计资料200余套。同时，按照专业发展统一整合设计技术队伍，构建以专业分工和项目负责制相结合的设计技术团队，以保证技术转让资料的完整性、技术发展的系统性及零部件不短缺，努力实现设计技术与国际的接轨。

引进的国外先进技术能否成功转移，在企业内部落地生根，一线员工的素质及其对先进技术的领悟、掌握程度是一个关键因素。在引进项目的实施过程中，中国南车先后组织大批核心员工到国外先进企业进行现场培训、集中上课学习、观摩演练、与外方员工直接交流。通过大规模的境外现场培训，员工真正感受到外方人员严谨精细的工作理念和一丝不苟的工作作风，学习到先进的技术和务实的工作方式。同时，通过核心员工的引导，国外先进工作理念和工作方式也逐步融入企业日常工作当中，为技术引进、消化吸收工作的成功奠定了坚实的基础。

可以说，中国南车高铁项目的协同创新是在企业内部及各主体之间的沟通和学习机制下实现的。这种技术沟通和知识学习机制使各创新主体在协同研发与生产、相互协同解决问题等行动中，构成了协同创新的结构化信息交互路径，实现了共同学习和相互分享技术知识的目的，促使协同组织不断提高其自身的知识基础和技术创新的协同性。

6.4.4　组织文化与人力资源的软协同

中国南车还不断致力于组织文化等软实力的建设，提高协同文化的影响力。中国南车创新价值观是人的价值高于物的价值，认为企业能够创造高质量的产品，也能够创造高素质的人才。正因为人是中国南车事业的基础，中国南车始终坚持为员工的全面发展和个人成功提供服务。团队的价值高于个人的价值，公司的成功就是员工个人事业的成功。二人为仁，三人为众，人字的结构就是相互支撑，个人的价值要在团队中得以实现。中国南车遵奉诚信、敬业、创新、超越的创新态度。积极倡导求新、求快、求实、求优的工作作风。中国南车就像一列新型列车，企业文化的有效协同，保证了整车以最快速度和最佳性能可靠运行。

在国家宏观政策的指引下，中国南车想方设法激发员工的创新潜能，在公司内部营造创新氛围，建立了各种吸引人才、激励人才、培养人才的机制。例如，南车的 NEW3P 薪酬激励模型设计是聚职业发展等级（personality）、岗位职责说明书（position）和上年度绩效考评（performance）三者于一体的复合工资体系，吸引了一大批拔尖的科技带头人、中青年科技英才、管理骨干和"金蓝领"专家。在南车株洲电力机车研究所，年轻人入职两三年后就能挑大梁，博士入职可享有 30 万元的无息贷款，研发人员 5 年内基本都能有房有车。到 2011 年底，南车株洲电力机车研究所有博士 72 人、研究生以上学历人员 781 人；形成 1 个院士、8 个首席专家、59 个教授级高级工程师和 16 个政府津贴获得者领衔的 3678 人的科研团队。员工学历水平和素质的提高，使他们有能力承担前沿的研发任务和精细的生产任务，为中国高铁的崛起做出了不可替代的贡献。

同时，在技术引进过程中，中国南车还实施了大规模员工培训，培养了一批技术消化吸收的精英。例如，南车株洲电力机车有限公司共派出 35 个团组赴境外参加培训，总培训达到 3565 人。在备料、车体、转向架等关键工序，有 154 名员工取得了 EN287 焊工操作证。南车青岛四方机车车辆股份有限公司也选派近 500 名优秀员工到国外培训，截至 2015 年，该公司已形成一支由 785 人直接从事研究开发、工艺技术人员和 578 名支撑性技术人员组成的研发、技术人员团队，以及由 1969 名高级工以上技能人才组成的制造团队。

6.4.5 通过流程再造和质量管理降低协同风险

为降低协同创新过程中带来的合作风险及速度提升带来的技术风险，公司采用以下应对措施：

提前策划、分步实施。以 CRH380A 为例，方案策划阶段，对以往动车组存在的问题进行系统梳理，针对问题提出应对方案。在研制初期进行了近 2 年的方案梳理及总结，对既有的动车组试验结果进行系统分析论证，提出了动车组实施方案。动车组研制过程分步实施，先后研制 CRH2C 一阶段、CRH2C 二阶段及新头型试验车，对动车组的车体、牵引、转向架、制动等主要设备进行了提前验证后，再组织 CRH380A 动车组研制。

完成全过程的流程再造，研发严格按流程实施。研发过程以安全可靠为核心，以仿真分析为依据，以过程评审为保障，以测试试验验证为研发手段，严格按"方案设计、技术设计、施工设计和试验验证"四个阶段设计流程组织产品研发。上线前进行充分试验验证，上线后组织科学跟踪试验。新型动车组下线后进行充分部件试验、地面模拟试验、线路试验等验证，建立科学跟踪试验和运营质量信息反馈机制，实时进行质量分析，出现问题及时组织改进，并为运用维护提供支撑。

中国南车坚持"实施质量经营，履行质量标准，满足顾客需求"的质量方针，不断完善质量保障体系，建立了质量安全管控长效机制，1997 年通过了 ISO9001 标准体系认证，2008 年引入建立了以可靠性为核心的质量体系，2010 年公司完成了 IRIS（国际铁路行业标准）标准认证工作。坚持系统分析、统筹规划和分步实施原则，从产品研发、工艺、采购、检验、制造、交付和售后服务建立了一套完善的过程质量控制体系，在研制的每一阶段，都要进行完整的检测测试，并将质量监督管理延伸到上下游厂商的制造全过程，确保高铁项目整体质量受控，这使得公司的产品质量稳步提高，在线运营动车组的故障率始终处于最低水平。

6.5　中国南车的协同特征与启示

通过走引进消化吸收再创新之路，坚持以企业为主体，产学研相结合的协同创新体系，我国高铁技术形成了一个取各家之长的综合发展模式。目前，我国的高铁系统技术已经是世界上集成能力最全、运行里程最长、运行速度最快的系统技术。通过不断试验，我国不仅掌握了高铁的核心技术，而且解决了高铁整体产业链上的各种技术难题，形成了自己的高铁技术标准，并逐步在国际市场上拥有话语权。

6.5.1　价值分享型创新模式的重要体现

中国南车充分发挥了大型国企的优势，体现出了价值分享型创新各个要素的特点：

首先，由于新技术发展和国际能源矛盾及环保观念的不断深化，轨道交通运输方式越来越受到各国政府的青睐，国内外轨道交通装备市场需求十分旺盛，而我国铁路在线路条件、运用环境、运营模式上都有自身独特的国情路情，面临着在高铁行业实现跨越式发展的重要契机。因此，我国发展高铁技术既满足市场和社会的需求，也是实现国家轨道交通装备产业战略布局的现实选择。

其次，中国南车通过"T"形战略和政府主导的协同创新模式带动产业链的发展，与供应商形成技术协同创新产业联盟，协助上下游企业开展技术引导、研发协作、联合攻关和标准制定，不仅使企业自身的效益大幅提升，还提高了整个产业链的技术创新和管理水平，九大关键技术均在中国南车内部实现国产化，整车国产化率超过 75%，使我国铁路装备制造业跨入世界高速技术的最前沿。

最后，高铁所产生的经济和社会效益都十分可观，在加快经济发展方式转变、推动产业结构优化升级、加快城镇化发展中发挥了重要作用。例如，我国一条高铁年运量是普通铁路的4～5倍，高铁快速扩充了铁路客运能力，大大缩短了旅客出行时间；高铁开通为客货分线运输创造了条件，极大地释放了铁路货运能力，大大节约了社会物流成本；高铁产业的快速发展和自主创新能力的快速提升，催生了一批高科技创新型企业，高铁产业已发展成为粗具规模、潜力巨大的战略性新兴产业，并在许多地区形成了完整的研发制造产业集群；高铁是最节能的陆路运输方式，由于中国高铁建设大量采用"以桥代路"，目前运营的新建高铁实际节约土地多达23万余亩①，环保效益不可小觑；高铁对拉动内需、加快城镇化发展提供了强大支撑，京津城际铁路开通后，从北京前往天津旅游的人次比高铁开通前增加了三成，大大促进了沿线人员、资源的流通，促进了城乡统筹发展。

6.5.2 以政府为主导、以企业为主体的协同创新模式典范

政府（主要是原铁道部）是高速铁路设备的主要用户，因此，与其他产业相比，高铁项目的协同创新具有强烈的政府参与特色。中国高铁发展取得的辉煌成就，与国家宏观政策的指导和各政府相关部门的大力投入是分不开的（图6-8）。原铁道部将全国铁路市场集中统一，作为技术引进的谈判砝码。面对诱人的"蛋糕"，最先进的道岔技术、最优质的无砟轨道技术、最稳定的高速列车技术，纷纷以最高的性价比涌向中国谈判者，既避免了企业分散谈判而相互抬价、恶性竞争，又保证了引进的是占据产业制高点的关键技术。在国家和原铁道部的科技项目中，高铁领域始终是资金投入的重点，近年来自主投入累计超过3亿元，确保了高铁技术创新具有充足的资金保障。国家建立成果转化反哺科研机制，每年按照高铁年度经营收入5%的比例，筹集上亿元资金用于行业服务和科技创新。其中，每年设立行业服务技术创新基金，用于保障行业服务重大项目资金需求在高速动车组制动系统、牵引系统、无砟轨道扣件等领域，自筹资金建设创新成果转化基地，满足了创新工作的迫切要求，使得企业在装备建设和队伍建设方面有了强大的资金支撑，保证了创新的物质基础。同时，政府还在整合各方力量、统领全局规划、指导企业生产、协调企业关系等各方面发挥了强有力的主导作用。可以说，我国高铁项目的引进消化吸收和再创新是以政府为主导、以企业为主体的协同创新体系建设的典范。

① 1亩≈666.67平方米。

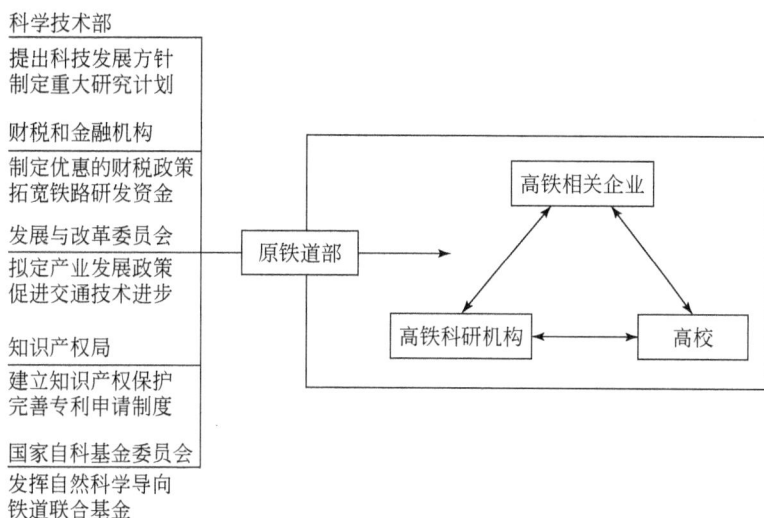

图 6-8　高铁项目协同创新参与机构

6.5.3　开创了以协同为核心开展引进消化吸收再创新的重要路径

中国南车的整个协同创新机制可以归纳为归核、借核、造核和扩核四个阶段。归核就是通过优势资源整合和业务模块重组，集中优势资源和核心业务于具有竞争优势的核心主体，并通过核心主体突破关键技术。借核指的是凭借先进技术实现技术创新和凭借资本实现产业升级。造核指的是通过协同创新实现关键技术突破，凭借协同资源优势打造核心竞争能力，谋求技术和产业引领。扩核指利用协同创新形成的技术优势，发展核心产业，带动相关产业，培育具有未来竞争力的支柱产业。中国产学研合作促进会相关领导在"山区高铁工程建设技术创新"专题汇报会上对高铁技术的创新总结出五个"一定"：成功的技术创新一定要从市场、技术和法规的"三维坐标"来确定主题和路线；一定要建立一个能够对市场和技术做出快速反应的技术转移机制；一定要对知识产权做到充分、有效的保护；一定要打响自己的品牌，形成自己的技术标准；一定要持续创新，把技术创新、管理创新和营销传播创新三者有机地结合起来。中国南车就是沿着四阶段发展机制，把核心任务定位于快速提升协同创新能力，通过技术创新与机制创新的协同，实现了需求、知识、组织、文化等要素的有机整合，才取得了如今丰硕的成果。具体到各个阶段：

在引进阶段，中国南车坚持以全面掌握国际先进、成熟的高速动车组、大功率机车等高端产品技术为目的，以系统集成技术和制造技术的引进为主线，带动其他配套技术的引进与吸收的大方向，在认真分析中国铁路既有条件、客户需求

和企业实际情况的基础上，以政府为主导，以中国南车旗下多家企业和研发机构
为载体，通过高起点、系统性的技术引进，缩小与国际先进水平的差距。技术引
进工作必须与中国铁路的实际运用需求相结合，引进的技术也要能够满足中国轨
道交通装备市场的长远发展。例如，在决定引进国际上比较成熟的时速 200 公里
的动车组技术的基础上，同时要求引进的技术能够覆盖时速 300 公里的运行要求；
在引进技术的谈判过程中，中国南车以技术合作为门槛，在引进项目合同中设定
国产化率考核指标，目的是要切实地保证拿到核心技术，保证引进技术真正转移。
在南车青岛四方机车车辆股份有限公司与日本川崎公司 200 公里动车组引进项目
的合作中，按照协议，除了前 3 列由日本直接进口外，其余全部在南车青岛四方
机车车辆股份有限公司制造，第一阶段交付的动车组国产化率为 30%，第二阶段
为 50%，第三阶段必须达到 70%。

在消化吸收阶段，中国南车通过协同创新各主体间和产业链上下游企业之间
有效的沟通和学习机制，以及培养消化吸收的人才和团队，扎实而全面地消化和
吸收了引进项目中的知识和技术，提高了企业的总体技术水平。同时，中国南车
在引进工作之初就非常注意对消化吸收配套资金的投入，目前引进技术和消化吸
收费用的比例已达到 1:3。大量配套资金的投入为中国南车消化吸收引进技术提供
了有力保障，大大加快了引进技术的消化吸收速度。

在再创新阶段，中国南车通过以"三大技术平台"为主体的基础创新平台建
设，培育了企业的自主创新能力。在此基础上，中国南车又通过整合企业内外部
资源，完成对引进技术的再创新，尤其是依托内部的变流技术国家工程研究中心
及国家认定企业技术中心、博士后工作站、检测实验中心等科研、测试机构，对
引进技术消化吸收中的重点和难点项目开展逐个技术攻关，并充分发挥外部高校
和科研院所在基础研究方面的优势，成功开展了对重点关键引进项目的再创新工
作，从而以较短的时间和较小的代价迅速赶超世界先进水平，实现企业由制造型
向创新型的跨越。坚持"引进技术消化吸收"与"自主创新"两条腿走路，在引
进消化吸收再创新的进程中，将核心技术学到手，用到位，以技术升级带动产业
升级，变追赶为引领，最终形成企业自身的核心竞争能力，这成为我国高速铁路
协同创新体系成功运行的宝贵经验。

第 7 章　中国移动的 4G 创新:构建国际协同创新体系[①]

7.1　电信运营商科技创新体系建设

科技创新是提升企业竞争力的基础,是企业发展的原动力。电信运营企业拥有庞大的网络资源,向客户提供普遍的、标准化的信息通信服务。在信息通信技术飞速发展、移动互联网应用日益普及的时代,电信运营企业必须通过不断增加科技创新投入,增强科技创新能力,提高科技创新效率,把更多的信息通信技术应用于普遍的网络服务,才能应对电信运营行业来自各方面的竞争,保持可持续的发展。

本章研究认为,电信运营商的科技创新体系主要包括三个维度,如图 7-1 所示。图中 3 个维度表示的 3 个层面中,最顶层的一个平面表示成果,是科技创新最终的目标;下面的两个平面表示科技创新的内容和组织决策,是对最终成果的支撑。

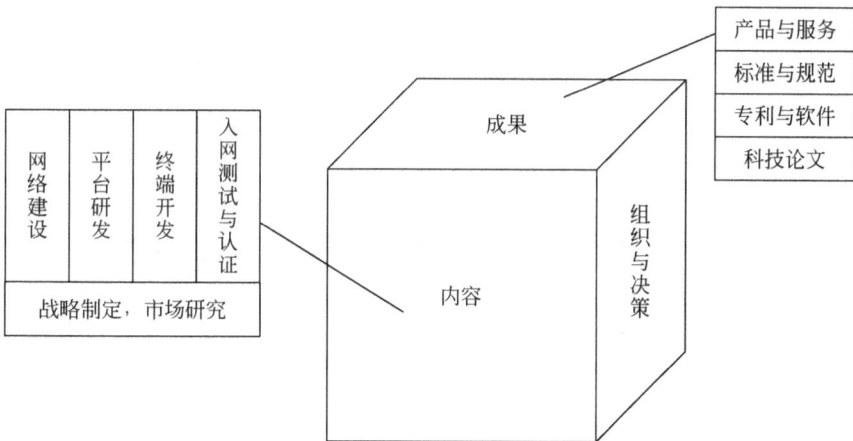

图 7-1　电信运营商科技创新体系图

---

① 中国移动通信集团公司简称中国移动;中国联合网络通信集团有限公司简称中国联通;中国电信集团公司简称中国电信。

7.1.1　电信运营商科技创新的成果

科技创新体系中，成果主要包括 4 个方面：一是产品与服务，这是电信运营企业的特征，产品和服务是电信经营的两个方面；二是标准与规范，标准和规范是电信行业运营的重要特征，在研究企业标准时，除要指定标准化的产品和服务外，制定企业的网络标准，乃至填补国际标准的空白，都是重要的成果标志；三是专利与软件，这是科技创新走向国际舞台，参与实质的市场竞争、实施自主创新的要求，也是科技创新实力的体现；四是科技论文，作为科技创新的研发团队，在研究中要不断地实施开放式研究，要把研究创新中的体会和中间结果发表出来，与同行共享，这就是论文、著作，所以这也是成果的重要方面。

7.1.2　电信运营商科技创新的主要内容

电信运营企业的科技创新，要与企业战略紧密相关，以能够应用于企业的业务开展为诉求，以能为企业创造效益为目标。与社会其他研发实体实现有效的互补，充分利用大学和专业研究团队的研发成果。因此，重点应在以下 5 个方面实施重点科技创新。

1）战略制定，市场研究

每个电信运营企业，根据自己所处的市场环境，都制定了企业发展战略。以企业发展战略为基础，分析研究经营范围内不同地区和不同客户群对信息通信应用的需求，是所有研发的基础。

这部分内容的重点在于细分客户市场，对各种细分市场的信息通信技术业务应用现状和趋势进行持续的跟踪研究，不断提出适应于自身企业、服务于各种细分用户市场的各种新业务。

与市场需求紧密相关需要不断跟踪研究：一是企业发展战略本身，要根据企业的发展和竞争格局的新变化，不断调整经营举措，以保证战略的一致性；二是研究政策的发展和对新业务的管制措施，如互联网应用对电信业务管制的影响，携号转网对企业的影响和对策，三网融合的发展对企业的影响等，都需要不断地持续跟踪研究。

2）网络建设

尽管电信运营企业上下游有众多的合作单位，市场上也有大量的网络应用开发者，开发的成果可以各种形式应用在网络中，但随着客户需求不断增加和信息通信技术的快速发展，电信运营企业建设自身的开发团队，开展和及时完成高质量的业务、开发网络及各种新的应用，是科技创新的重要内容之一。

网络建设是电信运营企业的主要投入，研究并提出优化的本企业组网方案，对提升竞争能力，实施有效的网络演进，节省网络建设投资具有重要意义。组网研究，网络演进方案的确定，骨干网、核心网、城域网、接入网的组织架构、技术形态、演进方式、扩展策略、网络运行方案等，都是网络技术和方案研究的重要内容。

3）平台研发

平台，作为某一企业将一系列资产通过一定架构组织起来的某种产品、服务或技术，被认为是在快速技术变革环境下连接外部互补性企业进行复杂性创新活动，从而构建竞争优势的重要战略。随着企业外部环境的日趋复杂，移动互联网、大数据、云计算等新兴技术方向的发展，单个企业或单个产品间的竞争已经转变为平台之间的竞争。这一转变的潜在原因是当前产品、企业甚至于产业间的相互联系日趋紧密，企业和产业需要与其互补者相互依存、共同发展。例如，个人电脑如果抛弃了操作系统、软件及其他辅助硬件等互补产品，个人电脑对其用户而言毫无价值。电信运营商通过建立平台，可以帮助企业连接和发展与之相关的互补企业，提升互补技术水平，鼓励与企业核心技术相关的创新，从而构建平台竞争力。

对于电信运营商而言，平台研发的主要内容是跟踪计算机与信息技术的发展，对业务平台的构成和各组成部分进行深入研究，并根据科技创新中新业务开发的具体要求，开展高效的平台开发。主要的技术内容包括：平台的构成，大型计算机技术的构成和发展，硬件、操作系统、开发工具的有效组合与应用，以及各种应用软件开发（业务开发）。

业务开发，要基于信息通信技术的发展现状和趋势，准确判断技术成熟程度。一是根据市场需求，确定企业自身应用新的信息通信技术，向市场推出新的电信业务；二是参与信息通信技术的研究，根据企业的实际发展，确定企业采用的技术、网络组织形式等。

在业务开发过程中，一方面要注意利用好市场上已有的成熟应用开发成果，减少自身的研发周期和提高研发效率，并根据自身网络特点和网络条件进行重新开发或改造，作为新的电信业务，要确保投向市场后的质量；另一方面是组织自身的研发团队进行开发，只有自身组织研发、实施研发，才能在新业务研发中掌握主动权。

对于电信运营企业，其自身的管理信息系统、网络运行维护与监控体系、客户管理与营销管理体系及计费账务系统等，都是大型信息系统应用的典型领域，各部分内容与平台应用的研发，没有实质性的区别，所以也是平台研发的重要内容。

4）终端开发

移动互联网时代的电信运营企业的竞争直接表现为对用户的争夺。为了保持用户群，随之而来的就是对用户终端的研发投入，即对用户终端进行定制。

对宽带接入的家庭网关和企业网关，由于固定网的接入与物理地点的自然一致性，对运营企业的依赖，不容易轻松转网到另一个运营企业。而由于移动用户接入方式的流动性，运营企业保持用户忠诚度的重要方式就是对移动终端的研发投入，实行定制化终端，为客户提供特殊服务的定制，绑定用户在本运营企业中。

智能手机是移动互联网时代用户终端的主要表现形式，是客户终端研发的重点。一般主要研究相关的发展现状和发展趋势，研究基础硬件构成、终端操作系统及各种应用的开发等。

5）入网测试与认证

这是科技创新的另一个重要内容。企业拥有的庞大电信网和为了网络运营管理的各种信息系统，是现代通信网络构成区别于传统电信网络的重要标志。尽管行业有设备入网检测机构，但随着电信运营企业的转型，新业务不断推出，各种细分市场的客户服务日益深化，这都对企业自身的网络设备、各种应用软件乃至信息传递的形式提出了新的要求，所有企业要建立测试团队，开展对各种新网络设备、应用软件及必要的信息监测，要做好研究工作，同时也要开展测试工作。

7.1.3　电信运营商科技创新的组织与决策

科技创新体系主要是机构的设置和职能的确定。好的职能设置是内容明确具体，没有遗漏并尽可能没有交叉。电信运营企业科技创新体系的组织建设，要与企业运营内容和目标相辅相成，即支持企业实现战略目标，支撑企业运营，保证科技创新内容的展开，实现企业活力，在市场竞争中不断取得新活力。科技创新体系的组织和决策结构如图 7-2 所示。

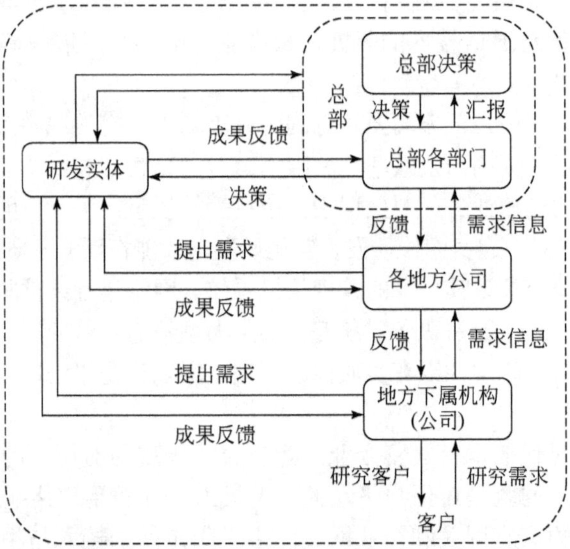

图 7-2　电信运营商科技创新的组织与决策

企业最高层承担科技创新决策职责，并由主要领导确立决策层的研发主管。

在企业总部设置科技创新的独立部门，统领科技创新的主管工作。其他部门要在各自的职责中明确对科技创新需求的搜集和汇总，以便科技创新主管部门汇总，这些搜集和汇总的需求，可以成为市场需求的主要内容。经过分析后，提交决策层决策，为后续的集中研发管理做好准备。

建立集中研发的研发实体，开展集中的研发工作。研发实体不仅要具备规模的开发环境和实验、测试装备和系统的测试条件，而且要有开展网络试验验证条件件，为应用开发的推广把好最后一道关。

地方分公司是电信运营企业的运营一线单位，承担网络建设和维护工作，同时直接面对市场和客户，承担为用户开通各种通信能力的工作，最能了解市场动态，掌握用户需求。因此，地方分公司将是研发需求的重要来源。这个来源有两方面内容：一是汇总分析客户需求，提出信息通信新应用的客户需求信息；二是在网络建设、维护和开通新客户的通信服务过程中，提出对网络设备，包括网管监控维护、业务管理和计费账务系统设备等性能调整的新要求。

在地方分公司，设置负责科技创新的分管领导，根据条件和规模，设置科技创新的部门职责或独立的部门，总之要职责内容明确，责任到人，以便能把直接履行网络操作、面对市场和客户的研发需求及时整理上报。

2008 年，利用 3G 牌照发放的契机，中国电信市场进行了强弱合并的企业重组。中国电信收购中国联通 CDMA 网，中国联通与中国网通合并，形成新的中国联通，中国网通的基础电信业务并入中国电信，中国铁通并入中国移动。六家运营商重组为三家，即中国移动、中国电信、中国联通，每家运营商获得一张 3G 牌照，每家采用不同的 3G 技术，并开始实行全业务运营模式，形成中国电信市场"三足鼎立"的格局。

7.2　中国移动协同创新体系的建设

经过多年的探索和实践，中国移动已经成功打造了 MM 和飞信、139 邮箱等规模型业务，以及和彩云、和通讯录、和留言等创新型业务。中国移动已经形成与个人开发者、企业、政府紧密合作、覆盖产业链上下游的完善聚合体系，汇聚了 10 万人与企业开发者，聚合了包括深圳市腾讯计算机系统有限公司、百度、360、华为技术有限公司、北京小米科技有限责任公司在内的互联网企业及终端厂家近 300 家渠道，并且联合全国各高校建立了近百个创业孵化基地。

7.2.1 建立清晰明确的创新发展布局

1）加强技术优势和产品创新

以当下 4G 发展为例，中国移动全面构筑 4G 领先优势，保持 4G 网络、市场、业务等方面的领先。重点保证 4G 建设投入，全力做好 4G 网络优化，积极引领 4G 演进发展，全面实现"新通话、新消息、新联系"融合通信商用，努力扩大 4G 国际漫游，打造 4G 特色业务。

建立以消费者为核心的新型产品体系，打造自主品牌产品，加强产品的自主能力建设，大力提升产品质量，提升数字化服务产品销售能力。要适应移动互联网时代要求，重塑产品理念、重构产品体系，提升产品质量，加强产品销售，积极拓展第三条增长曲线。

2）全面推进运营管理方式改革创新

从网络发展方式、营销模式、服务方式、渠道管理、支撑体系等方面全力推进转型，顺应市场和时代变化，着力构建面向客户的低成本高效运营体系。

坚持"管理集中化、运营专业化、组织扁平化、机制市场化、流程标准化"原则，建立新型组织体系，推进队伍结构调整，使创新创业的开展实现协同化、专业化，激发企业内在活力。

强化效益观念，提升管理效能，优化考核激励，防范企业风险，推动作风建设，树立高效的管理文化，提升基础管理水平，实现低成本高效运营，提升队伍凝聚力、执行力和战斗力，促进公司健康发展。

7.2.2 企业的协同创新工作

1）探索引入创新产业基金模式，加快科技成果的产业化和商业化

中国移动出资 15 亿元，与国家开发投资公司合作，设立"中移创新产业基金"，支持移动互联网、物联网、云计算、大数据及通信行业价值链上下游相关企业的创新发展。

2）依托移动互联网，创新商务模式

中国移动充分发挥网络和用户的规模优势，将移动互联网与传统行业有机结合，创新数字新媒体发行模式。中国移动成立了五大内容型基地，汇聚大量优质资源，给用户提供全方位的视听娱乐新体验，也通过合理的商务模式为合作伙伴创造了良好的效益。

3）优化企业内部创新机制，助力企业持续发展

（1）创新科研体系，实施"一体三环"的研发布局，即成立中国移动通信研

究院、苏州和杭州研发中心强化内环研发力量，鼓励中环专业公司、基地的研发协同，确保外环省公司的研发落地。

（2）陆续成立政企公司、终端公司、物联网公司、咪咕公司、互联网公司等，从体制、机制上给予支持，促进公司在专业化领域的不断创新。

（3）加大产学研合作力度，结合公司发展战略，参与了 4 个国家重大科技专项研究；依托教育部科研基金项目和联合实验室，在云计算与大数据、移动互联网、5G 无线通信等领域启动了 31 项合作研究；与工业和信息化部电信研究院签署创新战略合作协议，以弥补公司在产业政策研究、终端入网检测等方面的能力或资源不足。

4）开展百万青年创业就业计划，带动社会创新发展

为促进青年、特别是大学生就业创业，探索更好地利用新媒体开展思想引领工作，中国共产主义青年团和中国移动于 2010 年 8 月联合启动"百万青年创业就业计划"。旨在依托中国移动互联网平台，为青年、大学生提供一系列免费的创业教育、培训和激励，并提供一定数量的创业和就业岗位，打造一套基于移动互联网开展自主就业创业的环境和机制。截至 2016 年，创业就业计划覆盖了全国 2000 多所院校，成功聚集了 173 万青年开发者，征集了参赛作品超过 111 万件；在全国 16 个省市共建设 102 个孵化基地，其中 90 个高校就业孵化基地、12 个社会创业孵化基地；邀请 65 位业界名企 CEO[①]、技术专家、营销专家加入"梦想导师团"进行全国巡讲，提供创业辅导帮扶，累计为开发者提供了 800 余场的落地培训；累计招募 145 支创业团队入驻办公，入孵项目涵盖移动游戏、互联网金融、O2O[②]与电商、在线教育等，共孵化精品应用 1000 余件，成功撮合 25 例风险投资，其中 12 个项目获得包括北京联想之星投资管理有限公司、创新工场、高瓴资本、海纳亚洲创投基金、蓝驰创投、深圳中青宝互动网络股份有限公司、花旗基金、乐视等风险投资机构的投资，最大一笔融资资金达 2200 万美元。

7.3　中国 3G 技术标准的协同创新

7.3.1　中国 3G 技术标准协同创新的形成和发展

20 世纪 90 年代，从国际来看，中国移动通信的发展是一个后来者。在 2G 时代，中国主要是引进国外的 GSM[③]技术，诺基亚、摩托罗拉和爱立信是主要的设备供应商。到 20 世纪 90 年代末，国际开始拉响了向 3G 进军的号角，这使中国

---

① CEO，即 chief executive officer,首席执行官。
② O2O，即 online to offline，线上到线下，指将线下的商务机会与互联网结合，让互联网成为线下交易的平台。
③ GSM，即 global system for mobile communication，全球移动通信系统。

政府也开始考虑是否发展自主的技术标准。

开始，中国政府下属的研究开发机构，由于具有相关的技术积累，便有了技术开发的想法。1997 年 4 月，国际电信联盟（international telecommunication union, ITU）向全世界发出了征集第三代移动通信（3G）无线传输技术规范的通函。1997年 7 月，在邮电部的领导下，成立了中国 3G 无线传输技术评估协调组，向全国的高校、研究机构和通信企业紧急征集技术文稿。

中国邮电部电信科学技术研究院（后转制为大唐电信科学技术研究院）的周寰和李世鹤等提出 TD-SCDMA[①]创新的想法。在原邮电部领导支持下，李世鹤率领的研发团队士气高昂、日夜奋战，抓紧时间对 TD-SCDMA 技术方案进行修改、完善，并在 1998 年 6 月 30 日，以中国邮电部电信科学技术研究院的名义提交给国际电信联盟的 TD-SCDMA 标准（乔楠和鲁义轩，2006）。

终于，在中国政府的坚定态度和不懈努力之下，2000 年 5 月 5 日，TD-SCDMA被国际电信联盟土耳其大会正式确认为 3G 国际标准之一，与欧洲提出的 WCDMA和美国提出的 CDMA2000 同列三大标准。2000 年 5 月 5 日的《人民邮电》高度评价了这一事件（刘春辉，2006）："这是百年电信史上我国第一次提出完整的电信系统标准并被国际电联所采纳，一举改写了我国电信业在国际标准领域'零'的记录，这是百年来我国电信技术史上的重大突破。"

在这一阶段，政府对 TD-SCDMA 标准的支持态度并不十分明朗。直到 2002年 3 月，中国政府还没有确认 TD-SCDMA 为中国移动通信的采用标准，也没有给 TD-SCDMA 分配相应的频段。

由于这一标准体系的复杂性，中国企业已经开始了一定程度的协同合作。例如，2000 年 12 月 12 日，由中国移动、中国电信、中国联通、大唐电信科技股份有限公司、华为技术有限公司、摩托罗拉、北电网络及西门子公司共同发起的"TD-SCDMA 技术论坛"在北京宣告正式成立，致力于从产业链的角度部署 3G标准体系与技术创新。

在中国移动通信标准发展的早期，德国的西门子就扮演了非常重要的角色，中国的 TD-SCDMA 也是在与外资企业协同合作中实现技术创新的。2001 年，大唐电信科技股份有限公司与西门子密切合作，终于开发出基于 TD-SCDMA 标准的基站和测试终端。同年 4 月，完成了 TD-SCDMA 全球首次呼叫演示，7 月，完成了终端到基站的图像传输。2002 年 2 月 3 日，大唐电信科技股份有限公司与西门子合作进行了全球首次 TD-SCDMA 系统的户外移动话音和图像传输公开演示。演示中，TD-SCDMA 基站的覆盖半径达到 15 公里，在 70 公里时速下同时实现了清晰的语音和图像通信。在原信息产业部组织的第三代移动通信技术试验中，

---

① TD-SCDMA，即 time division-synchronous code divison multiple access，时分同步码分多址。

TD-SCDMA 的技术特性得到客观验证。

在 3G 技术的产业化阶段，中国政府采用计划经济时代没有用过的政策工具：产业规制与组建相关利益体参加的产业联盟，政府同时扮演促进利益相关者合作的角色，以促进产业创新。2002 年 10 月 23 日，信息产业部通过《关于第三代公众移动通信系统频率规划问题的通知》公布了"中国 3G 无线频谱规划方案"，为 WCDMA①和 CDMA2000②两个标准留出四段共计 60MHz×2 的对称 FDD③频段，而为 TD-SCDMA 预留了共计 155MHz 的非对称 TDD④频段。中国政府对 TD-SCDMA 的政策倾斜使 TD-SCDMA 同时也获得了政治上的优势。2002 年 10 月 30 日，由原国家计划委员会、原信息产业部和科学技术部三方牵头，大唐电信科技股份有限公司、广州南方高科有限公司、华立科技股份有限公司、华为技术有限公司、联想集团、中兴通讯股份有限公司、中国电子科技集团公司、中国普天信息产业股份有限公司 8 家国内知名通信企业成立了 TD-SCDMA 产业联盟（乔楠和鲁义轩，2006）。2003 年 12 月，信息产业部、国家发展和改革委员会、科学技术部三大部委联合向 TD-SCDMA 产业联盟提供了 7 亿元的资金支持，共同组织实施了"TD-SCDMA 研究开发和产业化项目"。2004 年 2 月底，中国国家发展和改革委员会批复了 TD-SCDMA 的研究开发和产业化专项，该专项同年启动，TD-SCDMA 标准得到了政府政策、资金的强力支持。

在中国政府进行 2006～2020 年中长期科技发展规划提出的高举自主创新的利好形势下，中国政府加大了对 TD-SCDMA 的支持。2006 年 1 月 20 日，信息产业部正式确立 TD-SCDMA 为中国 3G 通信行业标准。随后，2006 年 3 月，中国移动、中国电信、中国网络通信集团公司分别在厦门、保定、青岛建立 TD-SCDMA 试商用网，对 TD-SCDMA 进行大规模测试。

但在产业化过程中，TD-SCDMA 遇到了产业协同创新缺乏的局面。尤其是中国在早期自身缺乏足够的能力，而跨国公司愿意推销自己的标准和产品，对 TD-SCDMA 采取了观望甚至抵制的态度，包括一些国内公司也没有积极参与，具体如下：

1）诺基亚

诺基亚是 WCDMA 阵营的主力之一，拥有完整的 WCDMA 端到端解决方案，它急于在中国推动 WCDMA 市场的发展。在各种场合，诺基亚总是宣扬 WCDMA 技术对 GSM 的兼容性好、用户规模经济、多厂商供货、成熟度高等优势。出于自身商业利益的考虑，它不希望 TD-SCDMA 标准成功商用，尤其抵制让 TD-SCDMA 独立组网的方案建议。后来，随着 TD-SCDMA 不断得到认可，诺基亚也转为向

---

① WCDMA，即 wideband code division multiple access，宽带码分多址。
② CDMA2000，即 code division multiple access 2000，是一个 3G 移动通信标准。
③ FDD，即 frequency division duplexing，是移动通信系统中使用的全双工通信技术的一种。
④ TDD，即 time division duplexing，是移动通信系统中使用的全双工通信技术的一种。

TD-SCDMA 不断靠拢，2005 年 10 月，诺基亚和中国普天信息产业股份有限公司成立了普诺移动通信设备有限公司，注册资本为 3 亿元，中国普天信息产业股份有限公司和诺基亚各持有 51% 和 49% 的股份。该项目的总投资达到了 9 亿元，合资期限为 15 年，合资公司主要从事 TD-SCDMA 相关产品研发、生产、销售、服务等活动。这标志着诺基亚真正开始主动参与 TD-SCDMA 产品开发和工程服务。但是诺基亚对 TD-SCDMA 的支持绝不是"不遗余力的"，如果 TD-SCDMA 标准真的发展壮大，就要和它的 WCDMA 产品形成直接竞争。与中国普天信息产业股份有限公司的合作也是迫不得已，在西门子、北电网络、爱立信、阿尔卡特等竞争对手都已经参与 TD-SCDMA 研发和使用的情况下，诺基亚也不愿错失在 TD-SCDMA 上的赚钱机会。

2）华为技术有限公司

在三大 3G 技术标准中，华为技术有限公司在 WCDMA 上的投入最大，其次是 CDMA2000，对 TD-SCDMA 的投入最少。根据《华为真相》：任正非把整个公司 1/3 的研发力量，投入当时最为主流的 3G 标准 WCDMA 产品的研发上。从 1995 年就开始技术跟踪，1999 年正式进入"临战状态"。而对于其他两种 3G 标准——CDMA2000 和 TD-SCDMA，华为技术有限公司显然有所保留。在相当长的时间内，对于大唐电信科技股份有限公司和西门子联合提出的 TD-SCDMA 标准，华为的关注一直只停留在技术研究层面上（程东升和刘丽丽，2004）。2003 年 8 月 29 日，就在 TD-SCDMA 2003 国际峰会的第二天，华为技术有限公司宣布和西门子成立合资公司（鼎桥通信技术有限公司，于 2005 年 3 月 18 日在北京挂牌成立），双方斥资 1 亿美元共同研发 TD-SCDMA 系统产品（西门子与华为技术有限公司分别持有 51% 和 49% 的股份），标志着华为正式加入 TD-SCDMA 的开发之中。

3）中兴通讯股份有限公司

2002 年以后，随着 155M 的 TD-SCDMA 非对称频段规划的公布，TD-SCDMA 的市场前景日趋明朗，中兴通讯股份有限公司改变了观望迟疑的消极态度，积极投身于 TD-SCDMA 的产品研发，取得的很大的成绩。

2003 年初，中兴通讯股份有限公司成立 TD-SCDMA 产品线，全面投入 TD-SCDMA 系统设备研发。2004 年 10 月，中兴通讯股份有限公司全套 TD-SCDMA 设备在北京电信展会上展出并演示业务。

2005 年 5 月，在北京 TD-SCDMA 2005 国际峰会上，中兴通讯股份有限公司首次对外全面展示了其包括核心网 ZXWN、ZXTR-RNC、ZXTR-NODEB 和业务服务器等在内的全套 TD-SCDMA 商用设备，并与美国凯明公司、T3G、三星等终端、芯片厂商进行了语音电话、流媒体、数据下载等 3G 多媒体业务的联合现场演示，科学技术部相关领导在现场体验了中兴 TD-SCDMA 设备所提供的 3G 各种业务后，称赞中兴通讯股份有限公司"已做好了 TD-SCDMA 商用化的充分准备"。

从 2002 年下半年开始，随着中国政府对 TD-SCDMA 标准支持态度的日益坚定，国内外通信设备商纷纷加盟 TD-SCDMA 阵营。截至 2006 年 6 月，整个 TD-SCDMA 产业链上有 40 多家企业，其中核心网络的供应商主要有 4 家，接入网络的供应商主要有 5 家，终端的供应商主要有 11 家，终端芯片的供应商主要有 6 家，测试仪器的供应商主要有 6 家，如图 7-3 所示，同时，中国 TD-SCDMA 产业链逐渐形成，如图 7-4 所示。

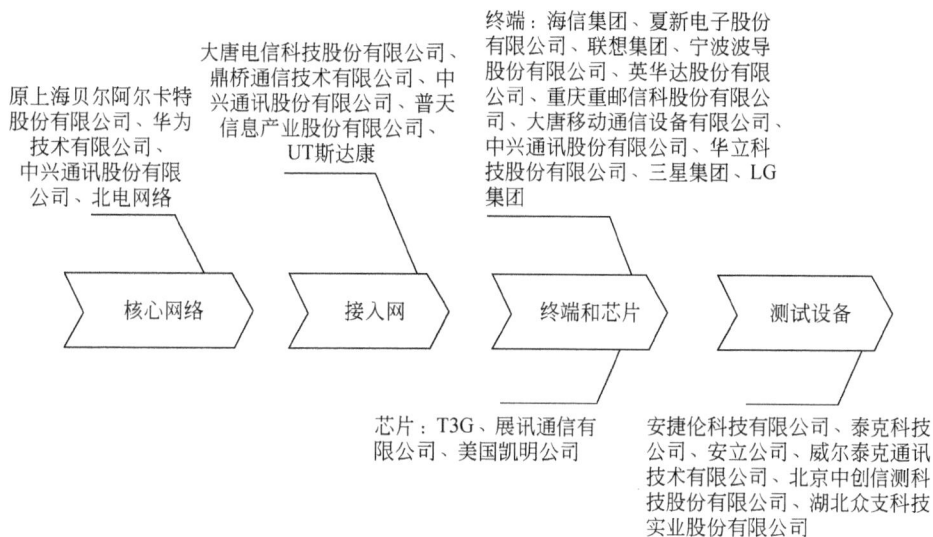

原上海贝尔阿尔卡特股份有限公司、华为技术有限公司、中兴通讯股份有限公司、北电网络

大唐电信科技股份有限公司、鼎桥通信技术有限公司、中兴通讯股份有限公司、普天信息产业股份有限公司、UT斯达康

终端：海信集团、夏新电子股份有限公司、联想集团、宁波波导股份有限公司、英华达股份有限公司、重庆重邮信科股份有限公司、大唐移动通信设备有限公司、中兴通讯股份有限公司、华立科技股份有限公司、三星集团、LG集团

| 核心网络 | 接入网 | 终端和芯片 | 测试设备 |

芯片：T3G、展讯通信有限公司、美国凯明公司

安捷伦科技有限公司、泰克科技公司、安立公司、威尔泰克通讯技术有限公司、北京中创信测科技股份有限公司、湖北众支科技实业股份有限公司

图 7-3　TD-SCDMA 产业链的电信设备商

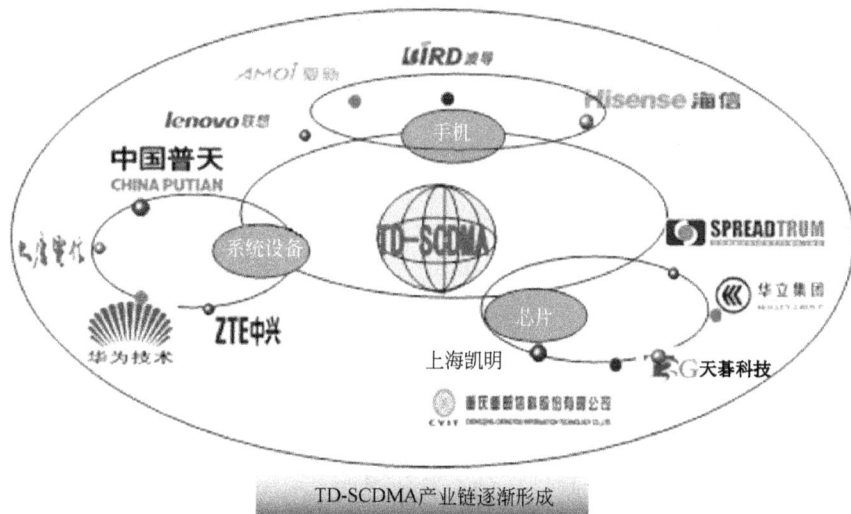

图 7-4　TD-SCDMA 产业链

7.3.2 国内电信运营商 3G 技术的发展

运营商是移动通信中的用户，对采取何种标准和网络起决定性作用。在早期，中国移动对 TD-SCDMA 并不看好。2000～2004 年，中国移动多名高管层人士在不同时间不同场合明确表态，WCDMA 是最适合中国移动从 GSM 网络演进到 3G 网络的标准，而 TD-SCDMA 只适合作为 WCDMA 的补充，主要是因为运营商需要考虑技术的成熟度和稳定性，并不会完全从技术领先和自主创新的角度出发。而且，在后来中国移动大力推动 TD-SCDMA 及其演进技术商用和创新使用时，也面临了诸多困境。中国移动作为中国最大的国有企业运营商，其推动 TD-SCDMA 的使用过程中，有以下几种发展劣势：建立网络的时间太长；技术需要持续更新；没有杀手级应用；TD-SCDMA 被认为是国内技术，多数跨国公司并没有做出贡献；手机技术比较薄弱。相比之下，中国电信的优势是 CDMA2000，而中国联通使用的 WCDMA 技术则要比中国电信更强。截至 2010 年 3 月底，在 3G 标准的用户中，TD-SCDMA 的用户数达到近 770 万，WCDMA 和 CDMA2000 的用户约为 1100 万（颜溢辉，2010）。在 3G 市场中，中国联通和中国电信作为竞争者不断与中国移动抢夺 3G 用户，而中国移动被 TD-SCDMA 网络所困扰。因此，在后来，中国移动更加热衷于开发 LTE-TDD[①]。

由于参与和使用有限及技术发展的制约，TD-SCDMA 无法形成规模经济。截至 2010 年 9 月底，中国移动只有 1500 万 TD-SCDMA 的用户，通过部署 LTE-TDD，中国移动希望能够赢回在 3G 业务竞争中流向中国联通和中国电信的高端用户（China Daily，2011）。中国移动在 3G 业务上输给了中国联通和中国电信。因此中国移动迅速进入 4G 业务，否则企业发展也将会不断下沉。

图 7-5 显示了 3 家运营商 2013 年 3G 用户的数量，图 7-6 显示了 3 家运营商 2013 年 3G 用户的占比情况，图 7-7 显示了 3 家运营商 3G 技术能力的对比，可以看出，中国移动作为国内最大的通信运营商，凭借其强势的品牌号召力，使其 3G 技术在国际上占有一席之地，3G 的用户数量在 3 家运营商中依然最多，但是中国移动的 3G 客户数量占客户总数的比重却在 3 家运营商中最低，3G 基站数量也最少。主要有以下几点原因：一是中国移动在 3G 时代发展较为滞后，转而将重点放在后来 4G 的开发业务上，在一定程度上冲击了 3G 市场，同时还有很大一部分客户集中在 2G 业务上，使其 3G 业务发展不全面；二是 TD-SCDMA 作为中国独有标准，存在支持的终端少、技术落后、网速较慢的弊端，而中国移动的 3G 基站数较中国电信和中国联通相比，处于弱势地位。

---

① LTE-TDD，即 TD-LTE，time division long term evolution，分时长期演进。

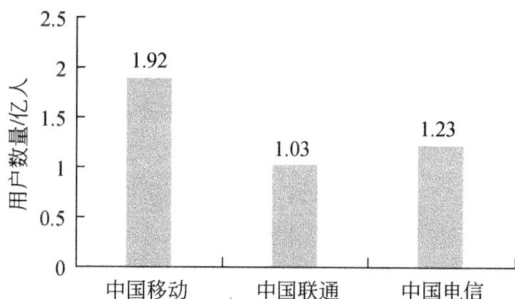

图 7-5　2013 年 3 家运营商 3G 用户数量

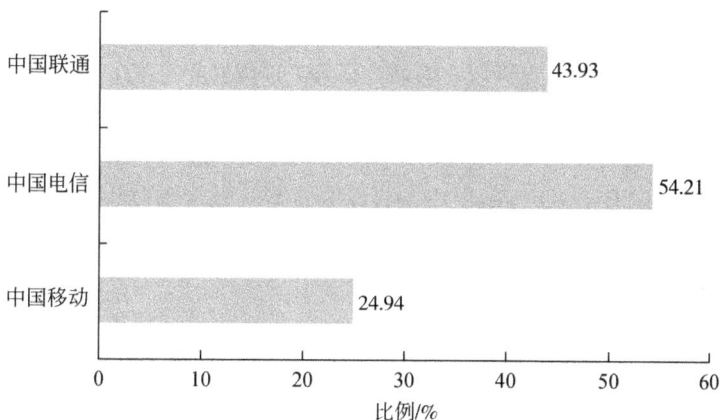

图 7-6　2013 年 3 家运营商 3G 用户占比

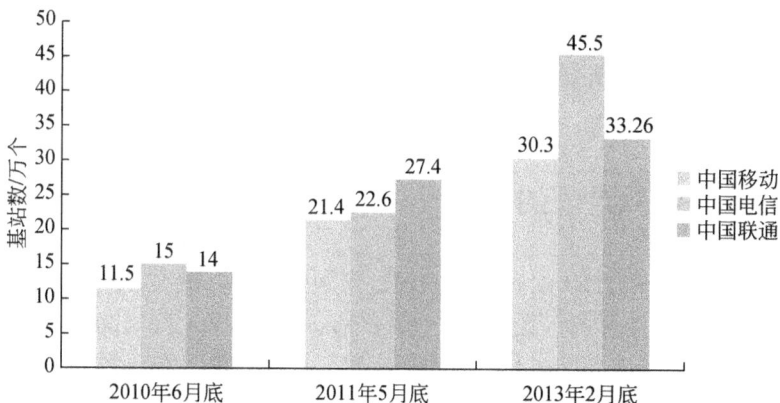

图 7-7　3 家运营商 3G 基站数对比

　　此外，中国电信的 3G 信号覆盖率最好，但是其品牌影响力与中国移动相比较弱。中国联通的 WCDMA 技术在全球是最先进、网速最快的，其全球覆盖率最高,支持的终端最多,但中国联通的 3G 覆盖率相比于中国电信还是较弱。

在 2006 年,中国政府制定的 2006~2020 年的 15 年科技计划中,强调了本土自主创新的政策。这项政策不仅可以扶持本土企业独立承担研发任务,而且可以减少对国外技术的依赖性(Naughton & Segal, 2003; Tsai & Wang, 2011)。TD-SCDMA 的发展就是一个很好的例子。中国政府大力支持这项技术,鼓励中国企业在国际 3G 移动标准领域开发关键技术和知识产权,以避免向国外公司支付使用费(Mc Cormick, 2013; Yu et al., 2012)。

尽管 TD-SCDMA 被认为是本土创新的典范,但是其商业化并没有成功,主要是由于中国是移动通信标准技术中的后来者,技术能力相对薄弱,国际运营商更多是持怀疑和观望的态度,并未提供很多国际方面的合作和帮助,因而 3G 时代的 TD-SCDMA 没能形成气候。因此,在 4G 时代开始之初,中国政府就在最新的五年计划当中,将下一代移动通信作为重要的战略发展行业(Li, 2011)。中国政府和中国移动均对促进 4G 移动技术的发展雄心勃勃,也将目标转向了赢取更多的国际合作,LTE-TDD 也是以中国移动为主导,联合国际运营商协同合作努力的结果(Shen & Tang, 2010)。在随后的 4G 时代,LTE 被广泛接受为 4G 移动宽带的主导技术。

7.4　中国移动在 4G 中的协同创新

在准备发展 4G 之时,尽管前景充满希望,但是未来的挑战和不确定性依然在于 4G 将会如何发展,以及将会怎样影响新的社会技术环境。中国一直致力于移动技术的开拓和发展,4G 技术发展的成功将会为信息技术时代创新研发项目的实施提供最理想的测试平台,也会成为未来新兴技术研究、应用和推广的案例(Shim & Shin, 2015)。

7.4.1　中国 4G 通信的绩效

事实表明,LTE-TDD 的发展已经超过了国家预期。截至 2014 年 1 月,移动网络运营商根据商业合同已经在 21 个国家部署了 28 个 LTE-TDD 网络。此外,LTE-TDD 服务也在众多发达及新兴市场中得以实现,如日本、沙特阿拉伯、美国、英国、西班牙、澳大利亚、南非及北欧国家(GSA, 2014)。中国期望 LTE-TDD 能够在全球占据一席之地。事实上,LTE-TDD 已经上升成为一门重要的国际技术。

我们可以从行为者网络理论的角度,对中国制定 4G 技术标准及社会对 4G 技术的看法有更为深刻的理解。这一理论重点关注参与者标准制定和标准被采纳的过程,重点关注如何制定具体的标准化策略来实现自己的利益,以及如何将参与者尽可能地联系起来。该理论主张不同的行动主体间是一种相互认同、相互承认、相互依存又相互影响的关系，从而形成一个相互联系的网络，主要有以下几个观点：一是焦点行为者确定一个问题，并使其他行为者能够识别自己的问题加入这一网络，其中，焦点企业会劝导其他行为者接受这一建议（Callon，1986）；二是实现利益网络的一致行动，通过一系列的参与战略，焦点企业使网络内成员找到各自的角色（Rhodes，2009）；三是调动资源，实现战略目标（Callon，1986）。

关于 LTE-TDD 技术，每个参与者都有自己不同的兴趣和动机，虽然中国起步较晚，但是由于中国规模较大，其在制定全球标准中扮演焦点行为者的步伐正在稳步前进（Stewart et al.，2011）。

7.4.2　建立国际联盟的不懈努力

中国政府在形成自主创新战略的过程中，意识到标准的重要性。在认为掌握标准就掌握未来的舆论的背景下，中国政府开始关注利用标准来推进自主创新，并取得国际话语权。

在 3G 时代，中国 TD-SCDMA 并没有取得成功（Parker，2013）。但中国作为世界上最大的市场，通过从失败中学习、汲取经验教训，中国移动可以成为全球标准的制定者向 4G 标准进军的焦点企业。

中国移动决定大力发展 4G 技术，原因有二：一是在 3G 发展时期，中国移动被政府指定为 TD-SCDMA 运营商，尽管其内部长期不认可这一技术；二是在 3G 之后，中国移动在中国的增速放缓，对每个用户的平均收入也在下降，而采用 WCDMA 的中国联通和采用 CDMA2000 的中国电信，开始了疯狂地追赶市场份额，这也使得中国移动下定决心，快速开发 4G 技术。

之所以说中国移动会成为 4G 时代 LTE-TDD 发展的焦点行为者（focal actor），是因为自 4G 开始研究以来，中国移动就在开展 LTE-TDD 方面发挥了主导作用。通过与相关行业的战略合作伙伴关系，在中国政府的帮助下，中国移动在国内市场和国际市场均对 LTE-TDD 进行了推广（Ovum，2009）。

在当时的 4G 技术中，LTE-FDD 和 WiMAX[①]分别在欧洲和美国占据主导地位。因此，中国政府设计了 LTE-TDD 标准，来促进中国国际技术能力的提升，也通过建立全球化的生态系统来避免 3G 时代的失败。

LTE-TDD 已经成为一个强制性的通行点（obligatory passage point，OPP）。LTE-TDD 为其他参与者提供了巨大的商业优势。一个 LTE-TDD 网络可以支持几乎所有的 2G 和 3G 应用，从而允许运营商在最赚钱和最大的市场中建立有利可图

---

① WiMAX，即 worldwide interoperability fov microwave access，全球微波互联接入。

的商业模式。中国的 LTE-TDD 市场,有 8 亿多潜在的用户(Li,2011)。

　　除了中国移动,大唐电信科技股份有限公司是 3G 中的焦点企业,在 4G 中也扮演重要角色。2004 年,大唐电信科技股份有限公司就开始了向 4G 技术 LTE-TDD 进军的研究。2007 年,大唐电信科技股份有限公司成功开发了首个 4G 的样机,并进行了相关测试。但在当时,许多跨国公司并不支持中国的 4G 技术。许多移动网络运营商,尤其是在发达国家和地区,仍继续支持 LTE-FDD 技术的发展和演变(Ovum,2012)。因为他们认为,国际上已经有良好的 4G 技术体系,为什么中国要再做呢?当时,全球只有中国移动愿意成为 LTE-TDD 的运营商。因此,中国移动必须建立自己的创新生态体系才能生存,否则还会走上 3G 的老路。

　　随着研究的不断深入,TDD 的优势也在不断显现。一是频率的优势,LTE-TDD 为运营商提供了更多的谱段(Li,2011),可降低运营成本。同时中国政府给予了很大的支持,这促使一些国际运营商,包括运营 FDD 的运营商也购买了 TDD 频谱作为 FDD 的补充(TD Industry Alliance,2013)。二是对后发运营商的优势,TDD 成本低、速度快,使许多后发运营商愿意选择 TDD,如日本的软件银行集团及南美、南亚等国家的部分运营商。

　　中国移动认为,在中国移动独家推广 TD-SCDMA 的过程中,由于只用在中国市场,缺乏与国际其他标准的兼容性,吃了很多苦。他们深刻认识到,不让中国技术变成国际技术肯定不会成功,所以 TD-SCDMA 虽有成功之处,但毕竟没有走向国际。因此,中国移动在做 4G 时确定了明确的目标,一定要把 4G 做成一个全球的技术,而不是只是中国自己用。

　　中国要想有创新,在移动通信领域一定要实现全球化,要在国际标准下推广技术,在国际组织内推动 TD-LTE 的发展。于是,在 2011 年,中国移动发起成立了一个国际组织,不仅投入大量资金和时间,而且在中国移动通信研究院中成立专门的团队进行这项工作,多次和国外运营商进行沟通,说服运营商管理者加入到这个国际组织中来,让参与者认为 TD-LTE 是大家一起做出来的,而且能够满足他们的需要,所以有了国际运营商的参与,就有了更多其他运营商的加入,而且也得到越来越多的认可,使 TD-LTE 真正成为一种全球使用的 4G 标准,不只是中国政府和中国移动自己在推广,其他运营商也在一同帮忙推广,即在世界移动通信大会(mobile world congress,MWC)内建立的"TD-LTE 全球发展倡议"(global TD-LTE initiative,GTI),这一倡议实际上是一个联盟,以促进 TD-LTE 的全球发展产业化和 5G 的开发为目标。成员包括中国移动、日本软件银行集团、英国 Vodafone、印度 Bharti Airtel 及韩国的 KT。

　　建立这一联盟,中国移动为 TD-LTE 建立创新的全球生态系统而不懈努力。

　　(1)GTI 是为了 TDD 而建立的生态系统,主要是促进相关企业采纳 TDD 及与 FDD 的融合。因为中国移动通信集团公司意识到,在 4G 时代,如果没有一个国际化的生态系统，TDD 难以成为一个主流标准的技术。

（2）在战略上，由于 TDD 作为后发标准，因此，GTI 把 TDD 作为 FDD 的一个补充或辅助的技术标准，以争取更宽泛的产业支持，防止重复在 TD-SCDMA 上的错误。GTI 的目标是形成一个终端设备和一个生态系统。同时，低成本的设备是中国、俄罗斯、印度这些新兴国家运用 TDD 的关键（Ovum，2012）。

（3）GTI 做了大量活动，包括举办各种国际会议，通过宣传技术、分享技术诀窍，与合作者一起开发低成本的终端产品。在 2011 年的 MWC 会议上，有 60 多个运营商，400 多个公司总裁，还有许多其他的国际组织，都参与了这一会议。此外，中国移动自己也组织了一系列的活动，以建立 TDD 的全球生态系统，增强国际运营商的信心。在世界移动通信大会上，中国移动与 Vodafone 建立了第一个 TDD 与 FDD 融合的实时示范网络，以演示 TDD 在户外的性能。

（4）中国移动还与许多运营商的高层进行面对面交流，以更加准确地了解彼此的想法和建议，保持对 TDD 发展的一致。

（5）中国政府在发布 FDD 牌照之前，先发了 TDD 牌照，使中国移动获得了发展先机。（Morgan，2012）。

（6）为了更快实现产业化，中国移动与设备开发商、基础设施购买者、芯片开发商等，进行了大量的设备测验，以优化系统设备。例如，在 2011 年共进行了 7 次设备试验（Ashai，2011）。

（7）美国高通公司的介入十分重要。2013 年，美国高通公司开发了一个新的基于宽带 LTE 的芯片。这一芯片支持了 7 个不同的移动模式，包括 FDD、TDD、ECDMA 等。这使苹果等公司开发基于不同制式（2G、3G、4G）的智能手机成为可能（Chao，2013）。这样，TDD 就拥有了一个完整的移动通信系统，从芯片，到终端，再到系统设备。到 2013 年 2 月，有 31 个制造商参与进来（Shen，2013），包括三星集团、宏达国际电子股份有限公司（HTC）、苹果公司及大量国产手机厂商，其 4G 手机战略以美国高通公司为主导。虽然近年来大量中国芯片公司迅速发展，但依然无法撼动美国高通公司的"旗手"地位（陈淏轩，2013）。

（8）苹果公司的最终加入进一步助推 4G 的发展，尽管苹果公司一开始并不愿意加入（Yu & Zhang，2013）。早在 2007 年，中国移动就曾希望第一个将 iphone 引入中国，但最大的问题在于，中国移动需要 iphone 支持 3G 技术 TD-SCDMA，由于当时的 TD-SCDMA 产业链并不成熟，乔布斯也不看好 TD-SCDMA，最终导致合作陷入僵局。2012 年初，中国政府下定决心全力扶持 TD-LTE 的发展，而且快速增长的中国市场，TD-LTE 技术的加速成熟，全面加快了苹果公司与中国移动的谈判进展，并最终达成双赢合作。对于中国移动来讲，合作最重要的价值在于品牌提升，补充对高端用户的争夺力量；对苹果公司来讲，业绩和销量是最大的收益（陈淏轩，2013）。

结果，越来越多的跨国公司开始对 TDD 感兴趣，并有 10 余家国际运营商推出了明确的 TDD 产业化的计划。当然，这也与中国市场巨大有关，但更离不开中国政府、中国移动及其他企业的共同努力。尽管 LTE-TDD 的市场增长是中国大力推动标准的结果，但是 GTI 对 LTE-LDD 生态系统的成功至关重要。目前，GTI 已经拥有来自世界五大洲的 100 个运营商成员，并和全球 76 个电信厂商建立了合作伙伴关系。

7.4.3　中国移动在 TDD 上作为用户所做的重要贡献

1. 中国企业主导 TDD 基础技术

整个 TDD 的基础技术是以中国企业为主导进行，也融合了国际一些 4G 的主流方向，但中国也有特有的技术。例如，"智能天线"是纯中国的，"智能天线"本身是 TDD 特有的，但是 3G 时没有得到发展，直到在 4G 中才得到更多的应用。3G 虽然没有发展起来，但也做出了一定的贡献，即通过实践和应用证明了一些技术和工作是可以继续进行的，但还有一些存在的问题没有得到解决，包括同频组网、智能天线的性能和效果在 3G 时没有解决，在 4G 时得以解决和进一步发展。例如，3G 时只能实现一个波速，而 4G 实现了两个波速，将来会实现更多波速，在宽带、大规模的同频组网中得到良好运用。

TDD 有好处也存在问题，好处是不需要对称频率，比较容易寻找。困难是容易受到很多干扰，包括上下行干扰、外系统干扰等，需要严格的同步，因此 4G 研发过程中做了大量技术工作去解决，使其更加成熟，也得到更多的国际认可。中国移动 TD-LTE 的成功，才真正使得 TDD 技术得到发展，从不被人关注变成了主流的技术。未来 5G 中的技术主导变为 TDD，5G 需要更大的带宽，需要在更高频率上寻找更大的带宽，通过发现 TDD 技术可以使用，可为 5G 的发展打下良好的基础。

中国移动从 4G 标准初期就开始吸引国际运营商的介入，让他们提出需求，发挥运营商在 4G 标准的影响力，让中国标准逐渐被国际所接受，加快标准的步伐，使运营商发挥对市场的引导带领作用。包括后期的产业化，从技术到标准，再从产业变成标准的过程中，始终坚持全产业链齐头并进，国家科技重大专项中也提出了从芯片到测试、仪表等的全面布局。例如，召开代表大会，向仪表厂商提要求。努力推出国内芯片，包括较为成熟的海思半导体有限公司，正在成长中的中兴通讯股份有限公司，同时也保持与国外厂商的积极合作。在国家科技重大专项中，同时支持了很多芯片企业、仪表企业，其中的北京星河亮点通信软件有限责任公司、上海创远仪器技术股份有限公司，终端华为技术有限公司、北京小米科技有限责任公司都发展良好，这一切都与中国移动的带头作用分不开。

中国移动进行的 4G 的研究跟产业一起合作，华为技术有限公司、大唐电信科技股份有限公司、中兴通讯股份有限公司都有突出的贡献。而 3G 之所以没有成功，有很多基础的问题，但是任何一个技术走向成功，都需要进行无数次实践，与市场需求相结合，将理论的东西转化为实际可操作的东西，不断解决遇到的门槛和困难。

2. 中国移动作为用户在协同创新的牵引作用

中国移动在做 TD-LTE 时，始终与产业紧密相连，包括提出技术方案、开发元件、系统测试、优化产品等，都与产业紧密相连，最终才能真正地实现商用。

中国移动的 4G 专利有 200 件左右，其中"帧结构"作为其核心专利，荣获了中国专利优秀奖。实际上，将具体专利和产品相匹配的难度很大，需要对技术标准有详细的了解，而且中国移动有自己的专利，厂商也有他们的专利，把专利和标准与企业匹配的难度和精力的耗费也就更大。

因此，中国移动做了大量的 TDD 商业化前的测试活动。例如，在一次与手机价值链企业的会议中，中国移动承诺：2012 年建立 20 000 个基站，2013 年通过对 TD-SCDMA 的升级换代，新增 200 000 个基站。这一承诺也为产业链中的企业增强了信心（Xin, 2009）。

在 4G 发展的过程中，华为技术有限公司、中兴通讯股份有限公司、大唐电信科技股份有限公司等企业都做出了突出贡献。作为本土企业的一员，华为技术有限公司积极参与在 LTE-TDD 的发展，在西安、深圳和北京建立了 LTE-TDD 互操作性测试的开放实验室，以促进 LTE-TDD 生态系统的发展（Parker, 2013）。华为技术有限公司研发投入巨大，重视技术研发，重视市场需求，重视和市场的紧密结合；始终用国际化的视角做事，锻炼了企业能力；工作环境好，物流管理技术先进，目标和起点都很高，对于国外商家来讲，他们关注实力高于承诺，看到公司管理好、素质高、基础结构做得好，就会赢得客户信任，不断互动合作；同时华为技术有限公司也真正为客户着想，不断提出解决方案，赢得客户持续信任，形成正向循环，不断在研发技术上、市场化能力上、国际宣传推广上花大力气，打造了一种高大上的形象，给了客户信心，表现出国际化的专业性水平。因此，中国移动与华为技术有限公司一起走出去，也受益颇多。

中兴通讯股份有限公司在 4G 方面的投入也不少，也一直很努力，取得了不少专利，其在国际上打拼主要是依靠低价取胜，跟华为技术有限公司相比，发展思路不够大气。

大唐电信科技股份有限公司在技术上具有优势，但由于过于重视技术，其服务能力、优化能力等各种经验就难以与华为技术有限公司和中兴通讯股份有限公司进行竞争。因此，在 4G 市场上，大唐电信科技股份有限公司只得到了很少的市场份额，虽然设备用起来不错，但是很多人员、服务等的后续有所欠缺。对于烽火通信股份有限公司和普天信息产业股份有限公司，其占有份额很少，只有1%～2%，份额太小。

因此，中国移动曾建议国家注重行业的规模效益，小企业的实力拼不过大企业，中国有华为技术有限公司和中兴通讯股份有限公司两家大的设备厂家足以。

7.5 中国三大运营商 4G 技术的发展情况及 5G 展望

2013 年 12 月，工业和信息化部向三大运营商颁发了 TD-LTE 商用牌照，正式开启了中国的 4G 时代。

2014 年 6 月，中国电信和中国联通才开始在 16 城市开展 FDD-LTE 和 TO-LTE 混合组网试验，这两家运营商才正式启动 4G 手机服务，以 FDD-LTE 开展 4G 手机业务试点。而此时，中国移动 4G 商用已半年之久，其显示技术能力的基站数、终端种类、覆盖城市等指标遥遥领先，3 家运营商 4G 技术能力对比见表 7-1。

表 7-1　截至 2014 年 6 月底 3 家运营商 4G 技术能力对比

类型	中国移动	中国电信	中国联通
4G 基站数	41 万个	9 万个	6.34 万个
4G 覆盖城市	超过 300 个	16 个	16 个
4G 终端种类	242 种	28 种	20 种

截至 2014 年 6 月，中国移动共建设 4G 基站 41 万个，覆盖超过 300 个城市，在网 4G 终端种类为 242 种。2014 年 1～6 月，中国移动共新增用户 2341 万人，其中 4G 用户为 1394 万人，占新增用户比为 59.5%。虽然 4G 用户占总用户比值较低，但是中国移动 4G 用户每用户平均收入（average revenue per user，ARPU）为平均值的 3 倍、4G 用户平均每户每月上网流量（dataflow of usage，DOU）是普通用户的 10 倍。

相比之下，中国联通目前共建设 4G 基站 6.34 万个，其中 TD-LTE 基站约 0.54 万个，FDD-LTE 基站 5.8 万个，且目前 FDD 网络仅覆盖 16 个试点城市，覆盖用户远远少于中国移动。此外，中国联通定制 4G 终端总类为 28 种。不过，从全球产业链来看，FDD 产业链成熟度仍然要领先于 TD-LTE，目前全球 4G 终端 90% 支持 FDD 模式，终端并不会成为中国联通的弱势。

而中国电信的情况最不乐观。目前，中国电信共建设 4G 基站约为 9 万个，支持中国电信 4G 的在网终端种类仅 20 种。

　　创新是影响电信运营商核心竞争力的重要决定因素，专利作为创新的载体，最终体现的是电信运营商的综合竞争力的强弱和经营利润率的差异。在表 7-2 中，我们将国内三大电信运营商与国际三大通信运营商的专利申请情况进行了对比，也显示出了不同企业的发展实力。比较而言，我国运营商的创新和专利大部分集中在增值业务、行业信息化、网络建设运行与维护、业务支撑、卡等应用技术领域，其中中国移动在基础技术和前沿技术领域有一定专利布局。

表 7-2　6 家运营商 2009～2014 年专利申请情况　　（单位：个）

年份	日本 NTT DoCoMo	美国 Verizon	英国 Vodafone	中国移动	中国联通	中国电信
2014	386	386	216	181	6	35
2013	1561	578	178	1091	11	458
2012	1612	500	211	858	2	503
2011	1803	567	238	500	56	230
2010	1783	538	335	545	15	175
2009	2370	533	341	935	16	284

　　经历了 4G 时代 TD-LTE 技术的成功，建立全球合作联盟协同创新的成功，中国移动对抢占 5G 市场有了更坚实的基础和更坚定的信心。在世界移动通信大会 2017 全球 5G 测试峰会上，中国移动、AT&T、NTT DOCOMO、Vodafone、华为技术有限公司、爱立信公司、英特尔公司、中兴通讯股份有限公司、诺基亚、美国高通公司、Keysight、罗德与施瓦茨公司、大唐电信科技股份有限公司发布联合宣言，表示将推动 5G 全球统一标准，共建 5G 全球统一生态（李秀琴，2017）。

　　2013 年初，中国政府就发起成立了 IMT-2020（5G）推进组，中国移动是最早参与的唯一一家运营商，对 5G 时代的开拓比中国联通和中国电信有更加灵敏的嗅觉。2014 年，中国移动开始公开支持 5G 项目发展，并在 5G 标准制定、技术验证、产业链构建和产品成熟等方面开展工作。2016 年 2 月，中国移动联合华为技术有限公司、美国高通公司、中兴通讯股份有限公司、英特尔公司、爱立信公司等合作伙伴成立了中国移动 5G 联合创新中心，成员已增至 42 家，并已推出多项 5G 研究成果。中国移动在 5G 研发过程中更进一步提升了国际地位，得到国际认可，赢得了更多的合作伙伴，也计划在 2018 年实现商用。如今的发展，三大运营商中，中国移动也呈现出压倒性优势，走在了 5G 发展的前列，中国联通的发展显得有些谨慎，中国电信的部署则相对迟缓。未来，5G 规模化商用的成功将指日可待。如果中国移动在 5G 标准制定上再次实现如 4G 标准那样的成功，中国 5G 技术有望赢得比 4G 标准更多的话语权（柏铭，2015），可助推中国的产业发展和国家的发展需要。

7.6　结论与启示

（1）LTE-TDD 不是中国一家在推广的技术标准。而是由日本、欧洲和中东许多国家共同产业化的技术标准（Schoolar, 2013）。

（2）通过建立创新生态系统来实现 LTE-TDD 的产业化。不仅是中国移动、华为技术有限公司、中兴通讯股份有限公司等国内企业，也包括许多国际公司都参与了创新的过程。

（3）中国移动起到了用户引领的作用。与 3G 由技术供应商主导的过程不同，在 4G 中，中国移动扮演了关键用户、核心企业的作用，并从市场的角度不断进行技术改善。

（4）在 3G 发展中，由于这一标准背负了太多的使命，政府干预大量存在，效率较低。例如，大唐电信科技股份有限公司是 3G 标准的研究开发者，但大唐电信科技股份有限公司在产业化能力方面非常有限，而华为技术有限公司、中兴通讯股份有限公司的作用没有得到有效发挥。由中国政府出面形成的 3G 战略联盟，在发挥协调方面受到了很大的限制（Tsai & Wang, 2011）。

（5）3G 时代的创新合作大多局限于本地企业，未能融入国际市场。而 4G 能够取得最后的成功，关键是因为发展之初就定位于国际协作，在动员时刻就明确其定位，即 LTE-TDD 能够成功转化为全球 4G 移动标准并不能够仅仅依赖于一个单一的领导者，中国政府不会单独推动这个转型过程，从而在中国移动的牵引下成立了 "TD-LTE 全球发展倡议"（GTI）。GTI 更倾向于与国际合作伙伴一起推动全球 LTE-TDD 行业技术的发展，并在这一过程中发挥重要作用，从而有助于 LTE-TDD 的动员工作。作为致力于 LTE-TDD 发展最具影响力的组织，GTI 已经成为引领 LTE-TDD 行业全球联盟的关键参与者。

第 8 章　协同创新的模式总结与政策建议

　　本部分研究的 4 家企业都是各自产业的创新领军企业。它们都用协同创新的模式取得了产业核心技术的突破，并带领整个产业实现了技术进步。它们在协同创新中大有作为，打破中国企业封闭经营、部门利益至上的管理模式。

8.1　协同创新的模式总结

8.1.1　重视科技投入和对来自国外先进技术的消化吸收再创新

　　4 家企业均是其所在领域的产业技术领跑者。中广核工程有限公司在引进国外先进技术建成大亚湾核电站后，从 1994 年开始，原中国广东核电集团每年投入 1500 多万美元对大亚湾核电站进行技术改进和创新。在 2005 年 12 月开工建设的岭澳核电站二期中，通过采用经过验证的技术改进，结合新技术应用、经验反馈及核安全法规发展的要求，进行了数字化仪控、半速汽轮机等 15 项重大技术改进和 40 多项其他改进，设备的国产化率已经从岭澳核电站一期建设时期的 30% 上升到 64%。2010 年建设的广西防城港核电站一期的国产化率已经提高到了 85%。2013 年，实现了百万千瓦级核电技术"自主设计、自主制造、自主建设、自主运营"，全面实现工程设计、制造、建设、运营自主化，形成了我国百万千瓦级压水堆核电技术品牌——中国改进型压水堆（CPR1000）核电技术。

　　国家电网公司从 2004 年开始就对特高压输电进行了大量的基础研究、技术研究、国外先进技术的跟踪。为全面突破特高压关键技术难题，在相关领导的亲自主持并大力推动下，国家电网公司等 100 余家单位，国内科研、设计、制造、高校等方面近 5 万人参与项目的研发和建设，汇聚了前所未有的力量，付出了前所未有的努力，克服了前所未有的困难，收获了前所未有的光荣。项目涉及 180 项关键课题攻关、九大类 40 余种关键设备研制，通过产、学、研、用协同攻关，在电压控制、外绝缘配置、电磁环境控制、成套设备研制、系统集成、试验能力六大方面实现了创新突破，获得发明专利 96 项，掌握了特高压交流输电核心技术，研制成功了全套关键设备。特高压输电创新的成功，彻底扭转了我国电力技术和设备制造长期跟随西方发达国家发展的被动局面，实现了"中国创造"和"中国引领"。2014 年,"特高压交流输电关键技术、成套设备及工程应用"荣获国家科学技术进步奖特等奖。这是国家电网公司迄今为止获得的国家科技进步最高奖项,也是我国电工领域在国家科技奖上收获的最高荣誉,在世界电工领域实现了中国创造和中国引领。

中国南车股份有限公司也如此。2004 年 8 月,铁道部决定引进国际先进技术,实行铁路"第六次大提速"工程,把时速从 140 公里提高到 250 公里。为此,原铁道部计划以国际招标的方式,从国外引进 160 列时速为 200 公里的列车及其全部技术。投资预算金额高达 120 亿美元。国外公司的列车产品要想进入中国市场,必须出让其核心技术,这又是一次典型的"用市场换技术"的引进项目。法国阿尔斯通、日本川崎重工、加拿大庞巴迪三家公司最终中标。2005 年 11 月,中国原铁道部与西门子在德国签订了框架协议,同意投资约 90 亿美元,首次引进了60 列时速 300 公里的高速列车及技术项目。中国高铁的发展,正是在这两次技术引进之后,通过原始创新、集成创新和消化吸收其引进技术的再创新,才迈出了令全世界既惊叹又羡慕的步伐。中国南车股份有限公司高速动车组、大功率电力机车跨入世界领先行列,自主研发了时速 300~350 公里动车组、CRH380A 新一代高速动车组、更高速度试验列车,快速掌握了高速动车组的核心技术。从引进国外先进技术到自主研制具有国际先进水平的产品,从引进消化吸收到再创新,中国南车股份有限公司用短短三四年时间,走完了国外企业二三十年走过的历程。

中国移动为中国最大的电信运营商,是通信标准制定的最重要贡献者之一。虽然 3G 时代,中国移动在 TD-SCDMA 及其演进技术商用和创新使用时面临了诸多困境,但为后来 4G 时代的发展也总结了诸多经验,打下了坚实基础。4G 研究伊始,中国移动积极发挥主动作用,并将眼光立足于国际上,与相关行业的国内外企业建立战略合作伙伴关系,与世界多个国家的主要电信运营商建立国际联盟,共同致力于 TD-LTE 的研发和推广,旨在建立 TD-LTE 标准的全球创新生态系统,并最终成功实现这一技术的突破式创新与应用。短短 30 年来,经过 1G 空白、2G跟随、3G 突破的发展,在中国移动的带领下,终于在 4G 时代实现了国际同步,建成全球最大的 LTE 网络,并在 5G 的布局上处于全球领先地位。

正是有了这样的技术领军能力,它们才有可能带领产业链上的企业实现技术突破与创新。

8.1.2　创新的动力来自于国家的使命与企业的发展

它们用创新来打破国外对本国市场的封锁垄断,解决国民经济发展中的能源短缺、环境恶化等问题的挑战。其创新基本上是价值分享型创新,它提高了整个产业链的生产率,促进了相关产业的集群和区域经济的发展。

价值分享型创新的特点是：将国家的使命、社会的需求与企业的发展有效地结合起来，实现企业与社会的共同发展；同时，它关注于对整条产业链的整合，以提高行业的生产率和技术能力，而非龙头企业自身的生产和技术能力；此外，这种创新模式还将带动产业集群的共同发展，并促进当地区域经济和社会效益的提升。

这是由国有企业自身的性质和特点所决定的，也是国有企业的优势所在。企业是服务于经济目标的特殊组织，国有企业是企业组织中的一种特例，它与一般企业都同时具有经济和非经济双重目标，但一般企业是经济目标为主，实现经济目标是维持生存的基本保障，也是其实现社会责任等非经济目标的前提，而大部分国有企业尤其是具有自然垄断特征的国有企业基本上是以非经济目标为主，经济目标是为实现非经济目标服务的。一般企业的经济目标来源于其企业制度属性，而国有企业的经济目标来源于"国有"这一制度属性。从理论上讲，国有企业作为一种相对独立的行为主体，开展种种不经济的经营活动，其目的是要在一个更为长远的时间段里实现国家、公众的大经济。正是在这个前提之下，实现国家社会经济发展战略、改变经济结构失衡的状况、平抑经济周期波动、体现社会主义市场经济特性这些目标，才成为国有企业的非经济目标。一般说来，竞争性行业及专注于经营性活动的国有企业与一般企业同样具有较强的创新动力，其经济目标优于非经济目标，而垄断性行业及专注于非经营性活动的国有企业，往往是以履行社会责任为主。按照波特提出的价值分享型创新的三大要素，中广核工程有限公司、国家电网公司、中国南车股份有限公司和中国移动的创新特点见表8-1。

表8-1　4个主体的价值分享型创新要素的特点

价值分享型创新三要素	中广核工程有限公司	国家电网公司	中国南车股份有限公司	中国移动
综合考虑市场与社会的需求	发展核电是解决能源供应和改善环境的有效途径，我国从核电引进成为掌握核电工程核心技术的大国，提高我国核电机组的安全性和极端灾害抵抗能力，是市场与社会需求及国家使命相结合的产物	从解决我国能源资源分布与电力需求分布之间的矛盾、短路电流超标、走廊资源紧缺、环境保护等刚性约束出发，提出了特高压输电系统的重大创新，以实现能源资源在更大范围的优化配置	随着新技术发展和国际能源矛盾及环保观念的深化，国内外轨道交通装备市场需求旺盛，我国铁路在线路条件、运用环境、运营模式上都有独特的国情背景，发展高铁既是满足市场和社会需求，也是实现国家轨道交通装备产业战略布局的现实选择	20世纪年代末，国际纷纷向3G进军，这使中国政府也开始考虑发展自主的技术标准，不能仅依赖于国际技术。4G开始之初，中国政府就在将下一代移动通信作为重要的战略发展行业，将目标定位于国际，满足市场和社会需求的同时，也有助于提高中国的国际话语权

价值分享型创新三要素	中广核工程有限公司	国家电网公司	中国南车股份有限公司	中国移动
整合产业链以提高行业的生产率	通过 AE 模式整合和集成产业链上其他企业的产品和零部件,通过科技创新带动了核电产业链的发展,设备国产率明显提高,已高达85%,关键技术及零部件均可以实现国产化	集中了国内特高压输电领域科研、设计、设备和工程建设方面的主力军,国家电网公司作为创新链的发起者和创新联合体的核心主体,主动扶持有潜力的供应商,实现了产业链企业生产率和创新能力的提升,设备国产化率高达90%左右	"T"形战略带动产业上下游企业开展技术引导、研发协作、联合攻关和标准制定,与供应商形成技术协同创新产业联盟,使整个产业链的企业效益的大幅提升,九大关键技术均在中国南车股份有限公司内部实现国产化,整车国产化率超过75%	在核心网络、接入网、终端和芯片、测试设备等领域建立了完善的产业链体系,与国内外技术企业、世界主要电信运营商建立国际战略联盟,已经拥有来自世界五大洲的100个运营商成员,并和全球76个电信厂商建立了合作伙伴关系,建立起全球最大的 TD-LTE 网络
带动产业集群,促进地方经济和社会发展	主导建设了广东省台山产业园、深圳宝龙工业园、广州南沙工业园等核电高科技产业园,吸引了众多国内外大型企业,形成核电装备产业集群,提升了地方经济活力	完成了提高输送能力、扩大输电范围、节约输电走廊、降低输电成本等目标,为大气污染的防治及相关地区的经济发展做出重要贡献,也提高了我国电工装备制造产业在国际上的地位	高铁所产生的经济和社会效益都十分可观,在加快经济发展方式转变、推动产业结构优化升级、拉动内需、加快城镇化发展中发挥了重要作用	TD-LTE 技术在中国拥有最大的用户群,并提供了最先进快捷的通信技术,对不同产业链环节企业的需求和引导,带动了多个行业的经济发展

这 4 个企业的突破性创新都包含着企业家的重大贡献。这说明,国有企业也产生可以伟大的企业家。但他们与一般的企业家不同的是,他们没有从创新中索取剩余价值,得到超额的经济利益。他们从国家利益出发,同时也是从企业的发展出发,执着地实现创新,他们属于一类新型的企业家。

企业技术创新的动力主要来自技术力量、市场需求、市场竞争、政府作用等外部动力,以及企业参与市场竞争和进行自我发展的内部动力,主要包括利益驱动、企业家创新精神和创新文化等(图 8-1)。

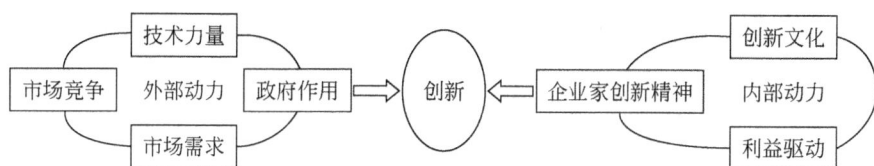

图 8-1 企业创新动力要素

在完善的市场经济环境下，像美国、欧洲和其他一些发达国家，企业技术创新的原动力来自于市场需求和利润最大化。市场是企业技术创新的出发点和落脚点，市场竞争对企业生存的巨大压力迫使企业更好、更快、更有效地开展创新活动，推动企业的发展。然而，对于我国大多数的国有企业，尤其是垄断性国有企业来说，长期以来，它们较容易得到国家从资金到政策的许多优惠和政策性资源，这种非市场因素带来的丰厚利润的获得导致国有企业缺乏关注市场需求和参与市场竞争的动力，也极少担心不创新可能带来的巨大损失。同时，国有企业的激励体系不完善，导致干好干坏既不影响自己的收入也不影响自己的乌纱帽，其年度经济责任考核制度驱使这些企业管理者追逐近期利润，把难以在短期内看到和实现创新收益的企业技术创新放在次要位置。在缺乏利益驱动、市场需求和竞争动力的情况下，企业家创新精神和企业创新文化对驱动我国国有企业的成功创新具有十分重要的意义。

熊彼特认为，创新发生的根本原因在于社会存在着某种潜在利益，创新的目的就是为了获得这种潜在利益。他特别强调企业家在经济活动中的主导地位，认为当企业意识到某种潜力利益时，就会主动地投入资本或吸收他人投资，创造或引进一种新的生产方式去获取这种利益。而国有企业的企业家与一般企业家不同的是，他们进行创新的直接原因不是为了从创新中索取剩余价值，得到超额的经济利益，而是出于一种梦想和意志，出于从国家利益、社会责任感和企业自身的发展，由渴望新事物、渴求变革和追求成就感的内在心理动因所激起和驱动的企业经营者的开拓进取精神。熊彼特强调的企业家精神是企业创新动力的根本来源。在创新活动的具体实践中，企业家是企业技术创新的组织者，企业家的创新偏好不仅可以引发或促成技术创新，还在积极培育创新环境及企业创新目标的确立等方面都发挥了巨大作用。可以说，国有企业的企业家是一种新型的企业家。

以国家电网公司为例，国家电网公司是一家典型的自然垄断型国有企业，其创新活动除遵循企业创新的一般规律外，还要受到来自企业逐利性与高度社会责任之间，自身创新活动不足与强劲的国家需求之间，创新成本高、难度大与创新成果难显现之间，服务业创新与制造业创新不同规律之间，多级法人与集团化运作、集约化管理之间等种种矛盾和条件的制约，对国家电网公司的创新活动提出了相当大的挑战，而国家电网公司一把手的意志便成为创新的主要动力源。面对特高压输电工程这样难度极大、风险极高的创新性项目，刘振亚作为一位追求卓越、具有现代企业管理意识和全球战略眼光的企业家，也是一位资深的电力系统专家，以坚定的意志与自信，团结并带领着国家电网公司的管理团队肩负起了特高压输电工程自立项以来的各种压力。刘振亚从 2000 年就投入大量精力考虑中国电网的主网架、能源的战略格局和资源配置。他在读研究生的时候，就选择了特高压输电为研究方向，毕业论文即论述特高压，并先后撰写出版了《特高压电网》等书。在特高压电网的启动会议上，出现了意见的分歧，刘振亚阐述了他多年来对建设特高压电网的思考、研究、调查和征求电力系统老领导及各方面专家的意见，并归纳为五个重要方面，统揽了世界电网发展趋势、中国能源布局和经济发展前景对电网发展的要求，做了充分而又简练的阐述，受到了国家电网公司决策高层的高度认可，并一致通过了特高压输电工程启动议案。他还通过建立考核和激励机制，层层传递给下属机构和参与主体，形成了鼓励创新的企业文化。

中广核工程有限公司、中国南车股份有限公司和中国移动也无一不是在富有创新精神的企业家的带领下，带动企业的每一位员工都渴望新事物、渴求变革，从而在企业内部形成了"安全第一、质量第一、追求卓越""诚信、敬业、创新、超越"的创新文化，并成为企业创新的内在精神支柱。

8.1.3　4 家企业的创新都是行业突破性创新

中广核工程有限公司的核电站建设、国家电网公司的特高压输电工程和中国南车股份有限公司的高速铁路项目均属于典型的复杂产品系统，具有产业链长、技术和知识分布的复杂性和关联性强、项目的投入和风险性高、安全要求严格、项目管理难度大、对供应商技术能力要求高等诸多特性，是对社会和技术发展做出巨大贡献的突破性创新。对复杂产品系统创新过程而言，其中一个小部件的改变，会对整个产品系统其他部分的控制系统、材料及设计方案等提出新的要求。因此，企业开发复杂技术的关键在于对产业链上复杂的关联技术创新、产品质量及复杂的项目实施过程进行有效管理，并对风险和成本进行控制，这就决定了产业链协同创新管理的必然性和重要性，使得创新不再是个体的行为，而是源自多个组织间的互动，尤其是生产者和用户的互动。

以核电为例，核电工程是名副其实的复杂系统工程，集高安全、高科技、多学科、跨行业等特殊性于一身。一个核电站建设投资以数百亿元计，复杂的工程由成百上千个系统构成，安装的管道长度达到数百公里，敷设的各种电缆总长则达数千公里，所用设备重量达到数万吨，设备件数达到几万件，小零件更是多到无法计量，对一个国家的科技进步、产业带动、经济发展、人员就业，以及整个社会都有巨大影响。以 CPR1000（百万千瓦级中国改进型压水堆）双机组核电项目为例，每两台机组的工程造价约 250 亿元，项目建设周期约 64 个月，共涉及 380 余个系统、2 万多台设备、500 余家设备供应商，3 万余条二级进度、360 多个外部接口，现场土建安装人数合计约 2 万人，以一家公司之力显然不能完成如此大型的复杂项目。这就要求中广核工程有限公司必须选择协同的方式来适应企业发展的需要，将工程建设全产业链动员起来，对全过程进行控制，才能够确保工程建设各个环节的质量稳定性和安全性。

同样，特高压输电技术和高速铁路项目建设也是当代高新技术的集成体现，属于典型的复杂产品系统。特高压输电技术包含科研攻关、设计、设备制造和施工在内的多个专业团队，在电压控制、外绝缘配置、电磁环境控制、成套设备研制、系统集成、试验能力六大方面实现了创新突破，仅建设管理单位已保存的档案就多达 6304 卷；而高速铁路项目独立构成的子系统也多达 140 余个，由 40 000 多个零部件组成，涵盖了信息通信、电力电子、材料化工、机械制造等多学科和多专业，在国产化改造过程中包含了多方面的技术需求，必然需要产业链中官产学研等各参与主体的共同参与和协同合作才能实现，为我国基于复杂产品系统的突破性创新的管理提供了宝贵的借鉴意义。

此外，中国移动在 4G 的 TD-LTE 技术上带领中国企业及国际运营商取得成功应用，更是中国国际技术能力实现的一项成功的突破式创新技术，提升了中国在通信行业的国际话语权。在企业内部，中国移动形成了与个人开发者、企业、政府紧密合作，覆盖产业链上下游的完善聚合体系，汇聚了 10 万个人与企业开发者，聚合了包括深圳市腾讯计算机系统有限公司、百度、360、华为技术有限公司、北京小米科技有限责任公司在内的互联网企业及终端厂家近 300 家渠道，并且联合全国各高校建立了近百个创业孵化基地。在企业外部，中国移动自 4G 技术研究开始以来，LTE-TDD 技术就在国内和国际上发挥主导作用，通过与相关行业企业的战略合作，团结带领多个国际运营商，在国内市场和国际市场均对 LTE-TDD 进行了提出和推广，并引导建立全球化的通信技术的创新生态系统。这一国际化视角的举措也能够为企业研发和推广国际化技术的突破式创新管理提供参考和借鉴。

8.1.4　协同创新可以带动整个产业链的创新与技术升级

中广核工程有限公司、国家电网公司、中国南车股份有限公司和中国移动四家企业都不是一个企业孤立地创新，而是带领产业链中相关的企业一同创新，实现了产业的技术进步。

中广核工程有限公司作为总装公司，用工程公司的方式带动产业的协同创新，其与众多企业一同构筑核电产业生态系统，带动整个产业链的发展。中广核工程有限公司自身的聚集和吸附效应让众多的大中企业围绕着中广核工程有限公司形成核电产业的稳定的核心层，这些企业依据中广核工程有限公司提出的需求，按照严格的核电生产标准为中广核工程有限公司提供关键的零部件及成套设备。在这些大中企业的外围存在着更加广泛的中小企业以外包或者契约等形式为大中企业提供关键的配套产品、技术等，形成加长的产业链及更大的产业生态圈。这些众多的企业构成一个以中广核工程有限公司为核心，相互协同、相互依附、共同发展的生态圈。

中广核工程有限公司内部的协同创新能够成功是在于公司从战略层、组织结构层、人力资源层及企业文化层等多个层次深刻嵌入协同的理念。在战略层面，公司上下贯彻推行协同理念，将 AE 战略布局运用于公司运营的每一个环节；在组织结构层面，中广核工程有限公司通过独创的"矩阵+职能"型的机构有效地执行 AE 战略，改变了原有的单一的组织结构，使资源的利用最大化；在人力资源层，中广核工程有限公司对内部严格培训，培养员工协同意识，推动 AE 概念深入员工内心；在企业文化层，中广核工程有限公司提炼出一套体现创新趋势、适应当前发展及未来挑战的文化理念体系，确立了"一次把事情做好"的核心价值观和"安全第一、质量第一、追求卓越"的基本原则。中广核工程有限公司通过设计主导、系统集成、资源掌控与组织协同，安全、优质、高效地建造核电站，并为客户提供专项技术服务；充分运用"客户需求、市场订单"的牵引作用，以满足用户需求为目标，推动建立产业链上下游协作机制，优质高效地完成核电项目群的建设，共同创造市场价值，形成协同利益，持续增强各方参与协同的积极性；以全球化的视野和开放包容的心态，广泛吸引国内外同行、研究机构等加入到协同体系中，从技术、管理、文化等各方面密切协作和互动，提升核电 AE 公司的核心技术能力，同时促进相关企业元件技术和产品配套能力的增强，进而提升协同平台的持续发展能力；以核电核心技术为引领，协同平台内企业，以共同走向国际核电市场为目标，推进技术创新、产品创新。

中广核工程有限公司作为承建单位，处在产业链的最前端，是对产业链上其他企业产品和零部件的整合和集成，中广核工程有限公司在生产第一线，对核电站的实际运营最为了解，是最终的用户，所以由中广核工程有限公司提出需求和标准，由产业链的中端和后端来完成。这个过程中，需要满足最终的用户需求，即所有的参与者都需要对最终的核电站建设负责，中广核工程有限公司负责对整个产业链进行整合和协同。中广核工程有限公司帮助产业链上的其他企业实现共赢，解决供应商的协同，这是科研院所没有能力做到的。

　　国家电网公司是特高压输电工程创新链的发起者，创新目标的提出者，创新过程的组织者、参与者、保障者和决策者，创新成果的首次应用者及大规模商业化的推动者，是创新联合体的核心主体。国家电网公司将全面掌握特高压交流输电系统关键技术确定为创新联合体的总体目标，通过实现科研、规划、系统设计、工程设计、设备制造、施工调试和运行维护的自主创新，建设"安全可靠、自主创新、经济合理、环境友好、国际一流"的优质精品工程；构建了统一指挥、集约管控的创新组织体系，有效整合国内电力、机械行业的科研、设计、制造、高校、建设、运行等 100 余家单位的力量，为特高压输电工程创新提供了坚强组织保障；提出了保障创新组织体系实现预定目标、高效协同运转的机制及科学严谨的组织和决策机制。

　　中国南车股份有限公司在原铁道部、科学技术部的支持下，带领行业内领先的企业进入高铁创新的群体中。中国南车股份有限公司与主要供应商组成长期战略合作伙伴关系，针对具体的系统及部件，公司结合整车综合性能提出具体要求，供应商根据要求提出初步方案，双方对方案进行确认后，供应商组织对产品进行研发、试制及部件试验验证，公司组织装车及相关运营考核事宜，重视供应商全程参与，联合攻关解决技术难题。公司将供应商的生产看作是公司生产制造体系的一部分，在产品的设计开发阶段就使其参与到其中，通过现场指导供应商工艺开发，监督产品生产过程，严格把关产品的质量，有效沟通解决技术工艺难点，真正地实现协同创新。

　　中国移动也是如此。在中国政府的支持和帮助下，从 3G 时代开始，就从产业链角度进行部署标准体系和技术创新，形成了集核心网络、接入网络、终端和芯片、测试设备等完整的产业链体系。

　　中广核工程有限公司、国家电网公司、中国南车股份有限公司和中国移动协同创新的规模可以从其获得国家科技奖的群体中体现出来，见表 8-2～表 8-5。

表 8-2　中广核工程有限公司国家科技进步奖的合作者

项目名称	主要完成单位
岩体爆破振动效应定量评价理论与精细化控制技术及工程应用（2010 年）	中国科学院武汉岩土力学研究所、武汉大学、西南交通大学、中国矿业大学（北京）、北京工业大学、中广核工程有限公司、中国长江三峡集团公司
核电厂地基及防护构筑物的抗震安全评价及其工程实践（2010 年）	大连理工大学、中交第一航务工程勘察设计院有限公司、中广核工程有限公司、天津市海岸带工程有限公司

表 8-3　国家电网公司的国家科技进步奖的合作者

特高压交流输电关键技术、成套设备及工程应用（2012 年）	国家电网公司、中国西电电气股份有限公司、中国电力工程顾问集团公司、中国电力科学研究院、特变电工沈阳变压器集团有限公司、国网电力科学研究院、保定天威保变电气股份有限公司、国网交流工程建设有限公司、西安西电变压器有限责任公司、西安高压电器研究院有限责任公司、西安西电开关电气有限公司、河南平高电气股份有限公司、新东北电气（沈阳）高压开关有限公司、特变电工衡阳变压器有限公司、中国电力工程顾问集团华北电力设计院工程有限公司、中国电力工程顾问集团华东电力设计院、中国电力工程顾问集团中南电力设计院、中国电力工程顾问集团东北电力设计院、中国电力工程顾问集团西南电力设计院、中国电力工程顾问集团西北电力设计院、国家电网公司运行分公司、清华大学、西安交通大学、山西省电力公司、河南省电力公司、湖北省电力公司、桂林电力电容器有限责任公司、许继集团有限公司、西安西电高压电瓷有限责任公司、大连电瓷集团股份有限公司

表 8-4　中国南车股份有限公司国家科技进步奖的合作者

时速 250 公里动车组高速转向架及应用（2009 年）	南车青岛四方机车车辆股份有限公司、西南交通大学、中国铁道科学研究院、北京交通大学、同济大学、中国南车股份有限公司、南车戚墅堰机车车辆工艺研究所有限公司、中车青岛四方车辆研究所有限公司、南车南京浦镇车辆有限公司、上海铁路局

表 8-5　中国移动国家科技进步奖的合作

第四代移动通信系统（TD-LTE）关键技术与应用（2016 年）	中国移动、工业和信息化部电信研究院、电信科学技术研究院、华为技术有限公司、中兴通讯股份有限公司、展讯通信（上海）有限公司、北京电信技术发展产业协会、宇龙计算机通信科技（深圳）有限公司、北京邮电大学、清华大学、东南大学、北京星河亮点技术股份有限公司、上海创远仪器技术股份有限公司、联想移动通信科技有限公司

8.1.5　需求牵引的协同创新是解决产业重大核心技术的重要支撑

习近平在 2014 年 8 月 18 日的财经领导小组的会议上提出，要推动以科技创新为核心的全面创新，坚持需求导向和产业化方向，坚持企业在创新中的主体地位，发挥市场在资源配置中的决定性作用和社会主义制度优势，增强科技进步对经济增长的贡献度，形成新的增长动力源泉，推动经济持续健康发展。

中广核工程有限公司、国家电网公司、中国南车股份有限公司和中国移动四个企业的创新，都是基于市场需求、用户驱动的协同创新。与以往大学主导的创新模式不同，他们从需求出发提出科学问题，才转化为对基础研究、应用、试验发展、试制、批量生产的协同发展。这一模式体现了市场引导创新的精髓。

这些用户的市场领导能力强，导致行业内所有的企业和院所参与到创新体系中。因此，这种创新具有很强的创新协同效应。当然，中广核工程有限公司是通过工程公司的形式进行协同，国家电网公司是作为用户领导了协同创新，中国南车股份有限公司则是重要的制造部门，围绕原铁道部这一大用户的需要进行协同创新，中国移动是迎合国内用户和国际化需求而引领的协同创新，这四个企业的协同创新模式有相似性又有差异性，下面以国家电网公司和中国南车股份有限公司为例。

国家电网公司坚持用户主导的自主创新思路，不走国外研发，国内引进、消化、吸收的路子，立足于国内，自主研发、设计、制造、建设和运营。首先建设试验示范工程，并将示范工程作为特高压输电技术和设备自主化的依托工程，打破先行科技攻关、再推动科技成果转化的常规模式；其次在工程整体目标统领下，直接以工程需求为中心组织科技攻关、以科技攻关成果支撑工程建设，运用工程项目的系统管理方法组织创新，有利于保证创新各环节、各方面、各要素特别是各阶段的有机衔接，有利于保证创新所需的资源和力量投入，较好解决了"资金短缺""创新孤岛""成果转化""首台首套设备使用"等困难，推动了国内电力科技和电工装备制造产业升级和跨越式发展，验证了特高压输变电系统性能和设备运行可靠性，并在成功的基础上为我国大规模推广应用特高压输电奠定了物质基础。

中国南车股份有限公司与国内一流高校和科研院所建立长期的战略合作，共同创建产业联盟，利用产业联盟成员在基础理论研究方面的专业优势，开展联合攻关，解决动车组研发遇到的技术难题；同时建立人才联合培养机制，培养高端工程化应用人才。

综合起来，我们发现，以企业为主体的协同创新，表现为用户主导、工程公司主导或政府主导，其共性是从需求出发，引导协同创新参与者进行创新。这种需求牵引、国家大企业主导、政府支持的创新，对攻克产业核心技术是一个很好的机制，值得其他产业借鉴学习。

8.1.6　实现协同创新需要组织创新与管理创新配套

以中广核工程有限公司和中国移动为例。中广核工程有限公司通过实践，总结出了 AE 公司的组织模式，以推进核电技术的协同创新。AE（architect engineering），简单来说就是设计建造一体化，是总体工程管理。

中国移动为了发展通信标准技术，也从组织管理等方面进行了协同创新的全面布局。以 4G 为例，集团公司全面构建 4G 领先优势，全面实现"新通话、新消息、新联系"融合通信商用，迎合消费者需求建立新型产品体系，打造自主品牌，提升产品质量，从网络发展方式、营销模式、服务方式、渠道管理、支撑体系等方面全力推进转型，坚持"管理集中化、运营专业化、组织扁平化、机制市场化、流程标准化"原则，建立新型组织体系。同时，建立创新产业基金，依托互联网技术的发展，加快科技成果的产业化和商业化，创新商业模式等，并与集团内、集团外的合作伙伴保持密切沟通，同步协同创新。

8.1.7　协同创新需要实现知识共享的创新平台

2009 年，中广核核电设备国产化联合研发中心成立。联盟囊括了中国 60 多家顶级的核电装备制造商，以中广核工程有限公司承担的核电建设项目为依托，共同致力于中国核电设备国产化的研制和开发,实现我国核电技术与装备自主化。联合研发中心建立了开放、互信、高效的核电设备国产化研发和供应体系，在核电设备与技术国产化方面功勋卓著。

国家电网公司在科研攻关过程中，为支撑科研、掌握技术规律，适应高压输电作为试验性学科的需要，组织设计、研制了高参数、高性能的高电压、强电流电磁等试验检测设备，投资建设了武汉特高压交流试验基地、北京工程力学试验基地、西藏高海拔试验基地和国家电网仿真中心，推动改造了西安高电压、强电流试验站，推动升级了国内各主力设备制造厂的试验检测能力，在我国建成了世界上功能最完整、技术水平最先进的特高压试验研究平台，为高水平开展科研奠定了实证基础，彻底解决了缺乏高等效性试验手段这一长期困扰我国科研、设计和设备基础研究的大难题，打破了荷兰 KEMA、意大利 CESI 在高端试验领域的"硬"垄断。国家电网公司还组织开展关键共性技术攻关，共享研究成果和开发经验，特别重视对计算机模拟计算结果和设计方案的试验验证，创造条件开展组部件试验、关键结构模型试验、裕度试验和特殊试验，组织中间产品在特高压交流试验基地和 500 千伏、750 千伏电网挂网试运行、积累经验，掌握典型结构、材料在特高压、强电流电磁作用下的特性规律，验证新结构、新材料和新设计。

中国南车的创新平台建设则在持续优化中，其成立中国南车中央研究院，聚合技术和管理资源，驱动中国南车创新发展；持续优化三大技术平台建设，不断建立健全技术创新体系；合资组建广州南车有轨交通研究院，成立我国首个超级电容研究所；积极推进海外研发体系布局，与美国新泽西理工学院和德克萨斯州大学分别设立联合实验室，推进相关基础技术研究。加强新产品研发，满足和引导市场需求，有效整合内外部创新资源，搭建"产学研用"协同创新体系，大大缩短了基础研发到产业化生产的周期。2013 年，公司成立了中国南车中央研究院，搭建了"一个平台、三个中心"，以战略和发展研究、科技和产品规划、技术管理和体系建设、基础性和前瞻性及共性技术研究为主要任务，聚合科技与管理资源，集聚专有人才，健全科技创新和战略研究体系，做强"中国智造"。中国南车采用"两条腿"走路的方式：一条腿走引进消化吸收之路，另一条腿走自主创新之路。在引进消化吸收再创新的进程中，将核心技术学到手、用到位，以技术升级带动产业升级，变追赶为引领，最终形成企业自身的核心竞争能力。

为了发展 4G 技术标准，中国移动在其内部建立了创新的科研体系，实施"一体三环"的研发布局，即成立中国移动通信集团研究院、苏州和杭州研发中心强化内环研发力量，鼓励中环专业公司、基地的研发协同，确保外环省公司的研发落地。成立政企公司、终端公司、物联网公司、咪咕公司、互联网公司（筹建）等，从体制、机制上给予支持，促进公司在专业化领域的不断创新。同时建立国际战略联盟，投入大量资金和时间，在中国移动通信集团研究院中成立专门的团队与国外运营商进行沟通，满足国内外需求，提高国际运营商的参与度，最终提升中国国际技术能力。

8.1.8　重大的协同创新需要政府的领导和支持

突破性创新需要大量的产业链中的企业合作才能实现，需要官产学研的合作，政府在其中需要发挥很好的协调作用和领导作用。由于这些创新的影响面大，他们的决策都是国家决策。各个政府部门，都对这些项目的实施给予了各种支持。中广核工程有限公司的协同创新，也得到了国家能源局和国家核安全局的大力支持。国家电网公司的协同创新，动用了原国家水利电力部的资源，由于国家电网公司拥有技术进入市场的门票，许多院所高校、相关企业都愿意加入这一协同创新联盟，可将许多产业链中的企业团结在一起。这种协同，基本上是计划体系下的协同。中国南车的协同创新，则是由于原铁道部作为用户的突出作用。而中国移动的协同创新也得到了国家发展与改革委员会、工业和信息化部的支持和帮助。因此，这些协同创新，发挥了社会主义制度的优越性。在每家公司的协同创新中，都是成千上万个企业和几十家科研院所共同参与，如果没有政府的协调和支持，是根本完不成的。

8.1.9　实现文化协同才能使协同创新的单位共享战略与理念

以中广核工程有限公司和国家电网公司为例。中广核工程有限公司的"你 AE 了吗"，是用工程公司需要协作的观念武装整个企业和协作的企业。

国家电网公司积极实施企业文化发展战略，在推进企业改革发展的实践中不断丰富企业文化内涵，构建了以"诚信、责任、创新、奉献"核心价值观为主要内容的企业基本价值理念体系，展示了国家电网公司对国家、社会、电力客户、员工所遵循的价值取向和价值判断，为实现员工和公司共同发展提供了战略指导、价值引领和精神支撑。尤其是建设"四统一"企业文化，坚持用统一的核心价值观统一思想，牢固树立"一个国家电网"观念；坚持用统一的发展目标凝聚力量，推动企业发展上新水平；坚持用统一的品牌战略提升企业形象，助力塑造"国家电网"品牌；坚持用统一的管理标准强化管理，促进企业管理效率和管理效能的提高，加快推进"一强三优"现代化公司建设。

8.1.10　针对不同产业和协同要求采用不同的协同机制与方式

以国家电网公司为例。国家电网公司在国家的大力支持下，主导建立了密切协同的特高压输电工程创新联合体，集中了国内高压输电领域科研、设计、设备和工程建设四个方面的主力军，由包括国家电网公司在内的100余家单位，国内科研、设计、制造、高校等方面近5万人参与项目的合作研发和建设，通过产、学、研、用协同攻关，实现了巨大的创新突破，而协同创新的方式也呈现出多样性。以下将从行政协同、合同协同、联盟协同和非正式协同四种方式展开论述。

1）行政协同

国家电网公司作为国务院同意进行国家授权投资的机构和国家控股公司的试点单位，规模十分庞大，业务种类繁多，集团化运作的特点十分突出，各下属和分支单位必须根据行政的权责关系，服从国家电网公司战略。

例如，在科研攻关方面，国家电网公司自身就拥有实力雄厚的科研机构。国家电网公司作为原电力部（国家电力公司）拆分后最大规模的电网公司，完整继承了原有科研体系。拥有中国电力科学研究院（中国电力建设集团有限公司、武汉高压研究院）、国网电力科学研究院（国网南京自动化研究院、武汉高压研究院）、国网能源研究院、国网北京经济技术研究院、国网智能电网研究院，以及各省公司下属电力科学研究院等，涵盖了科研攻关、设备研制与监造、二次系统、力学、政策研究、规划设计、调试试验等全部电网规划、建设与运行所有领域，所属科研单位承担了工程全部180项科研课题中的130项。在工程建设过程中，由国家电网公司系统的专业建设单位负责组织现场建设，由属地省电力公司负责征地、赔偿等地方关系协调处理，充分发挥了各方优势。而这些主体均是依靠行政力量参与特高压输电工程，从而形成创新合力。这种行政协同，是社会主义制度优越性的重要体现。

2）合同协同

协同创新是企业与高校、科研院所等各主体按照利益共享、风险共担、优势互补、共同发展的原则共同开展的技术创新活动，是合作各方以获取各自经济利益为前提而进行的一种特殊的经济活动。作为一种存在于企业和学术界间交易架构的经济活动，其交易是向降低总成本方向发展的，而契约是降低交易成本的重要方式。因此，发挥好合同的协同，是发挥好市场经济资源配置作用的重要体现。

国家电网公司是特高压输电创新链的发起者，国家电网公司总部组建了特高压建设部，在相关省级电力公司也组建了特高压工作机构，在工程现场成立指挥部，在科研、设计、设备各创新主体内部均成立专项领导小组，而这些均是以合同为纽带，通过全面采用合同方式固化国家电网公司与各创新主体之间的责任与权利，用合同管理的要求来明确科研、设计、设备、建设各方的目标和技术条件，强力推动创新进程。以特高压变压器研制为例，在设备招标采购阶段，以方案安全可靠性作为主要评价标准，打破常规大幅提高预付款比例以缓解厂家资金压力，合同划分为研制和工程供货两个阶段，并以产品通过型式试验作为研制阶段成功的标志，研制不成功则合同终止，厂家返还除材料成本外的合同资金，同时在合同中明确了联合研制、知识产权共享原则。在合同执行过程中采取分级分步审查的方式，只有通过了各级审查才能执行合同中的下一项内容。

3）联盟协同

随着经济的发展和竞争观念的改变，战略联盟正在成为产学研合作的重要方式。无论是中小企业还是跨国企业都倾向于通过组建战略联盟，实现知识技术的快速扩散和协同创新，同时降低成本，分散风险。创新联盟是指由两个或两个以上的企业为了共同战略利益以长期契约的方式缔结而成的协同创新组织形式。在创新联盟中，协作主体共同参与采购、物流、研发、管理和营销等创新活动，通过对上述诸多创新活动的重新组织、重新设计、重新构造，产生出新的工艺、生产流程、采购方案、营销体系或成本控制计划，并使创新成果在创新联盟成员中共享，最终获得双赢的市场竞争优势。联盟内主体间相互依存度高，合作具有一定的连续性。例如，在电力设备制造方面，水利电力部与机械工业部已经建立了长期而紧密的合作关系。电力设备制造企业隶属于机械工业部，即现在的机械工业联合会，而国家电网公司是电力设备的主要用户，因此双方会共同组织对新产品的鉴定工作，并逐步构成创新联盟。同时，国家电网公司也开始高度重视选定有培育潜力的供应商建立联盟关系，依托工程提供技术条件与资源，不断提高供应商的技术与管理能力。这种长期的契约关系不仅可以降低技术创新活动收益的不确定性，而且有利于维系协作主体长期稳定的良性合作关系。

4）非正式协同

除了行政关系和契约关系，国家电网公司还凭借其良好的威信和在行业中的号召力与合作主体之间形成了非正式的信任关系。我国的电力系统形成了涵盖科研、设计、建设、运行维护、调度等电力生产输送的完整体系。在原电力部改革过程中，国家电网公司被拆分成11家之后，设计单位也逐步被拆分出去，运行维护成为国家电网公司的主业。但国家电网公司仍与原有的下属企业保持着良好的关系。例如，在联合设计阶段，国家电网公司下属的华北、华东、中南、东北、西北、西南六大电力设计院参与其中，成立设计工作组，抽调技术骨干在北京集中工作，将通过审查的技术方案直接应用到工程设计中，从而形成一种基于社会资本的信任机制。通常，合作伙伴之间既会有良好的合作愿望，也会有外部资源陷阱、文化侵蚀、知识产权保护、核心资源维持等方面的顾虑，这些顾虑会产生习惯性的防卫心理与行为，如同一道无形的围墙，损耗企业的精力，阻碍合作的深入，甚至会断送合作的前途。因此，通过充分的沟通与协作，建立必要的信任机制，是协同创新顺利开展的基本要求。

8.2　中国大企业协同创新的启示

（1）大规模的协同创新主要适用于基础产业的复杂产品创新中。如航天、核能、国家电网等。

（2）具有一定行业垄断地位的企业更能实现协同创新。例如，在我国的电信产业，中国移动也在产业内推进 TD-SCDMA 的协同创新，但因市场的竞争性，中国移动并没有取得像国家电网公司那样的成功。因为完全基于市场的协同成本更高，对产业领导力、创新平台建设、创新文化的要求也更高。

（3）协同创新对领军企业要求很高，要求能够从国家的高度带领企业一同发展。

（4）国有企业的协同创新共同表现出这样一个特点：它们的创新都是基于现有强大产业功能的创新，而不是对本产业破坏性的创新。因此，大型国有企业的创新会有强化行业垄断地位能力的特点，而不认同新技术所出现的新产业，而小企业在这方面却具有一定的优势。

（5）中国大企业的协同创新都发生于本国有着巨大需求的产业领域。或者说，是一个国外技术发展相对停滞，而国内产业需求旺盛的领域。在与国外一流产业竞争的领域，如 IT 产业领域，我们还没有发现中国企业的协同创新。

8.3　推进协同创新的政策建议

（1）国有企业可以出现企业家且能够实现价值分享式的创新。

国有企业应该强调价值分享式创新，与纯粹市场竞争型企业相区别。这些企业在国家命脉所系的产业，只要选择好企业家，企业可以有创新动力，并带领产业实现技术进步。

（2）协同创新是国家实现产业核心技术突破的重要方式。

在计划经济时代，国有企业没有自主权，虽然是核心技术的用户，但没有开发能力和动力。在改革开放后的第一阶段，许多国有企业沦为合资企业，生产能力得到了扩张，但创新能力没有提升。在 20 世纪 90 年代后，企业的管理机制有所调整，企业有了更多的自主权，与此同时，由于一些产业院所的转制，产业核心技术空心化的局面。因此，产业核心技术和共性技术能力仍然较低。虽然国家在当时加大了对科研院所和高校的科技投入，但由于科学家们对产业技术了解少，也缺乏相应的技术能力，且当时的评价体系鼓励科学家做科学，不做产业核心技术，产业核心技术的问题没有得到根本解决。

进入 21 世纪以来，在国家的引导下，创新的动力也得到了极大的提升，企业创新主体逐渐树立起来。一些国有企业加大了对核心技术的投入。四家企业的案例说明，在国家的引导下，企业主体的协同创新，可带领科研院所与相关产业链的企业实现产业核心技术的突破创新。他们不仅有动力和产业链的协同能力，而且得到了国家科学技术部等的大力支持。因此，一些国有企业是用一些前所未有的协同机制，利用计划与市场机制的有机结合，实现产业核心技术的突破。

（3）应强调大企业作为协同创新的主体和制造业核心技术突破创新的重要组织形式。

在一些已知的重大产业战略性技术上，应该让大企业成为主体，带领相关的高校研究机构和配套企业实现创新。国家的科技计划，在面向产业的重大创新上，可以让行业部门和领头企业牵头。改变传统的以论文为目标的考核方式，强调项目的创新目标和社会影响。协同创新是一种层次比产学研更高的创新组织模式，以企业为主体、用户驱动的协同创新，是发挥市场经济的决定性作用、体现社会主义优越性、提升我国制造业核心技术能力的重要方式。因此，我国应该在产业政策上把协同创新作为制造业核心技术突破创新的重要组织形式。在装备业尤其如此，因为作为龙头的装备制造业可以发挥对需求的深层理解，可以发挥用户的牵引作用，这种协同创新具有其他组织模式难有的优势。

（4）协同创新需要新的评价机制。

参与协同的企业应该得到同样的重视，如果只重视领头者的贡献，协同就将瓦解。需要改变国有企业的考核评价机制，把企业的协同创新能力、价值分享式创新作为重要的指标。

（5）改进重大项目的招标投标制度，要限制公开的范围。

公开招标制度虽说有透明的优点，但其实在西方国家，虽然也公开，但是他们也有一些特殊的处理办法，使得大量内容不公开招标。公开招标对整个行业的建设是极为不利的。企业不敢保证下一个投标还是你的，吃不准未来，谁也不多投入。束国刚认为，"一些项目的不公开招标，对我们的大团队建设是非常有好处的，对协同非常有好处。一个核心企业出现，肯定会有众多的企业围上去，但在中国很难形成这样的局面，这就使得我们的大团队建设变得很难，可持续很难。我们花了很大的力气帮助了一个企业，但是要公开招标就把这个企业给甩出去了，很可惜"。

（6）设立国家协同创新奖，奖励那些在产业核心技术领域做出协同创新的参与单位。

我国的奖励机制很多，但奖励有时会加强了单位的利益，降低了合作的精神。因此，对国家重大的项目，需要考虑合作精神，设立国家协同创新奖，有助于提高不同部门的合作精神与文化，提高协同创新水平。

（7）薪酬是与企业家、企业员工有紧密联系的一个关键因素。

许多国有企业肩负着创新的使命，需要承担创新的风险和挑战，需要高层次的创新型人才，才能有创新产生。因此，为了提升国有企业的创新能力，建议根据国有企业的创新能力而不仅仅是规模，来配置企业家和高技术人员的薪酬。否则，国有企业将失去创新的动力。

作为企业家自身内在的一种潜质，企业家精神必须借助外界条件才能激发和释放，因此，营造企业创新的外部环境相当重要。对于一般企业，能否激发企业家的创新精神有充分的市场竞争来调整和保障，政府要做的主要是营造公平竞争的市场环境。对于国有企业，尤其是对处于非竞争性领域的国有企业，如果把对这类企业科技创新的要求仅仅建立在企业领导者的个体创新意识上，或者企业领导者承担社会责任的良知上，这不是一种有效的制度安排，不利于激发国有企业创新动力。国有企业的改革涉及方方面面的问题，而在目前的制度框架和约束条件下，要激发国有企业创新热情，首先，必须改革和完善对国有企业的考核评价制度，把科技创新作为重要内容列入各项考核指标，从源头上激发国有企业领导者的创新精神。其次，应继续加大包括对国有企业副职人员在内的业绩考核工作的力度，尤其是对于庞大的集团公司，考核体系应确保创新动力从企业最高领导者向各子公司层层传递。最后，根据不同类型国有企业的不同特点，加强研究和完善创新业绩考核办法，建立起覆盖全部监管企业的业绩考核体系。对于生产经营活动属于竞争性领域的国有企业，应逐渐剥离国有企业政策性负担，减轻国有企业的某些社会责任。

（8）完善国有企业的领导机制，让企业家不断辈出。

培育和激发勇于创新的企业家精神。企业作为技术创新的主体，其创新意识是创新活动的前提，对企业主动从事技术创新的影响很大。企业的创新意识主要取决于领导者意志，即使在一个庞大的集团公司中，企业最高层领导在创新活动中也处于最重要的甚至是决定性的地位。因此，在全社会倡导和弘扬企业家精神，提高企业高层管理者素质，积极推进企业经营管理者的市场化、社会化、职业化，创办企业家教育体系，提高企业经营管理队伍素质，优化企业家人才资源配置，培育和激发勇于创新的企业家精神，充分调动企业领导人不断创新的积极性，并形成群体创新效应，对提升国家整体创新能力至关重要。

第二篇参考文献

柏铭. 2015. 为什么中国移动急于推 5G？［OL］. http：//tech. qq. com/a/ 20151125/051768. htm ［2015-11-25］.

陈淏轩. 2013. 苹果公司与中国移动谈判合作的幕后那点事儿［OL］. http：//iphone. tgbus. com/news/ class/ 201312/20131223100428. shtml ［2013-12-23］.

陈甲华，邹树梁，黄建美，等. 2010. 复杂产品系统协同生产体系框架及多视图概念模型［J］. 南华大学学报（社会科学版），11（3）：35-40.

程东升，刘丽丽. 2004. 华为真相［M］. 北京：当代中国出版社：57.

何德军. 2010. 中国南车城市轨道交通装备产业发展战略改善研究［D］. 长沙：湖南大学硕士学位论文.

李秀琴. 2017-03-10. 5G 下的混战，三大运营商是如何布局的？［OL］.

刘传书. 2013a-10-24. 清洁能源央企的运筹帷幄——中国广核集团倾智"AE 战略"［N］. 科技日报：002.

刘传书. 2013b-10-24. 清洁能源央企的当仁不让［N］. 科技日报：001.

刘春辉. 2006. 历史性的跨越——TD-SCDMA 的自主创新之路［J］. 北京电子，（6）：30-32.

鲁勤武. 2013. 中广核集团模块化技术研发及应用［J］. 中国工程咨询，（2）：42-46.

马雪梅，柳卸林. 2014-08-26. 协同企业内外，创新核电建设——中广核构筑产业生态圈［N］. 科技日报：006.

潘琪. 2010. 高铁时代：促进中国轨道交通装备工业升级重组——中国南车股份有限公司总裁郑昌泓先生访谈录［J］. 综合运输，（8）：85-88.

乔楠，鲁义轩. 2006. TD-SCDMA 正传［J］. 通信世界，（10）：B6-B11.

束国刚，刘学，黄涛，等. 2013. 工程管理的 AE 模式——中广核的选择与实践［J］. 北大商业评论，（9）：106-113.

束国刚，上官斌，何大波. 2009. 核电设备国产化推进工作实践［J］. 电力技术经济，21（3）：7-12.

束国刚. 2007. 立足自主创新，接轨国际水平以标准化促进核电产业发展［J］. 核标准计量与质量，（4）：22-23.

束国刚. 2010. 多项目核电工程管理创新［J］. 中国核电，（2）：118-123.

束国刚. 2012. AE 建造模式确保核电安全高效发展——后福岛时代中国核电安全的探索与思考［J］. 人民论坛，（6）：74-75.

束国刚. 2014. 用 AE 协同成就中国核电工程梦［J］. 企业管理，（2）：104-107.

汪永平，赵守峰，袁玉俊，等. 2005. 2020 年中国核能发展战略研究［J］. 中国核科技报告，1：

150-159.

徐厚广. 2012. 中国南车：创新成就全球轨道交通专家 [J]. 企业文明，（011）：33-34.

颜溢辉. 2010-05-24. 工信部称今年一季度 TD 用户数达 770[OL]. http://it. sohu. com/ 20100524/ n272314191. shtml.

张国宝. 2013. 电改十年的回顾与思辨：电与网的分与拆 [J]. 中国经济周刊，（1）：41-43.

张文彬，蔺雷，廖蓉国. 2014. 架构能力引领的复杂产品系统产业链协同创新模式研究——以中广核工程有限公司为例 [J]. 科技进步与对策，31（6）：57-62.

赵建光，匡伟. 2013. 中广核工程公司核电 AE 组织形式、特点与产业价值探究 [J]. 核动力工程，34（S2）：1-4.

赵庆国. 2013. 高速铁路产业发展政策研究 [D]. 南昌：江西财经大学博士学位论文.

中广核宣传工作局. 2014. 中广核集团：企业文化提炼与推进过程 [OL]. http://www. sasac. gov. cn/n1180/n2429527/n2437095/15811966. html [2014-03-19].

周光淑，黄晓，唐晓茗. 2013. 核电 AE 公司工程量与工作量数据模型应用研究 [J]. 核动力工程，34（S2）：51-54.

Adner R，Kapoor R. 2010. Value creation in innovation ecosystems：how the structure of technological interdependence affects firm performance in new technology generations [J]. Strategic Management Journal，31（3）：306-333.

Ashai B. 2011. Maravedis：China mobile speeds up the deployment of TD-LTE [OL]. http://www. fiercewireless. com/tech/story/maravedis-china-mobile-speed sdeployment- td-lte/ [2011-12-07].

Autio E，Thomas L. 2014. Innovation ecosystems//The Oxford Handbook of Innovation Management [M]，Oxford：Oxford University Press：204-288.

Bengtsson M，Kock S. 2000. "Coopetition" in business networks—to cooperate and compete simultaneously [J]. Industrial Marketing Management，29（5）：411-426.

Callon M. 1986. Some elements of a sociology of translation：Domestication of the scallops and the fishermen of St Brieuc Bay// Law J. Power，Action And Belief：A New Sociology of Knowledge? [M]. London ：Routledge：196-223.

Chao C F. 2013. Market opportunity of China telecom 3G Toward 4G：a social-technical analysis for its future development [OL]. http://dx. doi. org/10. 2139/ ssrn. 2259178 [2013-05-01].

China Daily. 2011 Telecom giant ambitious to lead 4G technology[OL]. http://www. chinadaily. com. cn/china/2011-07/11/content_12873477. htm [2011-07-11].

Cusumano M A，Gawer A. 2002. The elements of platform leadership [J]. MIT Sloan Management Review，43（3）：51-58.

Davies A，Hobday M. 2005. The Business of Projects：Managing Innovation in Complex Products and Systems [M]. Cambridge：Cambridge University Press.

Gawer A，Cusumano M A. 2002. Platform Leadership：How Intel，Microsoft，and Cisco Drive

Industry innovation [M] . Boston: Harvard Business School Press.

GSA. 2014. GSA status of the LTE ecosystem report: 1, 371 LTE user devices launched by 132 suppliers [OL] . www. gsacom. com/php/access. php4.

Hearn G, Pace C. 2006. Value-creating ecologies: Understanding next generation business systems [J] . Foresight, 8 (1): 55-65.

Hobday M, Rush H. 1999. Technology management in complex product systems (CoPS) - ten questions answered [J] . International Journal of Technology Management, 17 (6): 618-638.

Hobday M. 1998. Product complexity, innovation and industrial organization [J] . Research Policy, 26 (6): 689-710.

Iansiti M, Levien R. 2004. The keystone advantage: what the new dynamics of business ecosystems mean for strategy, innovation, and sustainability [J] . Future Survey, 20 (2): 88-90.

Kapoor R, Lee J M. 2013. Coordinating and competing in ecosystems: How organizational forms shape new technology investments [J] . Strategic Management Journal, 34 (3): 274-296.

Lettl C, Herstatt C, Gemuenden H G. 2006. Users'contributions to radical innovation: Evidence from four cases in the field of medical equipment technology [J] . R&D Management, 36 (3): 251-272.

Li K. 2011. Why Chinese 4G matters to the rest of the world [J] . Ericsson Business Review, (1): 58-59.

Li Y R. 2009. The technological roadmap of Cisco's business ecosystem [J] . Technovation, 29 (5): 379-386.

McCormick N. 2010. LTE in Asia-pacific: The current situation [R], OVUM.

Moore J F. 1993. Predators and prey: A new ecology of competition [J] . Harvard Business Review, 71 (3): 75-86.

Morgan J P. 2012. China LTE Planning-Part II [R] . New York: NY.

Naughton B, Segal A. 2003. China in search of a workable model: Technology development in the new millennium. //Keller W, Samuels R. Crisis and Innovation in Asian Technology [M] . Cambridge: Cambridge University Press: 160-186.

Ovum. 2009. Datang Mobile: a TD-SCDMA leader [R] . London.

Ovum. 2012. First TDD-LTE Smartphone on Sale in India [R] . London.

Parker T. 2013. China Mobile commits $6. 7B to LTE TDD Capex in 2013 [OL] . http: // www. fiercebroadbandwireless. com/story/china-mobile-commits-67b-LTETDD capex-2013/ [2013-03-17] .

Rhodes J. 2009. Using actor-network theory to trace an ICT implementation trajectory in an African women's micro-enterprise development organization[J]. Information Technologies & International Development, 5 (3): 1-20.

Schoolar D. 2013. Sprint Spark Could Start Several New Competitive LTE Fires [R] . OVUM, Boston, MA.

Sen J T. 2013. 4G network to lead the world [OL]. http: //www. chinadaily. com. cn/ business/2013-02/27/content_16259904. htm [2013-02-27].

Shen X P, Tang S L. 2010. The analysis of LTE TDD industry value chains in Chinese mobile communication market [C]. Proceedings of the 3rd IEEE International Conference Computer Science and Information Technology, 9: 1-21.

Shim Y W, Shin D H. 2015. Analyzing the development of 4th generation mobile network in China: Actor network theory perspective [J]. Emerald Insight, (17): 22-38.

Stewart J, Shen X, Wang C, et al. 2011. From 3G to 4G: standards and the development of mobile broadband in China [J]. Technology Analysis & Strategic Management, 23 (7): 773-788.

TD Industry Alliance. 2013. LTE TDD industry development report (2012) [R]. www. tdia. cn/. . . /PDF/LTE TDDIndustryDevelopmentReport2012. pdf

Teece D J. 2007. Explicating dynamic capabilities: The nature and microfoundations of (sustainable) enterprise performance [J]. Strategic Management Journal, 28 (13): 1319-1350.

Tsai C J, Wang J H. 2011. How China institutional changes influence industry development? The case of TD-SCDMA industrialization [C]. paper presented at the DRUID.

von Hippel E. 1976. The dominant role of users in the scientific instrument innovation process [J]. Research Policy, 5 (3): 212-239.

von Hippel E. 1986. Lead users: A source of novel product concepts [J]. Management Science, 32 (7): 791-805.

Xin L. 2009. Smoothing the road to mobile broadband [OL]. http: //wwwen. zte. com. cn/endata/magazine/ ztetechnologies/2009year/no11/articles/200912/t20091222_178920. html [2009-12-22].

Yu J, Zhang Y , Gao P. 2012. Examining China's technology policies for wireless broadband infrastructure [J]. Telecommunications Policy, 36 (10): 847-857.

Yu J, Zhang Y. 2013. Incentive and strategy: MNCs in China's standardization- based innovation[C]. paper presented at the International Workshop on Asia and Global Standardization, Seoul.

第三篇　国际经验借鉴

第9章　IBM公司基于平台的突破性创新

9.1　问题提出

当前，在快速技术变革的环境下，基于平台的创新生态系统研究是学术界和企业界共同关注的焦点。平台，作为某一企业将一系列资产通过一定架构组织起来的组织形态，被认为是在快速技术变革环境下连接外部互补性企业进行复杂性创新活动，从而构建竞争优势的重要战略（Gawer & Cusumano，2002）。平台往往基于一个核心的共性技术，该技术的轨道是由平台领导企业所控制（Gawer & Cusumano，2014）。平台领导企业是指那些在技术、产品或交易系统中提供具有基石作用建构区块（building block）的平台提供商（Cusumano & Gawer，2002；蔡宁等，2015），它们通过扩大和加强基于平台核心技术的互补性技术、产品或服务及相关产业的开发，鼓励互补企业进行高效、快速的复杂创新活动，以应对快速技术变革所带来的外部竞争，形成竞争优势（West，2003；Iansiti & Levien，2004；Gawer & Cusumano，2014）。

然而，很多平台领导企业却在技术快速变革时，失去了竞争优势甚至丧失了市场领导地位。摩托罗拉是手机的发明者，却在整个手机市场从模拟技术转向数字技术的时候失去了其领导地位；诺基亚是最早开发智能手机的企业，但伴随着IOS和Android智能系统的出现却走向了失败。为什么这些曾经辉煌的平台领导企业在技术变革时，都没能够保持住领先的地位而是走向了衰落，甚至被淘汰？为什么这些平台领导企业即使具备足够的技术和资源优势，不断地加强创新投入和研发，但在面对日趋复杂的外部竞争和技术变革时，依然可能错过发展时机，遭遇到前所未有的"创新困境"（innovation dilemma）？这些现实问题对现有的平台理论提出了挑战。现有的平台研究多是涉及一个平台周期内的企业创新活动，关注了企业内部平台、供应链平台及产业平台等多种类型的平台创新过程及企业的创新能力构建（Gawer & Cusumano，2014；Gawer& Henderson，2007），侧重于分析企业如何在相对静态的环境中借助已有的平台进行互补性产业开发、培育及相关的复杂创新（Gawer & Henderson，2007；Li，2009）。以前的研究多是集中探讨在位企业和新进入者基于一个特定平台的相互作用和影响，强调了平台领导企业对平台的开放和控制（West，2003）。尽管有些研究提到平台战略是在技术变革环境下企业进行创新的战略举措，但却没有深入分析技术变革究竟如何对平台及平台演化产生作用和影响，缺乏对技术变革下新旧平台跃迁及演化过程的完整刻画，对技术变革下的平台演化时，平台领导企业如何突破"创新困境"的研究更是十分匮乏。本研究试图扩大平台的周期与外延，探讨纵向多个平台间的延伸、跃迁和演化，进一步分析和刻画技术变革下的平台动态的演化过程，并在此基础上分析平台领导企业与互补企业之间动态的相互作用和影响，尝试回答平台领导企业如何破解"创新困境"的难题，这在之前的文献中是很少涉及的。

产业内及相关产业的技术发生变革，尤其是颠覆性技术出现时，平台领导企业需要调整平台的核心技术轨迹，进行平台的演化，以保证企业可以通过平台战略来突破"创新困境"，从而获取持续竞争优势（Gawer & Cusumano，2014）。基于此，本章以 IBM 公司为例，利用定性和定量相结合的方法，运用 IBM 公司公开可查阅的资料和专利数据（1985~2014 年），刻画和分析 IBM 公司的平台演化路径（包括关键节点及过程），着重回答和解决技术变革对平台及平台演化产生的影响。技术变革下，平台领导企业如何实现新旧平台的演化？实现该演化过程的内在机制与支撑要件是什么？平台领导企业的创新行为及组织行为发生了怎样的演变？以及企业如何克服平台演化的障碍并突破"创新困境"，完成平台跃迁，从而形成持续的竞争优势？本章的贡献在于通过对典型企业的分析，总结了在技术变革条件下，平台演化的特征和规律，丰富了平台演化的理论内涵，拓宽了企业突破"创新困境"的理论研究。这对于正处于复杂的外部竞争环境，特别是面对技术变革挑战的中国企业而言，有着重要的理论价值和现实意义。

9.2 理 论 基 础

9.2.1 平台与平台演化

随着企业外部环境的日趋复杂，单个企业或单个产品间的竞争已经转变为平台之间的竞争（Gomes-Casseres& Group，1994）。这一转变的潜在原因是当前产品、企业甚至于产业间的相互联系日趋紧密，企业和产业需要与其互补者相互依存、共同发展（Cusumano & Gawer，2002；李万等，2014）。从价值创造的角度，产品只有和众多的互补产品一起，才能够为用户创造和带来价值（Tiwana et al.,2010）。从技术创新的角度，日益复杂的创新活动已经无法由单一企业独立进行，需要众多互补企业的参与和协同才能完成（Adner，2006；柳卸林等，2015）。同时，互补者的技术水平也会影响到企业创新技术的扩散与部署，进而影响企业的技术优势建立（Adner & Kapoor，2016）。平台领导企业，往往也是平台的构建者，可以通过建立平台控制核心技术轨迹方向、塑造与互补者之间关系、协调互补者之间利益等来进行平台治理，以获取平台领导力和构建平台竞争力。在这一过程中，平台领导者有着不同的战略和行为。例如，英特尔通过在平台上进行共享专利来降低互补产业的技术门槛，培养更多的互补者，进而发展互补产业，并在关键互补技术领域自建新的业务部门（Gawer & Henderson，2007）；德国电信基于平台与互补产业者进行联合研发以获取互补性资产与技术；思科则是通过平台以并购的方式获取互补资产与技术（Li，2009）。随着互补者的发展及互补技术的积累，平台领导企业会有针对性地鼓励平台上相关技术的创新，以实现最终的核心技术创新，从而保持其技术领先的位置，形成对竞争对手的壁垒（Gawer & Cusumano，2014；张小宁，2014）。同时，Tiwana 等（2010）认为，平台的治理应当与外部环境匹配，才能够使平台企业获取持续的竞争优势。

9.2.2　技术变革

技术变革这一概念是在 Schumpeter（1934）开创的"产业技术革命-企业技术创新"模型的基础上发展而来。从产业层面，Dosi（1982）提出产业的技术变革是技术轨迹，甚至是技术范式的改变。其中，技术范式是解决一系列技术问题的稳定模型，而技术轨迹则是范式内对常规技术问题的解决模式。Dosi（1982）强调技术变革会带来产业结构的变化。目前已有的相关研究也指出，技术范式改变所带来的技术变革往往会引起市场规模、产业收益、产业上下游紧密度的变化（Malerba et al.，2008）。从企业层面，Nelson 和 Winter（1973）认为企业的技术变革是企业依据外部环境变化做出的一种组织惯例变革。这种惯例的变革还同时包含了组织边界、组织行为直至最终与之匹配的组织战略的变革（Malerba & Orsenigo，1993）。

技术变革的过程可以进一步分为渐进性变革与突破性变革，在这两种不同的变革过程下，企业的架构、行为和战略是不尽相同的（Dosi，1982；Anderson & Tushman，1990；Tushman & Anderson，1986）。Dosi（1982）认为渐进性的技术变革是在技术范式所界定的技术轨迹展开的，具有一定的技术积累性和连续性；而突破性技术变革则是技术范式的改变。但是，技术范式通常具有很强的排外效应（exclusion effect），即在确定主导技术范式之后，技术变革将按照既定的技术轨迹渐近地进行，表现出强烈的路径依赖性。在渐进性技术变革时期，在位企业可以通过建立高效的组织结构、惯例和程序，来提高产品性能，降低成本以形成竞争优势；但是在突破性技术变革时，在位企业在已有的竞争优势下可能会继续沿着原有的组织惯例和技术范式，继续改进和拓展原有的技术轨迹，忽视了新的技术范式对外部竞争环境的重塑，也无法适应新的技术范式下的竞争，从而丧失竞争优势，甚至被新进企业所取代（Chandler，1992）。

上述研究表明，企业和产业的技术变革，是影响企业发展的重要环境因素之一，企业战略需要针对技术变革来进行调整。突破性和渐进性技术变革的潜在逻辑和实现过程有所差别，这导致在不同技术变革条件下，掌握现有核心技术与竞争优势的平台领导企业对组织惯例、行为及战略等的调整和演化方式可能是不一样的。渐进性技术变革下，领导企业的平台更为强调原有核心技术轨迹上的改进和对平台互补者的培育与发展，从而构筑平台的竞争壁垒；而突破性技术变革下，领导企业的平台则会更关注新技术范式的建立、新旧技术范式的替代及新平台互补者的搜索等问题。

9.2.3 创新困境

平台的"创新困境"是指在位企业会锁定在既有平台的优势技术当中，忽视新技术及平台的挑战，并且即使在位企业意识到并准备进行新旧平台更替时，又发现舍弃原有的平台互补者、发展与新平台相匹配的互补技术会产生高昂的替代成本，从而导致了平台演化的失败（Christensen，1997；Gawer & Cusumano，2014）。在技术变革下，平台领导企业进行平台演化时面临的"创新困境"通常包括：①面临技术轨迹锁定的难题（Dosi，1982；Christensen，1997），平台领导企业的平台核心技术面临轨迹锁定，从而阻碍了平台的演化；②企业存在组织惯性，这种惯性来自已有用户与整个平台的参与企业，突破这种惯性会产生高昂的转换成本（Gawer & Cusumano，2014）。技术变革复杂程度的增加，导致单纯依靠平台领导企业的改变已难以克服这种"创新困境"问题，其互补者的发展与技术也是影响平台领导企业能否克服这一问题的重要因素（Adner & Kapoor，2016）。

基于对平台及技术变革的文献研究，本章认为在技术变革下平台领导企业需要进行平台演化来获取竞争优势，从而突破企业的"创新困境"。其中的核心问题在于：领导企业怎样控制平台核心技术和治理平台互补者来完成新旧平台的演化。由于不同类型技术变革的侧重点不同，平台演化的过程也可能有所不同。本章将通过案例研究来刻画不同技术变革下的平台演化过程，从平台核心技术控制与平台互补者治理两个角度着重探索和分析平台演化过程中平台领导企业的具体组织行为。平台核心技术控制包括平台领导企业如何进行技术轨迹上的渐进性创新与技术积累，如何完成技术范式的突破式变革来进行新旧平台的跃迁；平台互补者治理则包括领导企业通过何种战略来培育互补者，以获得互补性技术，以及如何在平台的跃迁中完成新旧互补者的交替。通过对以上这些组织行为的分析，本章尝试归纳和提炼平台领导企业成功实现平台演化，在技术变革中获得持续竞争力的要素，寻找企业破解"创新困境"的路径。这一研究丰富了平台及平台演化的理论，同时对产业界的实践给予启示。

9.3　研究设计与案例介绍

9.3.1　研究设计

1）研究方法

基于 9.2 节的研究框架，本章是通过研究平台领导企业的组织行为来刻画技术变革下的平台演化，以及突破"创新困境"和构建持续竞争优势的过程。由于已有的相关研究匮乏，因此本章需要遵循从案例到理论的"分析性归纳"原理（Yin，2013）来进行探索性研究。案例研究能够对研究对象进行深入描述和分析，考察和掌握案例对象和研究主题在现象上的典型性与内容上的复杂性（Yin，2013），从而在发现新理论和丰富现有理论等方面具有重要价值和意义（Eisenhardt & Graebner，2007；Siggelkow，2007）。此外，技术变革下的平台演化是一个动态过程，而案例研究在展示动态过程方面具有优势，能深入揭示过程的变化特征，归纳和总结动态演进的路径（Eisenhardt et al.,2010）。在案例研究的基础上，本章进一步选取了纵向单案例研究的方法。这是因为纵向单案例研究可以在多个不同的时间点研究同样的研究对象（Yin，2013），从而更适合对动态的演化过程进行深度探索和分析，保证了案例研究的深度，进而提炼出能够揭示复杂现象的理论或规律，以更好地回答研究框架中提出的问题（Pettigrew，1990）。

根据纵向单案例研究中对案例的典型性和时间纵向性要求（Yin，2013），本章选取 IBM 公司作为具体研究案例，其主要原因如下：①IBM 公司是平台领导企业突破创新困境的典型代表（Pettigrew，1990）；②IBM 公司所处产业，即信息技术（information technology，IT）产业的平台化特征明显，同时，IBM 公司作为该产业的领导者，较早地采取了平台作为构筑其竞争优势的战略；③IBM 公司的平台经历了多个不同发展阶段，从早期的硬件制造商到软件服务提供商，再到系统集成商，IBM 公司的平台分别在突破性和渐进性的技术变革下成功地经历了两次重要演化；④IBM 公司的信息，资料与数据丰富，且易获得，除了相关年报、著作和学术文献之外，IBM 公司的专利数据历史长，且数量庞大[①]，为案例的深入挖掘提供了可能性。因此，本章将通过对 IBM 公司的纵向研究，探索性分析与挖掘技术变革下的平台演化过程与平台领导企业在这一过程中的组织行为。

2）数据来源与分析

本章的数据主要为 IBM 公司的定性数据和专利数据（1985～2014 年）。其中，

---

① 注：IBM 公司连续 22 年为获得美国专利最多的公司。

专利数据来源于德温特专利数据库（Derwent innovation index，DII）。该数据库的专利数据全面、权威且时效性强，并对所有收录专利的专利权人进行了统一且唯一的编码，其中，IBM 的代码为"IBMC"。数据检索时间自 2015 年 5 月至 2015 年 8 月，检索得到 DII 收录的 IBM 公司的申请专利共　126 264 件（1963～2014年），经过数据清洗，形成最终的数据样本。定性数据来源于以 IBM 公司为研究对象的著作和学术论文，以及 IBM 公司公开可查阅的资料，主要为 IBM 公司的历年年报（1984～2014 年）。这些定性数据主要包含了 IBM 公司的具体组织行为，如并购、合作研发等活动。这种多样化的数据来源保证了案例研究基础的坚实有效（Glaser & Strauss，1967）。

基于不同的数据类型，本章将使用定性分析与专利分析相结合的方法对案例研究进行相互补充和交叉验证，以形成稳定的三角互证（triangulation），提升研究的信度与效度（Yin，2013）。采用专利分析的原因在于：一方面，专利数据隐含大量的技术相关信息，被广泛应用于对技术特征和企业绩效的评价中（Griliches，1998），同时合作专利一定程度上也可以反映合作企业与研究对象之间的技术关联（Li，2009）；另一方面，从数据的可获得性和完整性的角度考虑，专利数据可以较为完整地展现IBM 公司的技术路径及其演化历程，展现与 IBM 公司合作的技术互补者情况，从而支撑本章的研究。但是，通过专利数据相对完整地刻画一个企业的演化路径相当困难，只有少量研究进行过此类复杂的分析（Li，2009），鲜有研究使用专利数据刻画与分析技术变革下的平台演化，所以这也是本案例研究在方法上的创新。

9.3.2　案例介绍

IBM 公司成立于 1911 年，是目前全球最大的信息技术和业务解决方案公司，拥有全球雇员 30 多万人，业务遍及 160 多个国家和地区。IBM 公司的主营业务以穿孔卡片技术为开端，历经多次转型，从制造磅秤、制表机到硬盘内存和大型计算机，实现了从提供硬件到软件再到服务的变革。

IBM 公司是最早实施平台战略并取得成功的企业之一，其平台发展历史有着鲜明的阶段性特点。IBM 的平台战略始于 20 世纪 80 年代的个人计算机（personal computer，PC）。1982 年，IBM 公司公开了 IBM PC 上除 BIOS[①]之外的全部技术资料，从而形成了 PC 机的"开放标准"。IBM 公司通过价值共享培育了大量的 PC 兼容机厂商，并与其结成了松散而又有力的联盟，同时相应的应用软件也相继被开发出来，进而形成了围绕 IBM 公司的平台。这一平台战略不仅确立了 IBM 公司在 PC机产业中的竞争优势，也带动了平台参与企业的整体发展，实现了与产业一同成长

---

① BIOS,即 basic input output system,基本输入输出系统。

（grow with industry）的理念（Gerstner，2002）。1995 年，以并购莲花公司（Lotus Development Corporation）为重要标志，IBM 的平台开始第一次演进（Dittrich et al.，2007）。并购莲花公司填补了 IBM 公司软件产品线的空缺，使 IBM 公司从硬件供应商向软件和服务供应商进行转型，并围绕"以网络为中心的计算"概念构建平台。2002 年和 2004 年 IBM 公司先后出售了硬盘和 PC 制造部门，以此为标志，IBM 公司开始了第二次平台演化。在这次演进中，IBM 公司的平台设计不再单纯强调软件的供应，而是以市场和客户的需求为基础，通过先进互联网技术整合平台资源为客户提供全方位的创新性解决方案。在软件和服务平台的基础上，IBM 公司通过产业模式、商业模式、计算模式和市场模式的创新与升级完成了本次平台的演进。在这两次平台演化的过程中，IBM 公司的历年营业收入虽然受到 1990 年和 1999 年金融危机和互联网泡沫的影响，但是总体呈增长趋势，表明了 IBM 公司的平台演化是十分成功的。

因此，基于 IBM 公司的主营业务变化和企业战略布局调整，本章将其平台演化过程的分析集中在 1985~2014 年，并将 IBM 公司的平台发展分为：以个人计算机为核心的平台 I 阶段（1985~1994 年）；以服务供应为核心的平台 II 阶段（1995~2004 年）；以系统集成为核心的平台III阶段（2005~2014 年）。以此为基础，本章将着重分析这三个平台间的两次平台演化过程，如图 9-1 所示。

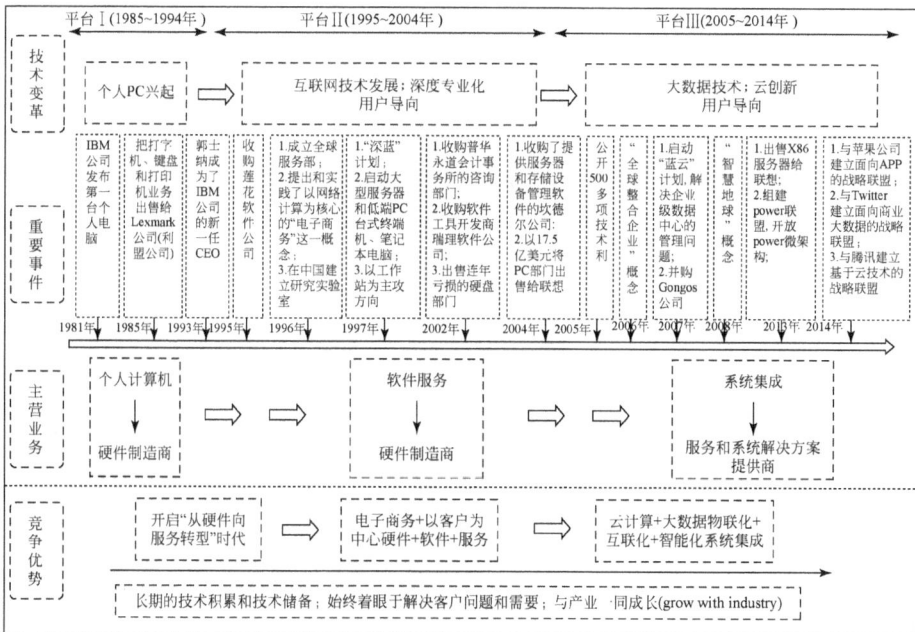

图 9-1 IBM 公司的重要事件与战略调整

资料来源：作者绘制。

9.4　案例分析与主要发现

9.4.1　IBM 公司平台的核心技术突破与轨迹演化

本章对搜索到的德温特数据库中 IBM 公司的 126 264 件专利进行了归类分析。基于 DII 手工代码（MC）[①]，发现 IBM 公司的技术主要分布在数字计算机、半导体材料及工艺、电气设备、通信及数据传输、软件产品、服务器、存储技术、数据库相关技术等领域。将 IBM 公司申请的专利技术和申请时间进行匹配发现，随着 IBM 公司的平台演进，IBM 公司的战略与相应的业务范围也在进行着不断地调整，其申请技术专利的应用领域也在不断地产生变化。基于对 IBM 公司的三个平台时期的划分，利用德温特手工代码（MC），逐一查找不同平台间的技术变化。对比两个相邻的平台，查找在旧平台中未出现，而在新平台中出现的技术代码。这些代码在一定程度上反映了平台核心技术轨迹的变革方向。表 9-1 为 IBM 公司在不同平台时期排名前 50 位的技术应用领域。

表 9-1 显示 IBM 公司在平台 I（1985～1994 年）到平台 II（1995～2004 年）的演化中，核心技术轨迹的变化更大，聚焦技术的前 50 位的变化剧烈。平台 II 的平台核心技术领域前 50 位共新增加了 14 项在平台 I 中未进入前 50 的技术，而从平台 II 向平台 III（2005～2014 年）的演化，这一数据仅为 2 项。从平台间技术轨迹变革的领域明细中（表 9-2）可以看出，技术领域方面，平台 II 较平台 I 新增的技术领域主要是软件产品、数据库、虚拟系统等电子服务技术。平台 III 较平台 II 新增的技术领域则是新型数据处理、传递和数字储存技术，软件产品的专利占从平台 II 时的 25.34% 上升到了平台 III 时的 48.43%。

同时基于专利数据，本章总结了两次平台演化中 IBM 公司放弃的技术领域（表 9-3）。IBM 公司的平台在第一次演化中主动放弃了与半导体生产和制造有关的工艺、材料技术、部分电气设备改进技术及包括存储技术在内的硬件制造技术。结合新增技术领域的专利分析，可以说明 IBM 公司从平台 I 到平台 II 的演化是从围绕硬件技术的平台向围绕软件技术的平台的演化（Dittrich et al., 2007），这也与 20 世纪 90 年代后 IT 产业技术变革方向吻合。在这一时期，随着计算机硬件技术的快速提升，软件技术也有了长足的进步，而以客户为中心、以市场为导向的电子服务成为 IT 产业技术变革所带来的新市场。面对日趋激烈的硬件市场竞争，

[①] 德温特手工代码（derwent manual codes，MC）由德温特的标引人员分配给专利，用于表示某项发明的技术创新点和应用。一项专利至少拥有一个手工代码，涉及多个技术领域的专利拥有多个手工代码，因此从一项技术出发，通过手工代码可以了解一项技术涉及的所有应用领域。

表 9-1　不同平台的主要技术领域 TOP50

TOP	1985~1994年 手工代码	占比	1995~2004年 手工代码	占比	2005~2014年 手工代码	占比
1	T03-N01	5.16%	T01-S03	25.34%↑↑	T01-S03	48.43%↑
2	T01-F05	2.63%	T03-N01	4.32%↓	T01-N02A3C	8.31%↑
3	T01-F02	2.27%	T01-F05E	3.41%↑	T01-J05B4P	8.25%↑
4	A12-E07C	2.25%	T01-H03A	3.19%↑	T01-E01A	7.90%↑
5	T01-J02	2.12%	T01-J05B3	2.35%↑	T01-F05E	6.40%↑
6	T01-J05B	1.84%	W01-A06G2	2.35%↑	T01-F03	6.07%↑
7	T01-J	1.68%	T01-J05B4M	2.21%↑↑	T01-F05G3	5.95%↑
8	T01-H02	1.64%	T01-F07	2.17%↑	T01-N01D2	4.75%↑
9	G06-D06	1.59%	T01-F05A	2.16%↑	T01-M02	4.70%↑
10	T01-J05	1.54%	T03-A08A1C	2.07%↑	T01-N01D3	4.68%↑
11	[no value]	1.50%	W01-A06E1	1.87%↑↑	T01-J05B3	3.82%↑
12	T01-C03	1.50%	W01-A03B	1.83%↑	T01-N02B1B	3.63%↑
13	T01-J09	1.45%	T01-J12B	1.61%↑	T01-N02B2B	3.43%↑
14	A12-E07A	1.30%	T01-N02B1	1.56%↑↑	W01-C01D3C	3.24%↑
15	T01-H05B	1.30%	U14-A03B4	1.50%↑	T01-M06S	3.11%↑↑
16	G06-F03C	1.25%	U13-C04B1A	1.50%↑	T01-J05B2B	3.10%↑
17	T01-G03	1.24%	T01-J05B4P	1.49%↑↑	T01-N01D	2.84%↑
18	T04-H01	1.17%	A12-E07C	1.47%↑	T01-N02B1A	2.82%↑
19	L03-D03D	1.16%	T01-H07C5A	1.39%↑↑	T01-N02A2C	2.78%↑
20	T04-G06	1.10%	L03-G04A	1.35%↑	T01-J05B4M	2.68%↑
21	W01-A06X	1.10%	T01-H01A	1.32%↑	T01-F07	2.68%↑
22	T01-J10C	1.06%	T01-J12C	1.32%↑↑	U11-C18A3	2.66%↑
23	T01-J12B	1.06%	T01-H07C5E	1.28%↑↑	T01-H03A	2.60%↑
24	A12-L02B2	1.05%	T01-N02A3B	1.26%↑↑	T01-N02A3	2.51%↑
25	T04-G01	1.03%	T01-N01D	1.21%↑↑	T01-F05B2	2.46%↑
26	T01-H07C	1.02%	T01-N01A2A	1.18%↑↑	U12-D02A	2.45%↑
27	T01-H07B	0.99%	T01-M02	1.18%↑↑	L04-C11C1	2.37%↑
28	L03-H04E2	0.94%	T01-J12B1	1.15%↑↑	T01-N03A2	2.37%↑
29	U11-C04	0.93%	W01-A06B5A	1.15%↑	L04-E01A	2.27%↑
30	T04-G	0.92%	T01-J05B2B	1.12%↑↑	T01-F04	2.22%↑
31	L03-H04E3	0.91%	T01-J05B	1.12%↑	L04-C12	2.17%↑
32	T01-F03B	0.90%	T01-F02C	1.07%↑↑	W01-A03B	2.14%↑
33	T01-L02	0.89%	T01-F05B2	1.07%↑	T01-G03	2.14%↑
34	V04-R02	0.88%	T01-H01B1	1.06%↑	T01-D01	2.13%↑
35	T01-E01	0.86%	T01-J05A2	1.05%↑	T01-N01C	2.12%↑
36	W01-A03	0.86%	T01-J18	1.05%↑	T01-N02B1E	2.02%↑
37	T01-M02	0.84%	T01-M06A1A	1.04%↑↑	W01-A06G2	2.01%↑
38	S01-G01A	0.83%	T03-A03E	1.03%↑	T01-J15A2	1.99%↑
39	T01-G09	0.83%	T01-L01	1.02%↑	T01-F05G	1.95%↑
40	A05-J01B	0.82%	T01-N02B1B	1.02%↑↑	T01-E01	1.95%↑
41	T01-J10B	0.82%	T01-J05B1	1.02%↑	T01-J12C	1.92%↑
42	U14-A03B4	0.80%	L03-B05M	1.01%↑	T01-E01B	1.91%↑
43	T01-G01	0.77%	W01-A06A	1.01%↑	T04-F03	1.81%↑
44	U12-E01	0.77%	T01-G05C	1.00%↑	T01-F03A	1.68%↑
45	T01-F03	0.76%	T01-J20C	1.00%↑	L04-C13B	1.65%↑
46	G06-D04	0.74%	T01-H07C5S	0.99%↑↑	T01-F05A	1.65%↑
47	T01-H01	0.74%	T01-H01B3	0.99%↑	T01-N03A1	1.61%↑
48	G06-G18	0.73%	W01-A05B	0.99%↑	T01-J05B2C	1.61%↑↑
49	T01-H	0.73%	T01-D01	0.98%↑	T01-J12	1.56%↑
50	T01-H01C	0.72%	T01-J11C1	0.98%↑↑	T01-N02B2	1.56%↑

资料来源：作者根据专利数据整理。

注："↑↑"表示技术在旧平台向新平台演化时呈现出增长的趋势；"↑"表示该技术在旧平台向新平台演化时呈现出增长的趋势；"↓"表示表示技术在旧平台向新平台演化时呈现出减少的趋势。

表 9-2　平台间技术轨迹变革的领域明细

技术变化（变革）领域明细		技术变化（变革）领域明细	
平台 I → 平台 II	T01-S03（claimed software products 软件产品）	平台 II → 平台 III	T01-M06S（servers 服务器）
	T01-J05B4M（database management 数据库管理）		T01-J05B2C（metadata 元数据）
	T01-N01D（data transfer 数据传输）		T01-H01B4（dynamic magnetic 动态磁）
	T01-N01A2A（e-services 电子服务）		T01-N02A2D（SAN 一种新的储存技术）
	T01-J12B1（user interface management system 用户界面管理系统）		T04-C12C1（semiconductor on insulator（SOI）绝缘体上的半导体）
	T01-M06A1A（hand-held 手持式）		T01-J21（non-vehicle navigation 非车载导航）
	T01-N02B1B（user privileges/password syst 用户权限和密码系统）		T01-N02A1A（addressing 寻址）
	T01-H07C5S（using serverusing 服务）		T04-K03B（RFID/transponder 无线射频识别询答器）
	T01-J05B4B（Relational database 关系型数据库）		U11-C05F1A（gate insulation lsyer manufacture 栅极绝缘层的制造）
	T01-N03A2（search engines and searching 搜索引擎及搜索）		T01-H01B3D（non volatile electronic semiconductors memories 非易失性存储器）
	T01-N02A3C（servers 服务器）		T01-F02C3（multi-thread 多线程）
	T01-F05G3（virtual systems 虚拟机系统）		T01-J11E（presentation software 演示软件）
	T01-N01A1（EFT/banking EFT/银行）		T01-F02C4（data transfer between applications 应用之间的数据传送）
	T01-M02A1B（client-server systems 客户端-服务器系统）		

资料来源：作者根据专利数据整理。

IBM 公司开始重点关注软件领域尤其是中间件。IBM 公司通过打造中间件平台，将自己提升为服务和系统解决方案提供商，完成了从硬件技术平台向软件技术平台的演化，平台的核心技术轨迹也完成了突破性的变革，从旧有的硬件技术范式向新的软件技术范式进行改变。

相比于平台 I 到平台 II 的演化，IBM 公司在从平台 II 到平台 III 的演化过程中，只有极个别技术被放弃了，而且多数是与 IBM 公司的硬盘和 PC 制造技术相关的专利。这一专利分析结果说明平台 II 和平台 III 之间的技术类别相似，IBM 公司的第二次平台演化是在原有平台基础上的进一步延伸。这一平台演化的技术变革背景则是互联网技术的飞速发展与创新全球化的趋势。IBM 公司第二次演化的关注点是在原有软件技术基础上聚焦高价值领域，开发新的企业系统、整合中间件和专业化高价值组件，拓展云计算等新的软件技术，强化 IT 服务运作给客户提供产品和服务，完成了平台核心技术轨迹上的渐进性变革，使 IBM 公司全球服务部发展成为世界最大且最具创新的顾问、系统集成商和战略外包的领导者（彭剑锋，2013）。

表 9-3　平台 I 到平台 II 被放弃的技术领域明细

被放弃的技术领域明细		被放弃的技术领域明细	
平台 I →平台 II	L03-D03D（Insulating and conductive layer production 绝缘和导电层生产）	平台 II →平台III	W02-F07（bandwidth/bit-rate reduction, PCM systems 带宽/降低码率，PCM 系统即脉冲编码调制系统）
	L03-D04A（transistors 晶体管）		L03-G05B（materials and components for LCDs display devices 液晶显示设置的材料和组件）
	L03-D03C（etching, slicing, and diching 蚀刻、切片和切块）		W04-E02A3（disk driving arrangement 磁盘驱动装置）
	S01-G02（electrical testing of Display tube 显示管的电气测试）		T03-A05C5A（rotary drive 旋转驱动）
	A12-L02B（conpositions for making printing plates or electrical devices 印刷板或电气设备的组成部分）		
	T04-G05[Electrode (e.g.electrosenstitive/erosive) 电极（如电敏的/腐蚀性）]		
	T04-H01A（for single beam tubes 单波束管）		
	V05-F02（electron beam 电子束）		
	T04-H01A1（generator, for CRT display 发电机，阴极射线管显示器）		
	L03-D03（producing semiconductor devices 生产半导体器件）		
	L03-D03A（doped layers on a substrate Including epitaxial layer production of single crystals 包括单晶外延层的衬底掺杂层）		
	T03-D01（magneto-optical recording 磁光记录）		
	G05-E（non-radiation sensitive copying material 缩短敏感的复制材料）		
	V05-F03(arrangements of electrodes 电极安排)		
	U14-A06A（electrically alterable semiconductor stores 电子可变半导体存储）		
	W02-J01（scanning arrangements 扫描装置）		
	L03-D03F（soldering, thermo-compressing bondig 焊接、热压缩焊）		
	T03-H01A（for disks 磁盘）		

资料来源：作者根据专利数据整理。

用专利刻画 IBM 公司平台核心技术轨迹演进的过程,本章还发现了两个显著特点:①突破式技术变革下的平台演化,虽然新旧平台的技术范式发生改变,但是新平台与旧平台依旧存在技术交集。平台 II 的专利前 50 位技术领域依旧包括了平台 I 中的硬件技术领域,而 IBM 公司在围绕硬件技术的平台 I 阶段则已经开始开发软件相关的技术,且技术领域分布也比较广泛,部分软件技术在平台 II 期间开始快速发展。这表明,在突破性技术变革下,成功的平台核心技术演进需要平台领导企业有较为宽阔的技术领域与充足的技术储备。②渐进性技术变革下的平台演化中,IBM 公司的技术领域呈现出日趋集中的趋势。平台 II 的软件产品专利高达 17%,约占 IBM 公司全部专利的 1/5;平台Ⅲ中的软件产品专利占比高达40%,而软件产品、服务器、数据库等核心技术专利约占 IBM 公司全部专利的 60%,集中的趋势明显。这一趋势说明,随着 IT 产业的发展,企业的业务领域越来越细化,专业化的公司成为主流。渐进性技术变革下的平台演化中,核心技术轨迹将会是原有技术轨迹上部分细分领域的扩展与延伸。

9.4.2　IBM 公司平台的互补者演化

在技术变革下的平台演化中,不仅 IBM 公司平台的核心技术轨迹在进行演进,围绕平台的互补者也在进行演化。IBM 公司通过互补者获取互补性技术与资产,提升平台的整体竞争优势,利用专利合作与并购两种行为对其平台上的互补者进行治理。

1. 与互补者的专利合作

就专利合作而言(图 9-2),自 20 世纪 90 年代以来,IBM 公司与其他公司的合作专利呈现出增长的趋势,在平台 I 向平台 II 演化的节点,即 1994~1995 年合作专利的数量呈爆发式增长,所占 IBM 公司专利总量的比例也在上升。到 2003年,IBM 公司的合作专利量达到峰值,之后合作专利量整体呈下降趋势,同时占总专利量的比例也在下降。

具体来讲,20 世纪 80 年代,IBM 公司在 PC 制造行业处于垄断地位,其长期的技术储备和积累使得 IBM 公司采取了垂直整合一体化模式,将设计、生产、商业化等各个环节集中在公司内部(Lloyd & Phillips, 1994)。因此,在围绕硬件生产的平台 I(1985~1994 年)时期,IBM 公司与其他企业的专利合作量较少,且专利合作网络呈现出以 IBM 公司为唯一核心的网络结构。平台 I 时期与 IBM 公司合作的企业包括英特尔公司、西门子股份公司、惠普公司、AMD(超微半导体

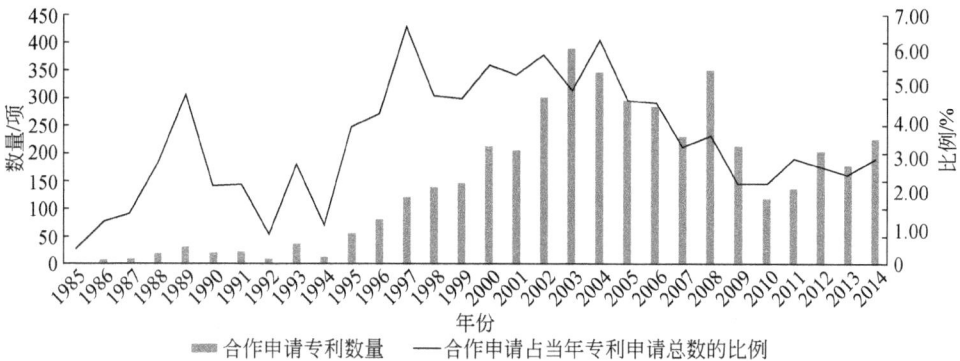

图 9-2　IBM 公司合作申请专利情况

资料来源：作者根据专利数据绘制。

公司）等 IT 知名企业，几乎囊括了美国半导体制造技术战略联盟（Sematech）[①]的所有核心企业，代表着美国 85%的半导体制造能力。在这个专利合作网络中，IBM公司掌握着微机架构的核心技术，几乎所有的企业都是在该架构下进行研发和生产，其他新进者和参与者没有机会改变。

　　然而技术的迅速变革，外部环境的变化，使 IBM 公司在 IT 硬件制造业的垄断地位不断遭受外部挑战。尤其是随着技术的变革，英特尔公司找到了突破 IBM公司架构的机会，并逐渐掌握了电脑处理芯片的技术优势，加之微软操作系统的普及，一批 PC 新进企业崛起，挤压了 IBM 公司硬件制造的利润空间。同时，随着硬件计算能力的不断提升，以及以互联网为代表的 IT 技术的快速发展，软件成为 IT 产业新的市场增长点。在这一背景下，IBM 公司的平台开始了第一次转型。新的外部环境下，IT 企业的生产、设计和研发等活动逐渐以终端用户为主导（Stewart & Hemp，2004），使创新活动的不确定性和复杂性大幅提升，同时，在第一次平台转型中，IBM 公司的平台核心技术轨迹是由硬件技术向软件技术演化。在这一突破性技术变革下，IBM 公司并不具备整个产业链中所需要的全部能力，所以 IBM 公司打破了平台 I 时期以自己为绝对中心的架构，转而在构建自身核心技术的基础上，为平台互补者的成长提供了大量机会窗口。这使得平台 II（1995～2004 年）上的企业更加专业化，互补与依赖程度也不断加深。平台 II 时期，IBM公司基于平台的特性与其他企业通过联盟、合作研发、专利共享等模式（Pettigrew，1990）来填补在技术范式改变时所产生的技术缺口，培育新的技术范式下相匹配的互补技术，从而应对突破性技术变革所带来的挑战，以顺利地进行突破性技术

---

　　① 成立之初的美国半导体制造技术战略联盟（Sematech Member Companies）包括 14 家企业，分别为：AT&T Microelectronics；Advanced Micro Devices；International Business Machines（IBM）；NCR；Digital Equipment；Harris Semiconductor；Hewlett-Packard（HP）；Intel；LSI Logic；Micron Technology；Texas Instruments；Motorola；National Semiconductor；Pockwell International。这些企业均和 IBM 公司有合作关系，是 IBM 公司平台的参与者。

变革下的平台演化。

2000 年之后,移动互联与大数据的深入发展使得 IT 产业涌现出大量新兴技术。与此同时,面向用户需求的创新变得越来越复杂,物联化、互联化、智能化的技术趋势使得企业的业务领域更加细化。在这一技术变革的背景下,IBM 公司第二次平台转型在平台 II 的技术基础上更加强调系统性的服务,并深入发展与之相关联的技术,企业的专业化程度也随之加深。平台上互补者的分工也随之细化,一些平台 II 时期的互补者在平台 III 中构建了围绕各自技术领域的子平台。IBM 公司在 2005 年公开了 500 多项技术专利,产生了庞大的技术溢出。这一举措提升了平台互补者的技术能力,为大量中小企业进入 IT 产业提供了机会,同时也为其和子平台培育了大批互补者,帮助平台完成第二次演化,提升了整个平台的竞争力。

但是,IBM 公司在平台 III 时期与互补者的合作专利量及占总专利量的比例较平台 II 时期均有一定程度的下降(图 9-2)。这存在三个潜在原因:①IBM 公司的第二次平台演化是在渐进式技术变革下进行的,IBM 公司和其互补者在平台 II 时期都完成了大量相关的技术积累,技术能力得到提升,可以不需要通过大量合作研发的方式进行技术轨迹的创新;②平台 III 中的分工越发细化,同时 IBM 公司的互补者在平台上构建了子平台,可以相对独立地完成细分互补技术领域的技术创新;③IBM 公司在平台 III 时期确定了深入发展的技术领域,从而通过与之匹配的精准并购从平台内外获得了关键的互补性技术与资产。

2. 对互补者的并购

1995 年 IBM 公司并购莲花公司是其第一笔重要的并购活动,通过并购莲花公司,IBM 公司填充了其软件产品线的空缺,也开始了由平台 I 向平台 II 的演化。2002 年,IBM 公司收购了普华永道会计事务所的咨询部门,建立了 IBM 公司商业资讯服务部,从而明确了从硬件制造到软件服务提供的转型,也为这一转型提供了组织与技术上的支持。平台 II 时期,IBM 公司共完成 15 项并购活动(彭剑锋,2013),且均与软件和服务相关,这有效地提升了作为硬件制造商的 IBM 公司的软件与服务技术能力,为突破性技术变革下的平台演化奠定了基础。与此同时,IBM 公司分别在 2002 年和 2004 年出售了硬盘和 PC 制造部门,进一步明确了软件与服务提供者的发展定位,并以此为标志进行第二次平台演化。

在平台 III 时期,IBM 公司共完成 125 项并购活动(彭剑锋,2013)。一方面,这些并购中包含了可以加强和提升 IBM 公司原有软件技术与服务质量的公司。例如,在 2005 年并购 Data Power 公司,提高了 IBM 公司业务流程软件的安全性和速度,在 2007 年并购 Softek 公司,促进了 IBM 公司将软硬件与研究整合至高利润、标准化的服务中。另一方面,一些并购帮助 IBM 公司在平台 III 时期成为云计算、大数据等新兴 IT 技术的领先者。例如,2010 年 IBM 公司收购 Unica 公司布局云计算解决方案，2012 年收购 Platform Computing 公司以巩固 IBM 公司在云计算领域的地位，2013 年收购 Stored IQ 公司，从而整合 IBM 公司整体的大数据战略。相比于突破性技术变革，在渐进性技术变革下的平台演化中，IBM 公司的技术发展方向更为明确，可以使其紧紧围绕平台技术轨迹渐进创新的方向进行并购活动，以提升和加强原有平台技术轨迹上的优势。因此，在平台 I 向平台 II 演化的演化过程中，IBM 公司是通过与平台互补者进行大量的专利合作来确定新的技术范式和完成互补技术培育，而在平台 II 向平台 III 的演化过程中，IBM 公司在新的技术范式下则通过大量的并购活动快速提升技术能力，完成平台演化，合作专利比例也相应地减少。

此外，IBM 公司还在有联合研发与合作专利的平台互补者中有选择地进行并购。较为典型的例子是提供完善商务智能和绩效管理平台的 Cognos 公司。Cognos 公司在 2001 年与 IBM 公司开始进行联合专利申请，并经历 IBM 公司的第二次平台演化，成为其重要的平台互补者。2001~2006 年，Cognos 公司与 IBM 公司一共产生 55 项联合专利，主要集中在与软件相关的编排（T01-F05）、控制（T01-N02）与检索（T01-J05）等技术领域，2008 年，Cognos 公司被 IBM 公司并购。之前提到的 Stored IQ 公司与 Platform Computing 公司在被并购前也都是 IBM 公司平台上的互补者，与 IBM 公司有专利合作基础。IBM 公司通过对此类公司的并购可以将互补性技术与资产内化，也可以降低并购后的资产剥离与创新资源重新配置所带来的风险，从而有效增强 IBM 公司在细分技术领域的实力。

3. 平台互补者与 IBM 公司平台的共同演化

通过对 IBM 公司及其平台互补者合作专利的分析，本章还发现一部分互补者跟随平台共同演化。在两次平台演化的过程中，IBM 公司可以通过主动增加和放弃与平台互补者的合作来培育、发展和控制其核心技术轨迹及相关互补技术的演化方向，但是与此同时互补者可以通过自身的演化与 IBM 公司的平台技术相匹配，从而留在平台上，保持与 IBM 公司的长期合作。研究发现，有 9 家企业经历了 IBM 公司的两次平台演化[①]，另有 21 家企业跟随 IBM 公司经历了其第一次平台演化，57 家企业一起经历了第二次平台演化。两次平台演化与共同演化企业数量上的差距有两个潜在原因：①IBM 公司在平台 I 时期的平台互补者数量少于平台 II 时期；②突破性技术变革下的平台演化对共同演化企业的要求更高，需要适应 IBM 公司平台技术范式的改变。

此外，随着平台的演化，平台互补者相关技术的演化也呈现出不同的路径。

---

① 这 9 个企业分别为：AU OPTRONICS（友达光电）；EASTMAN KODAK（柯达）；GENERAL ELECTRIC（通用电气）；HITACHI（日立）；INTEL（英特尔）；MEDIATEK（联发科技）；SAMSUNG ELECTRONICS（三星电子）；SIEMENS（西门子）；TOSHIBA（东芝）。

一部分企业的技术演进与平台演进保持一致，即平台技术范式完成变革时，其平台相关技术也完成突破性变革。例如，SAMSUNG ELECTRONICS①在以硬件制造为核心的平台 I 时期与 IBM 公司的合作领域集中在数据储存的硬件技术（T03）；在以软件为核心的平台 II 时期,其与 IBM 公司的技术合作中心就转为了数字信息交换系统的控制与软件（W01-A06），并顺利完成了平台相关技术的突破式演化。另一部分企业则在平台完成突破性演进时，保持其原有技术的延续性，而在平台进行渐进性演化时完成技术的突破性变革。例如，HITACHI②在平台 I 时期与 IBM 公司主要的合作技术领域是硬盘存储（T03-N01）、薄膜磁头（T03-A03E）等硬件技术；在以软件为核心的平台 II 时期，IBM 公司依旧与 HITACHI 在相关的硬件技术领域合作；但是在平台 II 向平台 III 的渐进式演化中，HITACHI 的平台相关技术从硬件技术转轨为与数据储存相关的软件程序和管理技术（如 T01-S03、T01-F05E 等），完成了突破式演化。在这一过程中，HITACHI 的技术演进没有完全与平台演进保持一致，这是由于 IBM 公司在进行突破式技术变革下的平台演化中，并没有立即完全放弃旧有平台的技术，如硬盘营业部是在 2002 年才被出售。这也说明，平台互补者可以利用平台旧有技术来延续其原有的技术轨迹，同时利用平台领导者对旧有技术渐进式创新所形成的技术溢出效应来提升自己的技术能力，为其适应下一轮技术变革下的平台演化打下基础。然而，无论是哪种平台相关技术演化路径，在技术变革中，平台与互补者最终都会呈现出共生共演的态势，一些无法与平台共同演化的企业则会在平台演化时退出。

9.4.3　主要发现

（1）平台演化需要结合不同的技术变革使用不同的治理方式。研究发现，在不同类型技术变革下，平台演化的方式与过程是有所区别的，这一点与 Tiwana 等（2010）的观点一致，即领导者对平台的治理应该匹配外部环境，才能够最有效率地实施平台战略，获取平台持续竞争力。

具体来讲，在突破式技术变革下，由于平台的技术范式改变，平台需要主动放弃更多的旧有技术，培育和获取更多的新技术以完成平台技术范式的演进。在新技术获取上，由于技术范式改变所带来的技术不确定程度高（Tushman & Anderson, 1986），突破式平台演化更多地通过与外部互补者进行专利合作的方式来共同探索和确定技术范式的改变方向，从而补充新的技术范式下的技术缺口。

---

① SAMSUNG ELECTRONICS（三星电子）与 IBM 公司合作申请专利的时间跨度超过 22 年，累计合作申请 87 条专利。其业务领域主要集中在视觉显示、数字家电、打印解决方案及健康与医疗设备等领域。
② HITACHI（日立）与 IBM 公司的合作申请专利的时间跨度超过 23 年，累计合作申请 430 条专利。其业务领域主要集中在家用电器、电脑产品、半导体、产业机械等领域。

此外，通过联合研发、联盟、专利共享等方式的专利合作可以同时为新的技术范式培育互补技术，从而加快新技术范式的部署与实现。这一发现也支持了 Adner 和 Kapoor（2016）互补技术影响突破性新技术实现速度的观点。渐进式技术变革下，平台的演化是在主导技术范式下，在已有技术轨迹上继续延伸和聚焦，呈现专业化趋势。研究发现，此时平台放弃的旧有技术相对较少，且新的技术领域紧紧围绕已有技术轨迹。研究还发现，平台的渐进式演化依靠专利合作来获取新技术的数量在减少，而通过并购来精准获得所需要的新技术和互补技术的数量在增加。这是因为渐进式技术变革下，平台领导企业和互补者在新技术范式下的技术已经逐渐成熟，不再依赖专利合作来进行对新技术范式的共同探索。同时，平台上的分工也更为细化，互补者在平台上通过构建子平台可以独立完成细分技术领域的创新，而平台领导者则在细分技术领域通过并购来更为精准和高效地获得所需技术，还可以内化这一价值（Gawer& Henderson，2007）。

（2）平台演化需要宽阔的技术领域作为技术基础。为了克服"创新困境"中技术锁定的问题，平台演化时，平台领导企业应具有宽阔的技术领域与充足的技术储备。强调了技术积累和技术储备的重要性。宽阔的技术领域提升了平台领导企业的灵活性（Shim & Lee，2012），而充足的技术储备则不仅是面对技术变革时的重要转型资源，也使平台领导企业能够高效地与互补者进行合作、并购以突破技术锁定。这一发现扩展了 Li（2009）对静态平台上领导者与互补者之间的活动对平台技术能力影响的研究，探索并刻画了在平台动态演化下，平台领导企业与互补者之间的活动对平台技术变革的影响。前期的技术布局和技术基础的优势是后期面对技术变革时的重要转型资源。IBM 公司能够顺利地实现平台演化并突破平台的"创新困境"，就源于其对技术研发与创新观念的长期支持与投入，其成功是长期技术积累的结果，是水到渠成的。技术研发一直以来在 IBM 公司都处于不可撼动的重要地位，为每次创新与转型提供了智力支持与落实支撑。IBM 公司也是在长期积累的多方面独立技术单元优势的前提下，才能实现系统商业模式的集成创新，完成技术系统的整合升级。

平台领导企业往往通过对非核心技术，即旧有平台核心技术和新平台非核心技术进行开放与共享来获取宽阔的技术领域与充足的技术储备。这种技术开放与共享行为不仅可以帮助增强相关互补者的技术能力，还可以形成一定技术溢出效应使其他企业产生创新，而部分创新则又为平台领导者所用，从而扩宽平台领导者的技术领域，成为其技术储备（Ziegler et al.,2014）。

（3）平台演化需要互补者与平台的共生共演。为了克服"创新困境"中转换成本高的问题，平台互补者需要与平台形成共同演化的态势。这表现为平台互补者通过与领导企业的合作不断提升技术能力，适应平台领导企业的技术创新（Zahra & Nambisan，2011），从而与平台一同演进，而不能够共同演化的互补者则被领导企业所放弃。这种共同演化使得平台在演化过程中可以保留一部分互补者，而不是替换所有的互补者，从而降低了一定的替代成本。此外，平台领导企业对一些共同演进的企业进行并购，不仅内化了价值，还降低了并购后资产剥离与创新资源在配置所产生的风险。

在共生共演的过程中，平台领导企业和互补者作为一个整体（共同体），共同抵御和防范"创新困境"风险，相互分担或分享技术创新的过程。随着创新的日趋复杂化和用户需求的日趋多元化，企业与企业之间合作的技术宽度和深度也不断地拓宽和加深，表示平台领导企业在技术合作的基础上，基于平台战略的需要，同互补者之间的合作日益加深和广泛。在既存在竞争又存在合作的市场环境中，受制于技术范式及市场需求，平台领导企业只能选择主动和广泛的合作来应对挑战。越来越多的互补者加入平台，扩大了平台的影响力，同时平台对这些互补者的价值就越大，促进了更多的互补企业参与。伴随着技术变革的共生共演，互补者与平台领导企业之间形成良好的合作伙伴关系，共同破解"创新困境"，通过全新、开放、多元的战略制定，与平台互补者构建共赢的基于平台的生态系统，推动整个产业的升级。伴随着平台领导企业的每一次平台演化，平台互补者与平台领导者之间都存在充分的技术共享。面对平台及领导企业的变化，参与平台的互补企业也要做出相应的调整，以适应平台演化的需要。

（4）平台演化中的新平台是旧平台的延伸而非替代。在宽阔的技术领域与共生共演的基础上，平台演化无论是在突破式还是渐进式技术变革下，都呈现出延伸的态势。这是因为技术的积累和互补者的共同演化都使平台在演进中保留了已有的部分要素，在此基础上，新平台只需要补充和开发新的相关互补者和扩展新技术，对旧平台进行扩展延伸与部分剥离来完成平台的演进。与 Gawer 和 Cusumano（2014）所认为平台演化是新旧平台替代的观点有所不同，本章认为向新平台的演化并不能颠覆旧有平台。即使在突破性技术变革下，平台的技术范式发生改变，新旧平台仍然会产生交叠，旧平台依然存在，而基于突破性技术的新平台则会不断扩大。

渐进性技术变革的条件下，平台保持在原有的技术轨道下，企业之间基于主导技术开发一系列微小、渐进性的创新；突破性技术变革的条件下，主导技术改变所导致的技术轨道的迁移，并不能颠覆旧有的平台，而是在旧平台的基础之上形成新的平台。所以，无论是突破性的技术还是渐进性的技术，在平台演化的过程中，都呈现出的是新平台是旧平台的延伸，而不是替代。这一延伸表现在：新平台在旧平台的基础之上，扩大了技术范围和合作的伙伴。旧平台上的合作伙伴同核心企业共生共演，而新加入的企业，作为平台领导企业的互补企业，扩大了平台的范围。在这里提及的平台演化是旧平台向新平台延伸的观点中，平台领导企业可以依靠合理的治理手段在旧平台的基础之上形成新的平台，突破技术锁定与降低替代成本。

9.5　结论与启示

9.5.1　研究结论

通过案例分析,本章的主要结论如下:

(1)不同类型的技术变革下平台演化体现出不同的特征和规律,因而平台领导企业在平台演化时的具体组织行为和战略布局也有所差别。突破式技术变革下,技术路径的迁移致使平台需要大量的新技术及其配套的互补技术,平台演化的过程就表现为放弃一部分旧技术,代之以获取一部分新技术。保留的旧技术同获取的新技术共同形成了新平台,实现了从旧平台向新平台的跃迁。与之对应的组织行为和企业战略则是平台领导企业主动放弃更多的旧有技术,并主要通过与外部互补者进行专利合作的方式来培育和获取更多的新技术以完成平台技术范式的演化。渐进式技术变革下,技术路径不发生迁移,平台上的技术创新主要是在既有的主导技术之上进行改进和创新,平台上放弃的技术相对少,而平台的演化则是更聚焦于平台的核心技术,新平台则是旧平台的扩大。与之对应的组织行为和企业战略是平台领导企业逐渐减少依靠专利合作来获取新技术的概率,转而通过更多的并购来精准获得所需要的新技术。

(2)平台领导企业面对的“创新困境”主要是受制于平台的核心技术和平台的互补者这两个要素。突破“创新困境”,意味着平台领导企业需要懂得如何控制、培育平台的核心技术及如何治理平台的互补者。由于不同类型技术变革的侧重点不同,平台演化的过程也可能有所不同。在辨别不同类别的技术变革之上,需要平台领导企业对自身的企业实际及其所遭遇的技术变革均有深刻的认识,进而思考企业是进行技术轨迹上的渐进性创新与技术积累,还是进行技术范式的突破式变革来实现新旧平台的跃迁,并进一步思考企业是通过开放和共享关键共性技术(如免费开放专利),还是通过与互补者合作研发来获得需要的核心技术。平台的互补者作为创新的第三方,是平台创新的重要补充者和推动者。一个平台的繁荣很大程度上取决于平台互补者的参与程度。平台领导企业与平台互补者的携手合作是抵御“创新困境”的最佳选择。因此,平台领导企业需要通过合作研发、联盟、并购等多种战略来培育互补者,并获得企业所需的互补性技术。

(3)新旧平台之间是延伸的关系,而不是替代的关系。无论对渐进式还是突破式的技术变革,这一结论均成立。这就意味着平台的构建、维护、运营和治理都与平台之前的积累息息相关。平台的前期积累和储备奠定了平台后期发展的基础。作为平台领导企业,思考如何获得宽阔的技术领域与充足的技术储备,是企业平台战略的重要组成部分,也是应对技术变革下的突破技术锁定与降低转换成本的重要途径。在旧平台的基础之上形成新的平台,说明将有一部分互补者同平台领导企业形成共生共演的态势,伴随着平台的演化而共同演化。双方形成极强的互补关系,促使双方的成功都在很大程度上依赖于对方的成功。互补者的创新会加强平台领导企业的创新,而平台领导企业能力的提升也会带动互补者的能力提升。

9.5.2   启示与局限

随着全球经济的不断发展,企业内外部环境面临剧烈的动荡和变化,平台领导企业如何突破"创新困境"并保持可持续的竞争优势?在技术迅速变革的时代,即便是一些运营卓越的世界级企业,尽管拥有强大的研发实力和主流市场的领导地位,也会因错失重要的发展机遇而走向衰落。如何能够在快速变革的行业中实现可持续的增长并保持领先的行业地位是这些企业在面对日新月异的技术变化时需要共同面对的挑战。

当前,以阿里巴巴网络技术有限公司、华为技术有限公司、深圳市腾讯计算机系统有限公司等为代表的中国企业正在迅速崛起,进入快速发展阶段。这些企业逐渐意识到平台在产业竞争中发挥的重要作用,并构建了各自的平台。这些中国平台领导企业都在思考当企业做大做强之后如何保持长久的竞争优势,成为百年长青的企业。然而,这些正在崛起的中国企业,大多比较年轻,多成立在改革开放之后,并没有经历多次的技术变革的经验。在面对如何处理技术变革带来的挑战时,它们缺乏足够的经验。因此,中国企业的平台战略如何在当前技术快速变革的"互联网+"时代为企业带来持续竞争优势并能够帮助它们成为基业长青的企业,是本章需要继续深入思考的问题。本章的研究展示了平台领导企业在技术变革条件下通过构建、培育、治理和延伸来进行平台演化的过程,为中国领先的平台领导企业的平台演化及破解"创新困境"提供了经验用以参考和借鉴。

对企业管理实践有如下启示:①平台化的思考和定位是企业在当前环境下的重要战略方向。在技术快速变革的环境下,企业需要着力构建基于平台的战略,这要求企业应当超越传统思维,建立一种基于平台竞争的思维,从整个行业生态系统的高度来思考企业竞争和战略的问题。像 IBM 公司这样的成功企业学习,是中国企业应对技术变革下的平台演化及突破"创新困境"的重要途径。②平台领导企业在进行平台演化时,其演化过程与相应的治理行为需要与外部的技术变革类型相匹配,充分考虑自身与互补者的发展现状与技术能力水平,灵活运用联合研发、战略联盟、并购等方式来完成平台的演化。主动进行平台的转型与演化以适应外部环境变化所带来的挑战，既要对平台核心技术进行合理控制，也要进行适当的治理同平台互补者共同演化共同发展。③平台领导企业应当着眼未来，把握可能的技术变革方向，进行技术积累，形成宽阔领域的技术储备。同时，中国企业还可以有目的地公开一部分非企业核心技术的专利，帮助培育相关互补产业，形成创新溢出效应，从而拓宽自身的技术领域。④平台企业应该在注重发展自身能力的同时，还应当着力培育与发展相关的平台互补企业与产业，增强互补者的能力，使之可以与自己共同演化。平台企业在面对技术变革时，应当着力于对已有平台进行扩展与改进，依据平台演化需求保留和清除互补者，并在宽阔的技术储备中精准地控制和发展相关技术，保证平台的顺利演化。

　　本章研究的局限在于：①选择 IBM 公司的专利数据作为平台演化研究的切入点，虽然专利作为企业技术创新和知识产权的重要载体，在解释技术变革下的平台演化过程具有合理性，但是专利合作仅仅是企业平台上与互补者合作的一部分，并不能代表平台上所有的合作方式。②本章案例研究的结论虽然具有一定的代表性和解释性，但是这一探索性研究结果仍受到具体情境和企业能力的影响。需要通过进一步的大样本实证对这些结论进行检验。

第 10 章　波音公司的突破性创新

10.1　波音公司概述

波音公司是全球航空航天业的领袖公司，也是世界上最大的民用和军用飞机制造商之一。波音公司设计并制造旋翼飞机、电子和防御系统、导弹、卫星、发射装置及先进的信息和通信系统。作为美国国家航空航天局的主要服务提供商，波音公司运营着航天飞机和国际空间站。就销售额而言，波音公司是美国最大的出口商之一。

波音公司的发展主要历经了四个阶段，分别是 1916～1945 年，两次世界大战期间波音公司主要生产军用飞机；1946～1964 年，波音公司将重点放在民用飞机研制，民用飞机订单逐渐超过军事订单；1965～1991 年，波音公司在曲折中发展，此时竞争对手欧洲的空中客车公司开始崛起，超过麦克唐纳·道格拉斯公司；1992 至今，波音公司与空中客车公司并驾齐驱，在各个市场进行竞争。

美国的詹姆斯·刘易斯在《全球最成功的项目管理实战案例》中，总结出波音公司在管理方面的 12 个黄金法则，即"携手合作、梦想蓝图、明确目标、项目计划、人人参与、从数据求解放、透明管理、可以接受适度抱怨、提出计划寻求办法、彼此倾听-相互帮助、保持心情愉快、享受工作乐趣等"。这些法则体现了其全球化协调管理的基本思想和机制，也体现了波音公司以合作为基调的企业文化。

波音公司以创新为灵魂，做世界航空技术领导者。波音公司是美国智慧的象征，过去半个多世纪取得了许多技术飞跃（如波音 747 客机）。在近 30 年中成为世界首屈一指的喷气客机生产商。但是也由于技术问题和订单生产缓慢的问题险些造成公司破产。波音公司的支持者说梦幻飞机系列（波音 787）将证明是一场变革，但是其问题也显示了创新带来的创伤。

波音公司认为，每一次创新都是存在风险的，但是如果过于规避风险，就可能在竞争中被扼杀，也就是说，无论选择突破还是选择规避风险，都像在"走钢丝"。创新的整个历史过程都充满了失败。尤其是航空创新的风险更高，关乎人的生命。而且全新的喷气客机的发展十年一次，耗资数十亿美元。

波音公司历年来强调创新和技术，是年轻工程师的理想去处。波音公司在发展过程中，能够在喷气客机中占据主导地位，也是因为其遵循"无论如何都要成为技术领导者的意愿"。

利润都是来自优质的产品及高管的正确决策。波音公司的梦幻飞机项目起步于 2004 年，这也是其 20 世纪 90 年代末控制内部创新动荡的复苏标志。这一系列的飞机将代替液压和气压动力，使用更多的电子运行系统。这一技术意味着将减少 20% 的燃料和 30% 的成本支出。

10.2　基于"鬼怪工厂"的突破性创新体系

10.2.1　"鬼怪工厂"发展史

作为一个产业高精尖的制造公司，必须在制造领域具有超强的制造能力。"鬼怪工厂"（Phantom Works）是原麦克唐纳飞机公司的发明。20 世纪 60 年代，原麦克唐纳飞机公司收购原道格拉斯飞行器公司成立麦克唐纳·道格拉斯公司，大大增强了在国防和航天领域的竞争力，随着两家公司的合并，原麦克唐纳飞机公司为 F-4"鬼怪"战斗机组建的研究团队逐渐发展为麦克唐纳·道格拉斯公司的核心研发部门——研究发展部，同时为政府承担一系列涉密项目开发。但由于研发领域较窄且多为政府和军工服务，其自身的发展较为缓慢。到 20 世纪 90 年代后，为与洛克希德·马丁空间系统公司的"臭鼬工厂"竞争，麦克唐纳·道格拉斯公司着手创建了"鬼怪工厂"，以"鬼怪式"的创新思维帮助企业各部门解决技术难题，提供创新解决方案。

麦克唐纳·道格拉斯公司的"鬼怪工厂"正式成立以后发展迅速，然而其迅速发展并没有提高麦克唐纳·道格拉斯公司的竞争力，主要原因是初期"鬼怪工厂"研究的多为超前的高精尖技术，且多为政府涉密项目，涉及的领域比较窄且难度大，开发出的技术并不能很好地为麦克唐纳·道格拉斯公司服务。但很快麦克唐纳·道格拉斯公司就进行了研发重点转变，要求"鬼怪工厂"奉行"开发具有竞争力的技术"这一宗旨，重点研发可以转化为产品的项目，而非"为了研究而研究"。

1997 年，波音公司兼并麦克唐纳·道格拉斯，作为麦克唐纳·道格拉斯曾经的核心研发机构，"鬼怪工厂"也一并被波音公司收购，它所拥有的人才、资源和技术积累在波音公司发挥了巨大作用，"鬼怪工厂"连同波音公司的原研究机构和由西雅图波音飞机制造厂收购的罗克韦尔公司工作组紧密结合，不仅协助将波音公司的运营机构分成 3 个部分来开发新产品，还作为一个通用技术孵化器来改进整个集团的制造流程，加强了研制与开发新产品的实力，成为波音公司创新思想和技术的源泉。

10.2.2 "鬼怪工厂"的战略

1999 年，波音公司将"鬼怪工厂"这个研发机构定位为一个独立的业务部门，将其总部从圣路易斯迁至西雅图，标志着"鬼怪工厂"重点转向于商用飞机业务，因为西雅图的基地更接近于波音民用飞机工厂，便于管理和开发民用飞机业务。

1）流动人才战略

波音公司"鬼怪工厂"人才流动管理可谓不拘一格，来自波音公司各部门的科学家和工程师来到"鬼怪工厂"，任职 3~4 年后回到各自的业务部门，这一人才战略使"鬼怪工厂"成为融合波音公司这个强大帝国各个部门专业知识的黏合剂，推动了产品技术与业务流程的开发与变革，推进了关键技术在整个波音公司的应用与发展。

2）科技研发战略

由于波音公司将研发重点转移至商用飞机业务，这就对"鬼怪工厂"研制新机型的速度提出了更高的要求。为此"鬼怪工厂"的工程师开发出了虚拟现实工具和其他技术来缩短设计零部件的时间，以更好地帮助波音公司提高市场竞争力。

3）信息共享战略

在美国，"鬼怪工厂"的分支遍布十多个州。这些分支机构的驻地大多有着深厚的航空航天技术专业背景和悠久的型号研制、生产历史，虽然分散各地，却能在"鬼怪工厂"的统一名号下，分享着丰富的研发资源，同时也能为当地的波音公司下属企业提供更便利的技术支持与保障。

4）全球化战略

21 世纪以来，波音公司"鬼怪工厂"不断推行全球化战略。2002 年 7 月，在西班牙马德里成立波音公司研究与技术欧洲分部，隶属于"鬼怪工厂"之下，是从事环境、安全性与可靠性、空中交通管理技术的研究机构。这是波音公司在欧洲的第一个完全自主拥有的研究与发展机构，员工来自欧洲多个国家。2008 年 1 月，波音公司在澳大利亚建立了"鬼怪工厂"高级研发分部，以墨尔本和布里斯班为基地，涉及先进复合材料、无人机、老化飞机技术、生物燃料、降噪减污、空中交通管理等研究领域，与当地研发机构进行合作研究。这被认为是"鬼怪工厂"推进全球化战略的又一重要步骤。

10.2.3 "鬼怪工厂"创新方法

创新的前提是要创造一种勇于承担风险、勇于拥抱失败的学习和工作环境。"鬼怪工厂"创新的主体是整个团队，引领团队突破重重难关，最终将创新理念孵化成现实的则是管理者。"鬼怪工厂"的历任管理者都是创新文化的信仰者。他们相信：

（1）创新是一种团体项目，而不是个人项目；

（2）创新不是纯粹的技术创新，而是在每一个领域都能够和应当创新；

（3）大多数创新来自循序渐进的革新，而非飞跃式进步；

（4）大多数创新的源泉都是来自对客户的深入了解；

（5）需要魄力对许多项目及早说"不"，同时集中精力大胆推进其他项目。

1."I2I"创新法

作为需要大量创新点子为发展基石的机构，"鬼怪工厂"开发出一套名为"I2I"（ideas to innovation）的创新方法。"I2I"是一套类似头脑风暴的创新方法，被"鬼怪工厂"广泛应用于内部管理。典型的"I2I"创新活动的一般流程如下：

（1）发起人利用商业软件（如 Idea Central）发布需要的创新内容，征集所有员工的意见；

（2）活动开始时就对全公司范围内可以征集创新意见的目标参与者进行定位；

（3）参与者在网页上提交创意及创意所需的支持文件，提出问题和建议，并对其他人的创意进行投票；

（4）在整个活动过程中，发起人对参与者的提议进行审查，并选出最具潜力、创造性和可行性的方案，再提出问题，进一步明确方案细节，完善方案。

"鬼怪工厂"的管理人员认为，"I2I"方法对员工来说，是最发挥其聪明才智的有效方式，而对企业来说，则以前所未有的深度、广度高效利用了人才的专业知识，节约了大量的时间和成本（蒲小勃等，2014）。

2．外部合作创新

"鬼怪工厂"并不受既定业务规划的限制，它注重获得和培养创意，广泛开展外部与内部的创新合作，其关键能力不仅在于能创造出新的技术解决方案，还在于能提出新的应用概念，以充分利用新技术带来的优势。"鬼怪工厂"试图从各种来源获得创意，包括员工、客户、大学和供应商等。为了实现创新目标，"鬼怪工厂"经常与大学开展合作，以赢得政府的研发合同。通常情况下，一旦一个项目进入了系统设计和发展阶段，"鬼怪工厂"就会将项目和团队转交给波音公司其他相关部门跟进。这些外部合作和及时的转交都使"鬼怪工厂"可以集中力量处理最核心最复杂的任务,从而提高波音公司的整体创新力。

10.3　波音公司供应链管理模式的演变

波音公司是全球两大民用客机制造商之一,现役波音民用飞机接近 13 000 架,约占全球机队总量的 75%。在如此大的订单量的情况下,波音公司如何设计供应链成为其企业发展的重要问题。

波音公司的供应链发展大致经历了三个阶段,分别是自我研发、订单转包生产和模块化外包,这是波音公司始终围绕符合飞机技术、产业和经营发展的客观规律,不断进行产业模式的调整和变革的过程(图 10-1)。

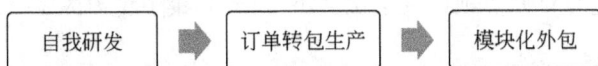

图 10-1　波音供应链发展三阶段

1990 年,波音公司启动 777 计划,推出了一款全新机型——波音 787 中型双发宽体中远程运输机,号称"梦幻飞机",在这一机型的研发过程中,开创了波音公司模块化外包供应链模式的先河。一架民航飞机通常有 6 个机身段,每段有 2500 个零部件,用 6 万多个铆钉铆在一起。现在一个机身段变成一个部件,2000多个零件在各地生产,最后总装只需要 3 天时间。以前波音公司的供应商是生产一个一个的零部件,现在是生产一个系统,如一个机身段、发动机、座舱等。波音公司从原来需要数百个供应商变成 50 多个供应商,这些供应商也由此变成系统集成商,更多地承担起自行发展、设计和制造综合系统的任务,而波音公司的角色变为大规模集成商,对供应商提出具体要求。波音公司赋予一级供应商前所未有的设计、开发、生产权限及项目责任,形成了一个相互关联交错的网络。此外,这些一级供应商用同样的方式,与它的次级供应商建立了关系。例如,精灵航空公司不仅负责机头 41 段和前机身的制造,同时还负责安装驾驶舱、前起落架、通用计算机系统及布线、液压和控制器等其他功能部件,并使之与中机身段相连接;负责波音 787 发动机研发的罗尔斯·罗伊斯公司和美国通用电气公司,同样把发动机挂架、短舱及反推装置外包给了其他供应商。在波音 787 的 400 万个零部件中,波音公司本身只负责生产大约 10%——尾翼和最后组装,其余的生产是由全球 40 多家合作伙伴完成的。双方已经超越了传统的供应商关系,成为真正的合作伙伴,波音公司由最初的制造外包逐渐转变为研发设计的外包,而这一转变的实质就是充分利用外部资源进行研发,是开放式创新思想的应用。

模块化外包的供应链模式有以下优点：

（1）在信息化迅速发展的今天，科技的发展为模块化外包提供了技术支持，这一供应链模式充分利用外部创新能力，更加适应复杂产品的设计研发过程。

（2）加速了企业将产品部件外包或从市场上采购各种部件的过程，加强合作伙伴之间的协同关系，从而实现更低的造价和更短的工期。

（3）不同地区的企业不仅有不同的原材料成本差异和制造能力差异，也会因为信息集群导致研发能力的差异，开放式创新充分利用外部优势资源，完成更迅速、更优质的研发任务。也会因不同国家不同文化的研发人员的参与而提高产品的适应性和综合能力。

（4）使波音公司转变为航空业里的"轻公司"，打破了传统层级制度里的供应商和生产商模式，与协作者共同完成产品的研发，波音公司的角色不再是生产的集中控制者，而转变为负责设计系统和程序，进行协调与合作。这一转变提高了波音公司面对市场波动时迅速应对的能力。

但这种供应链创新模式也存在着巨大的风险和不足：

（1）与之前的"转包生产"模式相比，波音公司无法将最大的权力和最小的风险把握在自己手中，这种"模块化"生产模式在降低成本的同时也带来风险，数以千计的全球供应商只要有一处出现问题，便可能令整个系统的进展受阻。

（2）这一模式下，产品的设计和制造完全外包也导致了一系列的产权问题，波音公司将设计任务外包，其供应商会再次将任务分包，在这一过程中，分包商可能会面临一些突发状况，这时就随之出现许多质量或者工期的不可控因素，为使这些风险可操控，波音公司不得不收购一些分包商，这又与开始的模块化外包模式背道而驰。

10.4　重视重大产品创新

2004 年，波音公司决定实现客机技术的新一代跨越，并决定研发波音 787 梦幻飞机。波音公司承诺将在减少燃料的情况下飞行路程更远，并为旅客提供更好的舒适度。波音 787 梦幻飞机将会带来"工业和旅行的真正改变"，也显示了波音公司对创新的承诺。

当今，波音公司正努力掌握创新。波音 787 梦幻飞机的机身和机翼，是用碳纤维加固材料制成，制造上被证明有意想不到的困难。飞机上装有先进电子系统的配电板运行在飞行过程中易过热且容易燃烧。以锂离子电池提供辅助动力在商业航空中第一次使用，却造成起火，促使监管机构将全球全部 50 架波音 787 梦幻飞机退出市场。

创新已经成为企业、政府、学术界应对全球经济竞争的热门词语。波音公司的经验也为大家提供了启示——创新的所有价值并没有那么容易成为标语，它可能会产生混乱。

波音 787 给波音公司带来了很大的挑战。经历了动荡的十年，波音公司开始重新思考创新模式。波音公司正致力于技术不断改进的创新，能够用更高的可靠性和更低的价格来为航空公司提供更快的应用。

波音公司发现，其需要的是设计更简单的飞机的创新，而不是使驾驶操作更加复杂，这使得怎样提高生产性和可靠性成为面临的创新性问题。

波音公司已经不想再进入技术突破的"登月"时代。航空公司并不希望在先进技术上支付太多，因为为了一个独立的先进技术的新工程可能会付出太昂贵的代价，并可能是颠覆性的。

在梦幻飞机研发中，波音公司的改进不止针对现代飞机的设计，而且包括构建的过程。飞机用碳纤维结构和先进电子系统代替一些启动和机械功能。

波音公司的新方法延伸到业务的每一个角落，积极尝试与供应商进行谈判。波音公司也用更加务实的态度将喷气客机生产达到前所未有的水平。波音公司也更加注重客户的意见，理解客户的需求，并尽自己最大的努力去执行。

10.5　波音公司的知识共享体系

知识共享对航空业这种高科技企业是一种非常重要和有效的手段，可快速提高企业研发水平，增强市场竞争力，为将来的发展提供有力保障，波音公司为这种集体学习提供了良好的机制。为了充分利用企业内外部的大量相关知识，提供简单高效的成员企业学习和交流平台，由波音公司主持建立了完备的网络基础设施，形成有利于成员企业间相互交流的学习氛围，鼓励成员企业间、企业相关部门间建立广泛、及时、不间断的知识交流与共享。

波音公司通过与供应商的精益合作和数字化协同设计、制造等推进供应链中集体学习和知识的共享。早在 20 世纪 90 年代，波音公司就提出耗资 10 亿美元的宏大飞机构型定义与控制、制造资源管理系统计划，支持公司分布在 72 个分部的 45 000 名雇员，在 40 000 台各种计算机上进行。

波音公司通过 Boeing.com、MyBoeingFleet.com 等门户网站，与供应链中企业和客户分享设计、制造、市场、库存、使用和维护等一切信息，这些门户网站目前还提供自动学习和知识搜集功能，将隐藏在波音公司内部的大量隐性知识发掘出来，通过门户网站来展现，使波音公司和客户、合作伙伴都能够共享这些搜集到的知识、重要的项目、过程甚至事件信息。

波音公司长期提供培训服务。例如，波音公司的全资子公司 Alteon，它是业内最现代化的培训设施之一，也是世界最大的航空培训网络，它将波音公司培训中心与全球范围内的 20 个其他设施结合在一起，其资产包括以计算机为基础的先进培训系统和 70 多台全动飞行模拟器，针对 100 座及以上客机市场上的波音飞机和非波音飞机，提供初始培训和复训，提供的课程涵盖范围广泛的飞行与维护培训，以及乘务人员安全培训等。

10.6　波音公司信息化平台

　　飞机的研制生产是一个复杂的系统工程，是多个专业子系统综合和协调的结果，各子系统间存在着复杂的信息传递和依赖关系。一个恰当的信息化平台有利于支持这些子系统之间的信息的交互和连接，使它们可以集成和协调起来共同完成整个飞机的研制、生产、销售和客户支持等工作。为了提升业务或市场的运作和效力、降低成本，民用航空制造业不断探索应用信息技术提升竞争力的途径，由于数字化和网络技术的迅猛发展，民用航空制造业的研发、制造和服务的过程已经数字化和网络化：从三维数字定义、异地无图纸设计、数字化装配，各种设计、制造、试验的数字化仿真，到采购管理、供应商管理、售后服务的网上作业等，信息化对该产业的整体协调和整合起到决定性作用。

10.6.1　研发数字化

　　波音公司以波音 777 为标志，于 1999 年率先开展了全数字化设计制造技术的研究，建立了世界第一个全数字化样机，开辟了制造业信息化的里程碑。波音公司在设计波音 777 时，对 10 多万个零件全部实行数字化设计，并在计算机上进行数字化预装配和设计更改。波音公司根据飞机部件功能划分成立了 238 个 DBT[①]综合设计制造小组并行工作，总成员 8000 余人，配置 2200 台运行 CATIA 软件的 IBM RISC6000 工作站和 9000 余台个人计算机，与 8 台主机联网，分别进行设计和信息交换工作，使 238 个 DBT 小组在并行工程环境中安全地协同工作。在协同工作的环境与系统中消除了 12 000 处干涉问题，比过去的项目装配时出现的问题减少了 50%～80%，设计更改和返工率减少 50%以上，费用下降 30%～60%，让分布在 60 多个国家的飞机零件供应商通过网络数据库实时存取零件信息。采用产品数字化定义（digital product definition，DPD）、数字化预装配（digital pre-assembly，DPA）和并行工程（concurrent engineering，CE），使波音 777 研制周期缩短 50%，保证了飞机设计、制造、试飞一次成功。波音 777 飞机成功的根本途径就是采用数字化产品定义、异地无纸设计、数字化制造、数字化预装配技术、数字化虚拟

---

① DBT，即 data base technique，数据库技术。

样机技术、网络技术和并行工程等技术，实现航空制造业信息化，所以使设计更改减少93%，设计费用减少94%，并使研制周期从8～9年缩短为4～5年（王国顺&陈原，2007）。

10.6.2　企业数字化

目前的波音公司完全可以说是一个数字化的企业，它包括4个方面，即企业资源计划（enterprise resource planning，ERP）、产品全寿命管理（product lifecycle management，PLM）、供应链管理（supply chain management，SCM）和客户关系管理（customer relationship management，CRM）。数字化制造业是通过对内部资源的合理配置和管理及对外部资源的整合，有效地支持产品的研发，适时地将产品推向市场并提供优质的服务。在越来越紧密的经济基础和网络技术平台上，国际化航空装备的研发、生产、销售变成可能。MyBoeingFleet.com是波音公司飞机相关工业企业的信息集成系统与订购方的信息集成系统的桥梁和接口，把全球与波音公司飞机相关的企业连接在一起。工业企业的信息集成系统提供数字化产品信息、数字化保障资料、数字化保障设备、数字化零备件等信息支持；订购方的信息集成系统则提供在产品全寿命过程或工程中采办-研制-设计-生产-培训-维护等系列服务，各有关单位和环节综合利用网络、数据库、多媒体等先进信息技术，将工作和产品信息数据数字化、标准化，努力发展网络集成化，实现数据一次生成，多次传递使用，提高数据共享和再利用性。从波音公司信息化的实施情况来看，部门功能结构从扁平化到网络化；制造资源管理从优化配置发展为可重构资源管理；企业从多企业合作发展为虚拟企业联盟；数据集成技术从信息集成到知识集成；业务过程管理从单企业的过程集成过渡到多企业的过程集成（王国顺和陈原，2007）。

10.7　启　　示

10.7.1　高度重视突破性创新

树立创新是公司灵魂的理念，坚持做全球航空领导者。最突出的表现是重视制造工艺与材料的创新，但也强调控制风险，如采用碳纤维材料的波音787飞机。这一材料创新可以大大降低飞机自身重量，以降低能耗。但新材料面临的挑战很多，使波音787飞机的交付期限不断后延，也使其付出了昂贵的代价。

10.7.2　重视供应链管理的创新与挑战

作为一个非常复杂的产品，为了化解风险，压缩交货期，波音公司在全球内率先推进模块化管理。但这一模块化的提升，同样使产品的管理受到挑战。

10.7.3　在数字化制造和管理方面走在世界前列

目前的波音公司完全可以说是一个数字化的企业，它包括 4 个方面，即企业资源计划（ERP）、产品全寿命管理（PLM）、供应链管理（SCM）和客户关系管理（CRM）。

数字化制造业是通过对内部资源的合理配置和管理（ERP）及对外部资源的整合（SCM），有效地支持产品的研发（PLM），适时地将产品推向市场并提供优质的服务（CRM）。在越来越紧密的经济基础和网络技术平台上，国际化航空装备的研发、生产、销售变成可能。

第 11 章　洛克希德·马丁空间系统公司的突破性创新

11.1　洛克希德·马丁空间系统公司简介

　　洛克希德·马丁空间系统公司（Lockheed Martin Space Systems Company），由原洛克希德公司与原马丁·玛丽埃塔公司合并组成，其中原洛克希德公司创建于 1912 年，是美国一家航空航天制造商；原马丁·玛丽埃塔公司创建于 1961 年，是美国领先的集化工、航空航天、电子为一体的集团公司。1995 年，两家公司合并成立洛克希德·马丁空间系统公司，成为美国最大的军火制造商，也是目前全世界在营业额上最大的国防工业承包商。洛克希德·马丁空间系统公司主要核心业务为航空、电子、信息技术、航天系统和导弹，主要产品包括美国海军所有潜射弹道导弹、战区高空区域防空系统、通信卫星系统、战斗机、侦察机、运输机等，几乎包揽美国绝大多数军用卫星的生产和发射业务。公司目前已经从以平台为中心业务向系统集成、IT 领域和传统业务相结合的新兴国防企业转变。

　　2015 年 7 月，洛克希德·马丁空间系统公司收购西科斯基飞行器公司，该公司创建于 1923 年，是美国主要的飞机和直升机制造商，以生产"黑鹰"直升机著称，是自原马丁·玛丽埃塔公司以来最大的并购交易，此次收购进一步提升了洛克希德·马丁空间系统公司的重要地位。

11.2　面向突破性技术的创新体系与管理

　　洛克希德·马丁空间系统公司作为一个军民两用的企业，其创新体系、结构、管理、成果转化、开放都具有自己的特点。它们的模式可以从创新中心、"臭鼬工厂"、基于愿景式的预研模式、建立基于用户服务的创新组织体系等可以看出。

11.2.1　创新中心

　　创新中心成立于 2005 年 4 月，坐落于美国弗吉尼亚州索夫克，紧邻美国多个军事指挥部，由洛克希德·马丁空间系统公司副总裁兼首席运营官负责管理。创新中心建立在"臭鼬工厂"的基础之上，是洛克希德·马丁空间系统公司总部级创新中心。创新中心拥有在作战分析、建模仿真与可视化方面经过专业培训的工作人员及军事战略专家，具备试验设计与作战概念分析的主要资源，是洛克希德·马丁空间系统公司在预研工作、战法研究、工程构想方面进行的重大投资。

创新中心建立的初衷是在关键时刻帮助客户面对复杂的、不可预测的全球环境，通过发展综合系统和网络中心战的解决方案促进美国反应机制的形成，验证军事作战新计划、新概念与新模式，致力于多方合作与联合开发，加速预先研究进程，促进美国航空航天工业的持续改革。因此，创新中心服务于洛克希德·马丁空间系统公司所有业务部门，其核心职能是预先研究美国未来的作战概念，提供可行的新型作战模式，研究在多个重要领域加强美国军事实力的方法技术，协助美国国防部决定未来需要的先进的打击能力。

1. 创新中心从作战概念出发培育出系统级装备的创新

洛克希德·马丁空间系统公司军事装备预研创新工作可大致分为以下几个阶段：军事需求、作战概念、装备（产品）设计、设计评审、系统研制、试验验证、装备部署。从美国军方提出打赢信息化战争开始，洛克希德·马丁空间系统公司创新中心便开始构想如何将各作战装备通过高速率、高可靠性网络开展创新型的网络中心战。当这种作战概念形成时，洛克希德·马丁空间系统公司业务部门便开始打造多种信息作战平台，并研制、集成能在这些平台上进行作战通信的具体型号产品。

创新中心专门为新概念的试验与开发配置了相关设备设施，能够开展系统试验，评估国防与国家安全方面新的作战概念与方案。目前，创新中心正在进行的新概念方案主要包括以下 4 个方面：

（1）网络中心战。设计在整个洛克希德·马丁空间系统公司的全球信息栅格（global information grid，GIG）试验台上的 C4ISR[①]系统，致力于创造并测试联网的分布式作战能力。

（2）联合兵力投送。集合作战效力方面的军事专家，开展军力结构分析，评估未来陆、海、空、天等领域全系统方案下的兵力投送能力。

（3）国防与安全。为美国国防部与国土安全部提供对国家防御能力的评估、试验、分析"一站式"能力，其中包括弹道导弹防御等。

（4）后勤与物资保障。实现自主化后勤能力、战区平台信息与战区物资流动

---

① C4ISR，即指挥（command）、控制（control）、通信（communication）、计算机（computer）、情报（intelligence）、监视（surveillance）、侦察（reconnaissance）系统。

的可视化，设计由全球信息栅格支持的一体化后勤指挥控制系统的工作原型。

其他预先研究新概念还包括高空悬浮侦察平台、用于士兵作战的机械外骨骼装备、快速原型制造、联合试验、城市作战与政府机构情报信息共享等（张京男等，2014）。

2．创新中心与军方或政府预先研究部门的协同工作保障了装备战略方向性

美国各军兵种作战部队是洛克希德·马丁空间系统公司创新中心的主要客户，创新中心在常规的工作当中，通过加密的高速网络，将系统概念与设计效果传送至军方预研部门，与其保持当前与未来作战中装备研制的战略一致性。从军事需求、作战概念到装备（产品）设计等不同阶段，创新中心始终与军方保持协同工作，最大程度上保证需求变更、研制计划制定、装备性能调整能够在第一时间完成。这种常规性的工作机制为洛克希德·马丁空间系统公司在不断的发展过程中明确发展战略提供了重要的指向，可有效指导所属各业务部门的研发机构提前开展型号预研工作。

3．利用信息试验平台保障"网络中心战"

创新中心当前首要的创新计划，即研究用于美国执行军事任务和国土安全计划的网络中心模式，提供未来网络化作战的解决方案。创新中心大部分项目都对全系统方案下网络中心化的实现有迫切需求，任何新方案的开发都要考虑如何应用成熟的网络环境，即全球信息栅格，这一网络环境系统由美国国防部专职管理，并在全球发布作战信息。

创新中心拥有工业界首个全球信息栅格试验平台，该系统能够在实施研发与部署之前模拟网络中心环境，在虚拟现实的运营环境中探讨方案，并进行协作式系统试验。通过平台试验、系统集成及严格评估，并由客户测试方案，最终确保方案能够在网络上运行，并在运行过程中不断发现解决问题的新方法。

通过建模、仿真与分析，创新中心对要建立的网络体系进行准确定义，设计"横向一体化"网络中心战原型，向政策制定者、军队指挥官、作战官兵、分析人员和工程人员提供联合操作环境，帮助美国军队进入信息化作战时代，从而彻底转变美国军方与联邦政府的作战与运营模式。

4．连接公司内外的协同工作与网络集结

创新中心是洛克希德·马丁空间系统公司连接内外部高端实验室的超级网络集结中心，通过与作战官员、士兵、项目主管、作战分析师、试验设计师进行网络协同，发挥着对政府与非政府机构的支持作用。目前，洛克希德·马丁空间系统公司与美国政府各指挥部签订了正式的合作研发协议，目的在于针对共同关注

的研发领域创建合作试验环境。

在洛克希德·马丁空间系统公司内部，创新中心能够以"横向集成"的方式，集中所有业务部门的研发资源，利用公司最优势的工艺技术，开发出特定的方案，实现客户研发转型。在洛克希德·马丁空间系统公司外部，创新中心通过加密的安全宽带网络，与政府或美国军方指挥部、实验室进行联网，使公司各领域专家能够与政府开发人员进行实时的虚拟协同工作，共商安全问题，实时感知并响应作战后勤系统，并在新系统建设过程中评估作战效果。

从开发项目的试验阶段开始，创新中心就发挥着积极的协同促进作用，与国内外政府或军方客户建立长期的信任关系，推进项目发展与应用。

5. 成为虚拟与实物兼备的试验地，有助于与各类客户共研需求方案

创新中心不仅是一个高技术工作场所，也是公司、客户与合作伙伴尝试新装备能力的试验地。除了实物和模型装备外，在创新中心，更多的是三维数字场景模型。客户可以大场景可视化地沉浸式体验，近乎真实地感受新作战概念与装备的工作性能，并从不同角度进行作战观察。作为洛克希德·马丁空间系统公司工程与试验的"全球视觉网络"，创新中心为公司各实验室、研究中心、工程设施提供实物的和虚拟的推演工作场所，促成公司与美国政府、国际客户、学术与工业机构签署了多项合作研发协议。客户通过与创新中心相关专家进行交流，极大地缩短了方案制定的周期，减少了风险与不确定性，同时也让客户产生浓厚的兴趣，增强了合作意向，有助于建立紧密的客户关系。

例如，创新中心拥有一套可灵活配置设施的作战指挥与控制实验室，进行对抗或非对抗试验，以及国家安全保障与城市作战试验。公司技术专家、分析人员常常与作战军官或士兵一起工作，对新开展的项目提出输入要求，通过战争模拟游戏进行测试与分析，实现作战对策与作战成果的量化，协助新作战概念的试验分析。双方在这种模拟环境中相互了解，准确定义未来作战，探索装备的现状与改造等问题。

各种模拟仿真除了在创新中心显示图形数据外，还设置了全球网络接入点，客户和其他参与者可通过全球网络授权点实时查看现场士兵在模拟场景中看到的画面，飞行员在模拟舱中看到的目标图像，以及作战指挥官在指挥控制中心看到的画面。客户参与这种极具创意的仿真就如同亲自加入作战，量化感受新设计系统的运行性能指标。创新中心特有的试验场有效地促进了洛克希德·马丁空间系统公司在防务与安全业务领域建立全球信息网络的进程（张京男等，2014）。

11.2.2　重视创新人才的选拔

重视创新的公司必然重视人才。洛克希德·马丁空间系统公司重视人才举措

可从以下几个方面看出。

（1）2012 年 8 月，洛克希德·马丁空间系统公司举行全球创新大赛，奖金共计 50 000 美元。大会设立了以"创新未来"为主题的论坛，来自全球的与会者分享了面向国际社会的、关于未来创新安全的观点（包括网络、医疗、可持续能源等）。这次比赛的目的是在洛克希德·马丁空间系统公司悠久的历史经验基础上，吸引来自全球各地的创意，并建立一个帮助不同背景人们分享交流经验的在线环境。

比赛规则及奖项设置如下：

第一，参加者需要在两个月内在线提交创意想法的简单介绍。

第二，洛克希德·马丁空间系统公司将和至少一家独立的第三方机构共同挑选出最多 5 个创意想法。

第三，设置一等奖 1 名，奖金为 25 000 美元，二等奖 1 名，奖金为 10 000 美元，三等奖 3 名，奖金 5 000 美元。其中一等奖获得者将接受马里兰大学的马里兰科技企业研究所的孵化，以帮助其进行创意想法的验证和发展。

（2）2013 年 3 月 18 日至 4 月 18 日，洛克希德·马丁空间系统公司邀请粉丝参与"创新疯狂大赛"，采用比赛的方式在公司 Facebook 主页上投票选出终极的洛克希德·马丁空间系统公司创新奖。有大约 32 个洛克希德·马丁空间系统公司 100 年的历史传奇中的创新被刊登在比赛中，这也作为洛克希德·马丁空间系统公司百年纪念活动的一部分，久负盛名的哈勃望远镜高居榜首。在一个以创新著称的公司，竞争十分激烈。SR-71 黑鸟侦察机、凤凰号火星着陆器、F-35 战机、天基红外系统（space-based infrared system，SBIRS）、P-38 闪电式战斗机、濒海战斗舰等都是强有力的竞争对手，但是哈勃望远镜最终夺魁。

哈勃太空望远镜记录了太多宇宙的历史，具有标志性意义。它是世界屈指可数的轨道天文台，见证了从近紫外线到可见光光谱和红外的发展，而且是第一个轨道天文台用以提供大规模的在轨服务。

洛克希德·马丁空间系统公司空间系统位于加利福尼亚州桑尼维尔，1977 年被美国宇航局选定来设计和制造航天器，以及提供航天器系统集成。自 1990 年推出以来，洛克希德·马丁空间系统公司在桑尼维尔、美国国家航空航天局戈达德太空飞行中心、马里兰州的工作人员，帮助美国国家航空航天局管理望远镜的日常航天器操作，提供了大量望远镜维护任务的准备和培训工作。

11.3 重视突破性创新组织："臭鼬工厂"文化

"臭鼬工厂"（Skunk Works）创建于 1943 年，位于美国加利福尼亚州帕尔姆达尔，是洛克希德·马丁空间系统公司内一个相对独立的创新研发设计部门，具有快速设计、研发和生产原型机的能力，研制出了美国绝大多数技术先进的飞机，并广泛拓展了新一代战斗机、无人机、新一代飞艇、巡航导弹等新的领域。"臭鼬工厂"是洛克希德·马丁空间系统公司的核心竞争力，它使公司具备了投标从平台到系统，从传统到以"网络中心战"为主的国防项目的能力。其官方正式名称为洛克希德·马丁预先研究发展项目部——Lockheed Martin Advanced Development Company，LMADC）。

"臭鼬工厂"基于灵活的组织结构、独特的管理方式和创新的研发环境，具备不受约束的设计制造体系优势，从事高投入、高风险的创新，同时对项目创新研发制定完整的开发细则与管理细则，并自颁布之日起就严格执行，在追求快速研发的同时保证了产品质量，在执行各种具有挑战性的项目任务过程中，借助洛克希德·马丁空间系统公司强大的资源和力量优势，利用原型技术和高度集中的长效研制方法，以无比的创造力秘密致力于美国国防科技中最机密、最先进的武器研发工作。

"臭鼬工厂"诞生后的很长一段时间对外保持神秘，随着一项项先进武器装备展现在世人面前，才慢慢揭开了它神秘的面纱，并从一开始毫不起眼的临时飞机研发团队发展成为当今世界上最为先进、最具创新力的飞行器研发机构之一，在世界航空工业史上留下了不可磨灭的印记。"臭鼬工厂"也因此被世界公认为航空工业界设计研发领域最受尊敬的名字之一，留下深远影响。

11.3.1　"臭鼬工厂"的 14 条管理规则

"臭鼬工厂"的 14 条管理规定由凯利·约翰逊制定，其中一半规定可以应用到任何创新研发项目，并且这些规定非常实际，有极高的可操作性。在此基础之上，"臭鼬工厂"的研发项目根据项目要求将管理规则进行细化与操作。

1）项目经理权责集中

项目经理必须完全控制整个项目计划，有权在技术、财务、进度和运作方面快速决策，真正成为控制项目各方面事务的实际代表，并只向部门主管或更高层级的领导汇报工作。

2）项目办公室高效精简

军方和承包商方均应设立高效、精简的办公室，用户和承包商的项目经理必须被授予同样的职权。

3）团队项目人少力强

严格控制项目相关人员的数量，减少机构官僚化导致的不必要工作，雇用少量有能力的人才（与一般项目相比只占 10%～25%）。

4）制图发图灵活性大

提供简单易用且允许灵活更改的制图和发图系统，允许制造部门及早开展工作，减少因技术风险而导致的进度拖延问题。

5）报告数量能少则少

减少管理和设计人员花费在不必要的报告上的时间，除重要工作记录需要详尽彻底外，将编写报告的数量和频率最小化，项目经理不需要大规模的技术和信息系统。

6）成本评审详尽及时

项目经理在不超出可利用资源的范围内，按期填写每个月的费用审查表，每月针对已支出费用和已承担费用进行成本评审，包括预测项目完成时的经费情况，记账不能超过90天，不能让突如其来的超支使用户不知所措。

7）转包商选择谨慎

承包商需设代表，承担比一般情况下更多的责任，应在可利用资源范围内利用优于军用投标程序的商业投标程序，选择优秀的供应商作为项目转包商。

8）检验系统统一规范

质量好坏的关键在于设计人员和负责人对检验系统的使用，"臭鼬工厂"用于新项目的检验系统应通过空军和海军的批准，能够满足现有军用需求，转包商和成品厂应承担大部分基本检验任务，不提倡重复检验，但是一些存在关键性危险的项目则需要多次检验。

9）承包商承担产品试飞

为保持强有力的飞行器设计能力，承包商必须被授权对最终产品进行飞行试验，合理处理新技术及其带来的风险，如果做不到这一点，承包商将很快失去设计其他飞行器的资格。

10）硬件规范提前议定

为减少标准规范对新技术发展和创新的阻碍，签订合同前必须就硬件规范达成一致，若出现有意不遵循某些重要军用规范条款的情况，"臭鼬工厂"将在规范中设立一个章节专门对其加以说明，并阐述理由，这种做法值得推荐。

11）项目资金及时到位

项目经理必须了解并有权支配议定的项目资金，项目拨款和资金必须及时到位，以避免承包商为了政府的型号而经常跑银行。

12）承包商与军方相互信任

军方型号管理机构和承包商必须拥护共同的目标，即把项目工作完成好，并保持日常的密切合作和联系，将误解和信函往来减至最少，加强联络，达到相互信任。

13）保密安全措施得当

采用适当的保密安全措施，严格控制局外人接近项目及其人员，控制项目参与人员数量，保持组织精干，避免增加额外成本，避免大量官僚人员蜂拥至最敏感的项目。

14）任务完成效率质量决定激励情况

在工程领域及其他大部分领域顶用的人并不多，因此必须多奖励那些完成任务好的人员，而不是根据他管了多少人来决定该得到多少奖励。

11.3.2　创新无处不在

"臭鼬工厂"的创新无处不在，大到整个工厂组织、结构的创新，小到某个产品、技术的创新，正是在这些创新动力的推动下，"臭鼬工厂"一路披荆斩棘。

1）组织管理模式创新

任何技术创新的前提是：组织方式与管理方式的创新，否则，技术创新永远是一句空话。"臭鼬工厂"的成功也首先来自其组织创新。

作为大企业内部的强大创新团队，其组织形式本身就是一种创新。组织小更利于创新，但同时，小组织大多会面临资源不足的困境，在研发或是新产品引进上缺乏保障，不免会给创新掣肘。相反，组织大了，实力雄厚，利于创新突破，但规矩多、程序复杂一向是大组织的通病，这在很大程度上也抑制了创新。"臭鼬工厂"能够独领风骚，正是由于兼得二者之长。一方面，它有大组织为靠山，各种资源保障充足；另一方面，它又能以一种独立的方式运作，摆脱掉臃肿组织的诸多束缚，轻装上阵。"臭鼬工厂"的组织架构和管理方式打破了烦琐冗长的传统管理束缚，追求一种简单快捷、自由奔放的风格，为项目成员提供了很大的自由发挥空间，能够激发每个人的创新潜能，从而有利于尽快实现技术上的突破。例如，"臭鼬工厂"在内部建立"轮换小组"，将一组人员召集起来解决某些问题，人员的位置经常进行轮换，有意参加者都有机会参与，轮换小组最具有特色的地方在于其吸引着小组之外的人参与。

"臭鼬工厂"的研发工作得益于其独特的组织管理模式鼓励创造和革新，能在较短时间内，带领一群积极进取的专业工程师，以较低的成本设计出高度复杂飞机的原型机。可以说，"臭鼬工厂"带来的不仅是技术上的创新，同时也是工作方式的创新，它从真正意义上开创了新模式。

2）结构创新

结构创新以扁平化的简单结构，达到了立竿见影的效果。"臭鼬工厂"是一个决策者直接领导下的独立部门，领导层可以迅速做出主要的技术决定，不需要向上级部门汇报，洛克希德·马丁空间系统公司的管理层也很少对这些决定说不。如此一来，就可以节省很多不必要的时间，整个工作过程也不会受到其他部门的打扰，流程简单而顺畅。

3）创新的包容与持续

创新的方式方法纵有千万种，归结到最后，有一点不容小觑：鼓励创新，就必须要有欣然接受失败的准备和勇气。在"臭鼬工厂"领导人看来，"只要正在做并知道怎么去做，即使失败了也无所谓。从头再来，重新努力，重要的是从失败中学习。失败的同时也是在挑战极限。如果你没给员工尝试失败的机会，那么你对他们是不公平的"。

从约翰逊开始，在公司最高层的支持下创建了连续创新的模式，他和整个团队是这种创新模式的获益者，他之后的每一位继任者，不但是获益者，更担负着不让这种创新基因消逝而僵死的重任，每一个成员既是获益者也是监督者，更是更好机制的推动者。这种创新延续性早已成为思维习惯和工作习惯，新的领导者已不可能独断专行，组织的生命力和能力已远大于任何单个的能力。

此外，"臭鼬工厂"还致力于从先进研发项目中提炼出创新方案，再将这些方案融入其他产品中，成为具有增值的内容提交给用户，采用商业模型销售梦想，并与国防部创新的方案需求相对接。

11.3.3　高度的工作自由与激励

"臭鼬工厂"的工作自由而高效，科研人员能够最大限度地拥有脱离事务性工作的自由。凯利·约翰逊以自由、自治的"臭鼬工厂模式"，让研发人员脱离了官僚组织和条条框框。在那里，研发人员可以根据项目本身的价值和个人喜好选择研究方向，可以不用担心朝令夕改的风险，可以自由地从事自己真正喜欢的工作。

"臭鼬工厂"的科学家属于可以"在公司提供的让人赋予创造性的自由和资源条件下低调工作"的人，公司为科研人员提供稳定的职业、合理的报酬、发展的机会、良好的工作环境及富有挑战且值得为之付出的工作，以及为国家国防建设做贡献的机会。例如，"臭鼬工厂"每年定期向雇员征集创意，并将其作为对雇员的基本要求，其中10%的创意将获得有效的资金支持，提出创意的雇员将有机会把很多的个人时间投入自己的项目中，并有可能成为正规的"臭鼬项目"。以此来鼓励每位员工相信自己能够创造与完成世界上先进的军事项目，并在充分授权独立团队发挥创造力的基础上，在某一段时间内使用挑战性目标和选择来激励创新，由此营造出"臭鼬工厂"独特的激励文化。

11.3.4　与供应商一起创新

"臭鼬管理法"鼓励创造和革新，能以最短的时间和最低的成本设计出高度复杂飞机的原型机，并进行高性能飞机的研发生产。这种管理法不仅有助于以低速率、小批量的方式经济有效地生产各种复杂系统，更能够激励创新和个人的主动性。

"臭鼬管理法"的成功因素之一就在于它提供了一个可以激发承包商和用户组织个人创造力和革新力的环境，使"臭鼬工厂"成为典型的创新型团队，是以一个团队形象出现的发明家，团队成员相互学习，产生新创意，并最终将其变为产品推向市场，突出了公司的创新文化。同时也使"臭鼬工厂"不同的项目在产品类型、技术、用户、合同、规范、保障需求等方面均存在重大差别，但都能应付自如，联合用户、承包商持续满足项目目标。

11.4　洛克希德·马丁空间系统公司在全球设立创新中心与机构

11.4.1　围绕客户需要建立创新中心

创新中心的开放吸引了很多用户，包括美国空军航天司令部、美国海军舰队部队司令部、美国联合部队司令部、美国北方司令部和美国战略司令部均派出代表，其中海军"一周会来三次"。

更多的实验还在计划中，包括 Bravo'05（布拉沃 05）、F/A-22 猛禽战斗机和 F-35 联合攻击战斗机，来通过这些飞机检验侦察信息的价值。

还有更多的活动在计划中。例如，洛克希德·马丁空间系统公司与联合部队司令部签署了为期三年的协议，空军、海军、海岸警卫队也与创新中心有很好的合作，陆军的参与有些落后，而洛克希德·马丁空间系统公司也在尽力工作来缩小差距。公司也会有一个计划建立一个"将部分设施转化"的节点来作用于以陆军为中心的系统。

每周在创新中心工作的员工都远远高于本中心的员工数量，因为会有非常多的来自公司其他部门的人员一起参与工作。

洛克希德·马丁空间系统公司将创新中心定义为"非营利组织"，并且计划通过它来帮助包括空军航空航天业务中心和海军濒海舰队在内的武装系统项目。洛克希德·马丁空间系统公司试图通过这些项目来衡量创新中心的价值，并且了解公司其他业务部门是否愿意为创新中心的使用提供费用支持。当然公司完全能够支付得起创新中心每年的运营费用（Selinger，2005）。

创新中心坐落于弗吉尼亚州的索夫克，位于主要的用户附近，包括美国联合部队司令部、美国海军舰队部队司令部、美国空军空中作战司令部、美国陆军训练与条令司令部等。

创新中心的基础设施建设包括：

（1）定量的可重新配置空间；

（2）对民事、情报、国防 OPS①-level 的处理、敏感项目等提供支持；

（3）建模与仿真系统的试验和分析；

（4）全球信息栅格试验台；

（5）在网络运行环境中评价实际军用车辆或飞机的机载系统。

11.4.2　洛克希德·马丁空间系统公司建立海军水面作战创新中心

2014 年，洛克希德·马丁任务系统与训练分公司（Mission Systems and Training，MST）在美国新泽西州的莫里斯敦开设一家新的技术创新中心，致力于为水面作战系统研发新技术。作为"宙斯盾"系统、SQQ-89 综合反潜作战系统等著名作战系统的制造商，洛克希德·马丁空间系统公司投资 350 万美元设立了海军水面作战创新中心（surface navy innovation center，SNIC），以保持在新兴技术尤其是人机交互领域的领先地位。洛克希德·马丁空间系统公司"宙斯盾"项目主任吉姆·谢里登表示，MST 正与美国海军、几家大学及像谷歌这样的信息技术公司合作，汇集直观易用的武器系统创意，这些武器系统的目标使用者均为 20 岁左右初出茅庐的年轻舰员。吉姆举例道，为便于年轻舰员学习与操作新型先进的武器系统，洛克希德·马丁空间系统公司将把在电视气象预报等已应用的先进可视化技术引用到舰载战斗信息中心，改善操作人员的体验。

2014 年，洛克希德·马丁空间系统公司建立了海军水面作战创新中心，来支持美国海军新技术的发展。该中心是一个集研究、发展与示范为一体的机构，将产业界、政府和学术界汇集在一起来设计下一代海军水面舰队的能力需求，以应对来自世界的不断变化的威胁。

SNIC 是一个推动快速的技术部署，以解决美国海军面临的最紧迫挑战的基地。随着海上安全环境的变化，SNIC 将找到更新的方式方法来使用产品及进行最佳实践，以造福依靠这些系统守护国家安全的海军人员。

SNIC 将推动关键组织之间的合作，以促进新兴技术的快速发展，并将它们快速应用到服务中去。为了警惕未来可能受到的威胁，洛克希德·马丁空间系统公司对现有系统进行持续性的改进，对最先进的技术进行集成，以满足美国海军客户的需求。

---

① OPS，即 open pluggable specification，开放式可插拔规范。

建立在洛克希德·马丁空间系统公司 100 多年创新历史的基础上，SNIC 也继续着"宙斯盾"作战系统的发展，以迎合新的安全挑战，在此项目基础上，建立与美国海军长达 40 年的合作关系。"宙斯盾"已经是首屈一指的海军作战系统，是全球部署的应对弹道导弹和其他先进空中威胁与导弹威胁的系统。SNIC 将作为合作基地来继续"宙斯盾"的变革，推进现代化建设，为了海员和居民推动系统达到更新的防御水平。

11.4.3 洛克希德·马丁空间系统公司在美国硅谷基地建立新的导弹防御导引头实验室

洛克希德·马丁空间系统公司在美国硅谷设立先进实验室，来研究下一代导弹导引头，帮助美国导弹防御局抵御日益复杂的导弹威胁。这项要开发和验证的技术十分重要，因为导引头相当于导弹防御拦截器的眼睛，必须在拦截之前的最后时刻具备非常高的分辨能力。这个实验室是洛克希德·马丁空间系统公司致力于导弹防御先进技术研究、开发和创新的一部分。

当前美国所使用的主要的导弹防御系统的冲击力技术都是洛克希德·马丁空间系统公司首创的。作为系统集成和防空与导弹防御系统技术的全球领先引导者，洛克希德·马丁空间系统公司自 1984 年以来利用开发完成的系统在战斗和飞行测试中已经完成了 100 多次成功的拦截，多于其他任何一家公司。

11.4.4 洛克希德·马丁空间系统公司与阿拉伯联合酋长国开放新的创新与安全解决方案中心

洛克希德·马丁空间系统公司开设最先进的合作中心（a new state-of-the-art collaboration center）来开拓创新、推进安全，并帮助阿拉伯联合酋长国构建实现强大的弹性经济的愿景，中心位于马斯达（Masdar）市，创新和安全解决方案中心是在美国以外的地方开放的第一家。

创新和安全解决方案中心将促进洛克希德·马丁空间系统公司与阿拉伯联合酋长国政府产业界和学术界的合作，以解决当今世界面临的挑战，从气候变化到资源短缺，并推动新的科学发现。创新和安全解决方案中心看中创业与创新精神的价值，以及真实的解决方案。通过合作创新来促进技术专长的增加和对经济发展的贡献。创新和安全解决方案中心是洛克希德·马丁空间系统公司与阿拉伯联合酋长国长期项目合作的成果，支持了政府、产业技术及专长的发展。洛克希德·马丁空间系统公司 100 多年专业技术能力与马斯达市迈向高等教育、研发和技术部署的结合，将为用户提供更多创新来应对阿拉伯联合酋长国面临的重要挑战。洛克希德·马丁空间系统公司将通过广泛的遍布全球的优秀的实验室网络、研究机构和中心，促进能力建设和知识转移。对于阿拉伯联合酋长国的国家创新战略来说，中心的开放对马斯达市具有里程碑式的意义，更加强调了其作为一个平台在阿拉伯联合酋长国技术到市场解决方案过程中的地位，也是阿拉伯联合酋长国创新战略建设中的重要基础部分，对越来越多科技先锋的出现具有重要意义，并希望与洛克希德·马丁空间系统公司在培育和推广清洁能源解决方案中有更紧密的合作。两者已经开始在纳米技术、飞机机身材料、海水淡化等方面展开合作。

此外，阿拉伯联合酋长国学生参观洛克希德·马丁空间系统公司实验室，并进行实验室网络安全实践。洛克希德·马丁空间系统公司也对阿拉伯联合酋长国的组织提供支持。例如，阿拉伯青年创业基金会，对区域内的科学家、发明家、商界领袖和企业家进行激励授权。

这些合作伙伴都巩固了洛克希德·马丁空间系统公司与阿拉伯联合酋长国近40年的关系，从最初的着重于防御项目的合作，合作关系已经发展到对能源、网络安全及可持续发展等多个创新应用与挑战领域。

11.4.5　洛克希德·马丁空间系统公司通过并购获得新技术

Zeta Associates 成立于 1984 年，承担了美国核心国家安全任务的专业技术力量。其高技术能力主要是通过先进的软件、信息和地面系统创新来解决复杂任务的挑战。Zeta Associates 总部位于弗吉尼亚州费尔法克斯市，同时在科罗拉多州丹佛市运营，涵盖了用户的位置。Zeta Associates 将作为洛克希德·马丁空间系统公司的全资子公司，主要从事公司的空间系统业务领域。

11.5　注重制造技术创新与并行创新

11.5.1　六西格玛管理方法

洛克希德·马丁空间系统公司重视六西格玛管理理论的运用。对于具体的六西格玛管理项目，洛克希德·马丁空间系统公司提出了通向卓越的 8 个步骤：识别机会，判定优先级；定义项目；评估（描述）现状；分析识别浪费（风险）；流程优化，降低风险；实施（验证）；测量（保持）；交流（确认）成功。

在公司内部培训六西格玛管理的核心团队，开展培训项目，进行技能认证，并根据不同级别确定培训时间，级别高的培训时间更长。

部署六西格玛管理的方式和案例。通过由联络点管理的战略计划和卓越项目计划，对精益六西格玛管理的部署进行管理。由联络点负责制定项目的计划和实施工作，在过程改进项目里部署变革推动者。洛克希德·马丁空间系统公司部署六西格玛管理的经验是：管理层的支持非常重要，在完成改进项目的战术执行阶段，中间管理层的支持是最重要的，当中间管理层开始将持续改进方法作为日常的商业工具箱来预防和解决问题，而不是认为它们只是一个附属、额外的负担时，那么许多阻碍都可以避免（苗宇涛等，2015）。

11.5.2　注重新材料的创新

在洛克希德·马丁空间系统公司，创新的概念不仅仅局限于进入市场的新技术，还包括部署其研究与开发专长来推动工厂车间的效率提升，降低生产过程中的成本，以及寻找新的市场解决方案。

洛克希德·马丁空间系统公司作为纳米空间技术制造商的领导角色就是对公司技术能力、启用和制造技术的体现。纳米复合材料被公司应用到 F-35 联合攻击战斗机的翼尖整流罩中，显著节约了成本。

公司在 2011 年从 F-35 联合项目办公室获得批准,用相当昂贵的不断增强的碳纤维翼尖整流罩替代纳米结构的热塑性材料。这项技术被称为先进聚合物工程的极限（APEX），这是在制造成本下降倡议下为研发更轻重量的材料所做的努力的一部分。这项技术能够有效地减少部件成本，对舰队单个部分的生产成本产生显著影响。洛克希德·马丁空间系统公司已经确定利用 APEX 的潜在价值将 100 多个额外部分运用到 F-35 中，以减少额外成本。公司也同时审查其他平台的投资组合从 APEX 中获益的可能性。随着国防部门预算的削减，洛克希德·马丁空间系统公司面临日益增长的降低成本的压力。"在预算有限的情况下，技术投资必须能够对未来的增长产生直接作用"。纳米技术已经证明了其在提高性能的同时节约成本的潜力。

公司开发新技术将是其保持全球竞争力的关键，但公司不想成材料制造商，其专长是技术开发和系统集成，因此合作伙伴变得至关重要。例如，2008 年，洛克希德·马丁空间系统公司与莱斯大学合作成立了纳米技术研究中心，并不断寻找在其他技术有专长的合作伙伴。公司创新的推动不能仅仅依靠公司自身，因此，从发现到开发再到部署阶段聘请其他领域有专长的合作伙伴成为关键，尤其是生产能力。

11.5.3　严格的供应商质量管理制度

1. 严格控制供应商质量标准

供应商的质量管理体系要符合 ISO 9001 标准或 AS 9100 标准，其中更倾向于

AS 9100 标准，并要求供应商通过国际航空航天质量协调组织或美国航空航天质量小组的第三方认证，确保供应商质量管理体系与其相符。发生变更时应在规定时间内通知洛克希德·马丁空间系统公司。

2．根据不同产品特性详细制定产品质量标准

对供应商提供的产品特性划分为金属原材料、非金属原材料、地面保障设备、软件等 17 个不同的专业类别，分别给出不同类型产品适用的质量管理体系标准，并给出裁剪标准，同时通过供应商等级评分法来划定供应商的等级。

3．公司制定一系列供应商质量标准

公司制定了一系列对供应商的质量管理标准，如《供应商质量保证要求》《供应商质量绩效》，并根据质量保证新要求不断修改标准。在标准中详细规定了对供应商质量管理体系的要求，如要求供应商在关键项目变更时以书面形式通知洛克希德·马丁空间系统公司、保存生产过程和产品记录使其具有追溯性、提供合格认证证书、强化不合格品审理和处置等。洛克希德·马丁空间系统公司在标准化订货单中对供应商的质量保证要求给予明确。供应商通过登录指定网站获悉订货单上的质量保证要求。洛克希德·马丁空间系统公司建立了量化的供应商绩效评价体系，通过评价引导供应商不断提高其产品和服务质量及质量管理水平。

4．应用供应链管理理论强化供应商对分供应商的管控

公司明确要求供应商确保其分供应商也符合所有适用性质量标准，对产品采购严格控制，在未得到洛克希德·马丁空间系统公司书面授权时，不得从独立的经销商或代理人支出采购产品，要求提供装箱、运输、分销、仓储等服务的供应商的专长及核心业务，按照供应链运作。

5．预防和处置假冒伪劣产品

洛克希德·马丁空间系统公司明确其"假冒伪劣产品"的内涵，要求供应商在国际航空航天标准 AS 5533《伪劣电子器件：规避、检测、减轻、处置》的指导下，制定和维护假冒伪劣产品预防计划和控制措施，通过合同等方式要求其供应商确保不把假冒伪劣产品提供给洛克希德·马丁空间系统公司，提出如果供应商怀疑其向洛克希德·马丁空间系统公司提供的产品为"假冒伪劣产品"，应在发现时及时通告洛克希德·马丁空间系统公司，并提供原始零件生产商或原始设备制造商的相关文件，确保对其影响的产品具有可追溯性，并明确了供应商因提供假冒伪劣产品应承担的补偿和检测费用等（苗宇涛等，2015）。

11.5.4　国内外合作创新

洛克希德·马丁空间系统公司与许多国内外知名企业、机构都建立合作伙伴关系，以借鉴和引进更加成熟的创新体系。

洛克希德·马丁空间系统公司与微软公司建立了战略合作关系，以求在一些美国政府国防项目上进行合作，如美国海军下一代核动力航空母舰软件和国防部信息安全系统等，帮助美国空军对其位于北美的某大型空间指挥和控制中心进行技术升级，以及共同开拓利润丰厚的联邦政府机构技术服务市场。

洛克希德·马丁空间系统公司与硅谷公司合作成立"洛克希德·马丁-硅谷联盟"，该联盟将是联邦政府更为关注当地开发的创新性技术解决方案，将更多成熟的创新融入满足政府需求的产品，洛克希德·马丁空间系统公司是技术公司与政府间建立伙伴关系的结果，使技术公司获得与国防部、国家航空航天局及其他政府市场更多的接触机会。

"臭鼬工厂"通过与大学和小型公司的互动来获取和发展创意，而这些小公司多为美国政府的"小型公司创新研究项目"的扶持对象，可将其开展的一些实习项目作为引入自由思考元素的方法。

11.6　洛克希德·马丁空间系统公司预先研究项目成果转化方式

11.6.1　多学科协同并行开发与应用

洛克希德·马丁空间系统公司围绕导弹研发设计，开发了交互式导弹设计系统，系统集成了推进系统、气动分析、空气热环境分析、结构动力学、武器效能及费用模型等，构造了基于网络的实时协同设计环境。

洛克希德·马丁空间系统公司还围绕超（高超）音速飞行器的研发，开发了超（高超）音速飞行器设计系统。该系统是一个涉及热、弹道、结构、控制、气动、推进、成本、可靠性等方面的多学科系统，将这些设计分析集成到一个统一的设计平台，并与各个专业的分析模块紧密结合，实现了需求—集合—分析—优化—数据管理的一体化自动设计过程，在概念设计阶段就能对设计方案进行快速评估，可以独自捕获和处理各学科知识，推动多学科协同和并行工程，并实现集成的工程仿真分析和寻优，为跨大气层运载器的设计与仿真提供了条件（苗宇涛等，2015）。

11.6.2　建立基于市场目标的全员营销

全员营销强调以市场和营销部门为核心，研发、生产、财务、人力、知识产权等各部门以实现市场目标为中心，实现营销主体的整合，公开信息显示。洛克希德·马丁空间系统公司十分注重营销主体的整合，从产品研发到知识产权布局再到政策法规都体现了以市场目标为中心的全员营销理念。

产品研发方面，洛克希德·马丁空间系统公司的产品研发以美国装备需求为牵引，同时兼顾军贸市场，大部分产品分为国内装备型号和外贸型号，洛克希德·马丁空间系统公司研发部门在进行概念研究、基础研究、应用研究和系统研发过程中，在每个环节对产品进行考量，可见产品自身的市场前景是洛克希德·马丁空间系统公司成功占领市场的基础。

知识产权布局方面，洛克希德·马丁空间系统公司在国内争取项目要面临激烈的竞标，在国外需防止科技工业发达国家进行产品仿制，作为跨国公司还要考虑母公司与子公司之间的技术流通问题，因此知识产权布局对洛克希德·马丁空间系统公司的健康经营和持续营销起着决定性的作用。洛克希德·马丁空间系统公司在世界各地进行了广泛的专利布局，基本包含了其所有的武器出口市场和合作公司所在国家（地区），有效地规避了因武器出口和联合研制带来的专利侵权风险，维护了公司无形资产权益，巩固了公司竞争优势。

政策法规方面，洛克希德·马丁空间系统公司与海军、陆军、空军、国防部、商务部、国土安全部、美国国家航空航天局等军队和政府机构合作甚密，及时跟踪、参与甚至干预上述部门有关政策、法律和法规的修订制定，掌握政府和军队在国防装备发展规划、武器出口管控趋势等方面的战略性决策，认真研判其影响并及时调整公司的战略决策，以保证在产品研发和销售过程中规避政策风险，利用政策红利，实现公司利益最大化。

11.6.3　进行基于品牌建设的宣传整合

洛克希德·马丁空间系统公司的品牌建设全面且自成体系，通常分为创建、发展和保护三个阶段。在品牌创建阶段，洛克希德·马丁空间系统公司有鲜明的品牌识别系统，并将品牌定位成为国家服务且技术先进的防务公司；在品牌发展阶段，洛克希德·马丁空间系统公司积极管理运营品牌，产品技术不断更新，持续进行品牌延伸；在品牌保护阶段，洛克希德·马丁空间系统公司对知名产品均进行了商标注册，有效保护了著名产品的商标及品牌标识。

营销宣传与品牌建设互相关联，品牌建设离不开宣传，宣传增加了品牌的知名度，树立了良好的品牌形象，洛克希德·马丁空间系统公司的营销宣传具有传播范围广、传播途径新颖的特点。洛克希德·马丁空间系统公司综合利用报纸、杂志、专业书籍、电视和电影等传统途径，做到尽善尽美（景晨思等，2015）。

11.6.4　注重参与联邦创新项目，实现成果转化

洛克希德·马丁空间系统公司中小企业创新研究计划在新的传感器技术方面又获得奖励。

2014 年 2 月，位于波士顿的小企业 Mide 由于其传感器技术的创新，在美国海军"宙斯盾"武器系统中起到了不小的作用，而这一技术正是依靠联邦政府资助支持的洛克希德·马丁空间系统公司小企业创新研究（small business innovation research，SBIR）计划。

SBIR 计划是一项分为三个阶段的奖励过程。第一阶段是支持想法或技术的探索；第二阶段是开发和评估其商业潜力；第三阶段是推动产品商业化。

洛克希德·马丁空间系统公司有数百个研究项目在政府 SBIR 计划的支持下进行，但不是每个伟大的想法都会进入市场。2004～2014 年，公司已经能够将十几个项目过渡到商业化阶段，这一做法不仅造福于公司和 Mide 的合作伙伴关系，而且对用户有益。

Mide 公司的创新技术，是新型压电式传感器，能够在压力、加速度等作用下将其转变成电荷来测量变化。这个传感器具有的独特能力是当前战术装备中不具备的。洛克希德·马丁空间系统公司承诺对这一关键技术的支持已经整体上进入商业化阶段。

这一特殊技术的集成演示了洛克希德·马丁空间系统公司对创新的有效利用、第三方概念及发展其满足作战需求的能力。

11.6.5　重视用户分享

在"臭鼬工厂"，投资进行内部研发之前必须了解三件事情才能够动用大量资源，一是有没有价值？二是用户会不会认为有价值？三是用户如果有钱会不会买？如果能够得到肯定答案，才会进行后续投入，同时一定要在用户分享同样的建议之后。并且在整个项目的进程中，用户都居于领导地位，始终致力于和项目一起促进其进行，减少了面临突如其来状况的风险。此外，"臭鼬工厂"还主动向用户推介创新，帮助用户接受创新，保持用户对创新的兴趣和积极性。

11.7 洛克希德·马丁空间系统公司创新管理启示

11.7.1 把愿景作为技术预研的重要方向

一个伟大的技术性公司，需要很强的把握未来技术的能力。而未来技术的发展具有很大的风险，尤其是巨额的开发费用，在飞机项目尤其如此。因此，洛克希德·马丁空间系统公司的一个特色是十分注重愿景在未来技术发展中的引领作用。因此，情景规划是依据直观逻辑学阐述的基于未来客户需求的不确定性，提出的一种考虑未来情景的稳健设计。

11.7.2 以创新中心为龙头，牵引集团创新

一个企业是否需要独立的创新中心，以及如何构建、如何发挥作用，是一个创新体系中的核心问题。

创新中心不是科学中心，是一个以需求量为导向，将需求与技术发展有效结合起来的中心。

创新中心建立的初衷是在关键时刻帮助客户面对复杂的、不可预测的全球环境，通过发展综合系统和网络中心战的解决方案促进美国反应机制的形成，验证军事作战新计划、新概念与新模式，致力于多方合作与联合开发，加速预先研究进程，促进美国航空航天工业的持续改革。

创新中心服务于洛克希德·马丁空间系统公司所有业务部门，其核心职能是预先研究美国未来的作战概念，提供可行的新型作战模式，研究在多个重要领域加强美国军事实力的方法技术，协助美国国防部决定未来需要的先进的打击能力。

从某种意义上，创新中心是一个平台。在洛克希德·马丁空间系统公司内部，创新中心连接着公司各业务部门的高端实验室，能够以"横向集成"的方式，集中所有业务部门的研发资源，利用公司最优势的工艺技术，开发出特定的方案，实现客户研发转型。在洛克希德·马丁空间系统公司外部，创新中心通过加密的安全宽带网络，与政府或美国军方指挥部、实验室进行联网，使公司各领域专家能够与政府开发人员进行实时的虚拟协同工作。

11.7.3 重视创新的组织机制建设

"臭鼬工厂"的工作自由而高效，科研人员能够最大限度地拥有脱离事务性工

作的自由。凯利·约翰逊以自由、自治的"臭鼬工厂模式",让研发人员脱离了官僚组织和条条框框。在那里,研发人员可以根据项目本身的价值和个人喜好选择研究方向,可以不用担心朝令夕改的风险,可以自由地从事自己真正喜欢的工作。

臭鼬工厂的科学家属于可以"在公司提供的让人赋予创造性的自由和资源条件下低调工作"的人,公司为科研人员提供稳定的职业、合理的报酬、发展的机会、良好的工作环境以及富有挑战且值得为之付出的工作,以及为国家国防建设做贡献的机会。例如,每年定期向固原征集创意,并将其作为对雇员的基本要求,其中 10%的创意将获得有效的资金支持,提出创意的雇员将有机会把很多的个人时间投入到自己的项目中,并有可能成为正规的臭鼬项目。以此来鼓励每位员工能够相信自己能够创造与完成世界上先进的军事项目,并在充分授权独立团队发挥创造力的基础上,在某一段时间内使用挑战性目标和选择来激励创新,由此营造出臭鼬工厂独特的激励文化。

11.7.4　非常强调需求牵引创新

洛克希德·马丁空间系统公司创新体系中一个最大的特色是面向需求和用户的创新。公司的客户很多,洛克希德·马丁空间系统公司一是把许多创新部门设在用户周边,增加与用户的互动机会。二是与用户共同成立一些创新中心,如海军水面作战创新中心、在硅谷设立的中心等。

11.7.5　强调开放创新

洛克希德·马丁空间系统公司强调开放创新,在全球建立研究开发机构与创新中心,强调成果转化,强调未来需求、预先研究、虚拟与现实的对接。洛克希德·马丁空间系统公司已经在全球 70 多个国家建立了 300 多个合作伙伴关系。

11.7.6　强调技术发展与创新

作为制造公司,洛克希德·马丁空间系统公司十分重视制造技术领域的技术发展与创新,包括与供应商的合作,在材料领域,虚拟技术的开发、网络技术的开发、系统质量管理技术的应用等。

第 12 章　空中客车集团的突破性创新

12.1　空中客车集团概况

空中客车集团（Airbus，又称空客、空中巴士），是欧洲一家飞机制造、研发公司，1970 年 12 月于法国成立。空中客车公司的股份由原欧洲宇航防务集团（EADS）100%持有，是欧洲各国为了与波音公司争夺航空市场而由多国支持成立的公司。原欧洲宇航防务集团（EADS）于 2014 年 1 月 1 日正式更名为空中客车集团，并对其所有业务进行整合，统一在"空中客车"这一品牌下。原 EADS 集团包含的四大业务板块整合为空中客车集团旗下三大公司：从事商用飞机业务的空中客车公司，整合原来的 Cassidian、Astrium 和空中客车军用飞机业务形成的空中客车防务及航天公司，从事商用和军用直升机业务的空中客车直升机公司（徐晓明，2014；蔡闻一等，2016），如图 12-1 所示。

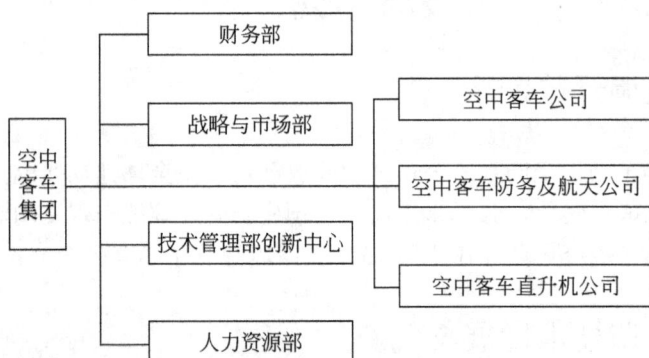

图 12-1　空中客车集团组织架构图

空中客车集团是业界领先的飞机制造商，是一家真正的全球性企业，全球员工约 55 000 人，在美国、中国、日本和中东设有全资子公司。空中客车集团以客户为中心的理念、商业知识、技术领先地位和制造效率使其跻身行业前沿。2012年，空中客车公司的全球营业额超过了 385.92 亿欧元，目前已牢固地掌握了全球约一半的民用飞机订单。

从一开始，空中客车集团就有明确的战略目标。即创造必要条件，使欧洲航空工业能够为世界市场提供大型民机；研发一种基础产品；建立一个合适的财政和工业结构；建立一个市场基础和全球的支援系统；发展一个产品系列；在全行业取得足够的市场份额。回溯历史，这些当时充满前瞻性的战略目标，今天都一一实现了，有些甚至超过了空中客车集团创始者的预期。

空中客车集团的制胜秘诀之一，就是在它的发展历程中不断进行技术创新，许多空中客车集团技术成为航空业的新标准。空中客车集团首席执行官托马斯•恩德斯表示："空中客车集团早已成为世界领先科技的代名词和航空航天领域的骄傲，集团所有业务部门和员工将在空中客车这个强大的品牌下，共同迎接国际市场的挑战。"

12.2　空中客车集团交互国际化创新战略

空中客车集团采用"3I"战略：international（面向国际）、innovation（积极创新）、improve（持续改进），创新是其战略的关键点之一。

但在与波音公司的竞争中，其主要是利用欧盟国家的不同技术能力，采用交互国际化战略，取得与波音公司竞争的比较优势。

空中客车集团发展战略的关键是要保持和发展核心技术平台并始终保持卓越的创新能力，以满足飞速变革的技术和工艺发展需求，集中必需的技术资源以面对严酷激烈的国际竞争，并且积极响应客户的各项要求。空中客车集团认为，科技创新通过开发和应用先进的科学技术，持续改进产品、服务和过程的质量，可以大幅提高公司的竞争实力和差异化优势，从而促进公司的发展。

波音公司在民用飞机市场上的优势可以追溯到波音707，波音707是波音公司开发的一款创新机型，打开了商用航空事业的大门，在这之后，飞行器制造业的许多公司纷纷效仿波音公司的这种国际化创新模式（national innovators）：将各地的技术进行组合来为美国总部主要进行的项目提供技术支持。然而最终，波音公司的全球霸主地位被欧洲的空中客车集团动摇，空中客车集团采用的是另一种交互国际化创新模式（metanational innovators）：欧洲不同国家在不同的特定领域有擅长的专门技术，如英国擅长机翼空气动力学、法国擅长航空电子学，空中客车集团整合来自不同地区的专门技术，并且利用这些技术制造综合性系列产品。而其他投入创新过程的技术必须从远处访问，如将长期以来一直在美国战斗机领域应用的飞行线控技术纳入空中客车集团创新进程，面对航空公司服务区域市场的不同需求，采取不同的经济路径和服务期望。这种交互国际化创新形成一条创新链，可以打破国家边界，用更少的投入，实现更有价值、更具竞争力的创新。

12.3　空中客车集团集中与分散的创新中心

为提高空中客车集团的创新能力，其采取"集中创新"和"分散创新"相结合的技术创新战略。其中，"集中创新"是指通过创新中心，运用"研究与技术网络"集中进行创新工作，是空中客车集团开展技术创新工作的核心部门。"分散创新"是指新产品开发任务由所在分公司、事业部等业务单位全权负责。公司所有的产品开发和近 80%的技术研发活动都是以这种方式进行的。空中客车集团认为，这样做有利于各业务单位紧密跟踪和掌握顾客和市场的需求，确保公司的竞争优势。

创新中心（innovation works）是空中客车集团设立的从集团层面集中管理的跨部门、跨领域的研发机构，于 2006 年成立，精简了以前相对分散的研究和技术组织机构，对研发能力进行整合，维持公司各个业务领域的平衡发展，并确保公司内部创新政策的一致性，对集团的发展具有重要的战略意义。

12.3.1　组织结构及业务

创新中心由空中客车集团首席技术官（chief technology officer，CTO）负责管理运营，管理组织还包括首席质量官（chief quality officer，CQO）和首席信息官（chief information officer，CIO）。创新中心在法国巴黎和德国慕尼黑设有 2 个总部。创新中心包括 6 个职能管理部门，7 个跨国技术能力中心（图 12-2）。另外在图卢兹、南特、汉堡、不来梅和施塔德设有临近的分研究中心，以便更为便捷地与当地业务单位进行沟通和联系。同时，还在新加坡、英国纽波特和费尔顿、西班牙马德里和赫塔菲、美国阿灵顿、中国北京及印度加洛尔等地区开设了分支机构，在俄罗斯莫斯科设立的地区联络办事处积极促进了与当地科研机构之间的友好关系。

创新中心的 7 个跨国技术能力中心主要围绕在 7 个方面的关键技术、工艺及能力，包括复合材料技术，金属技术与表面工艺，结构工艺、生产与航空力学，工程、物理、IT、安保和仿真服务，传感器、系统与电子集成，能源与推进，创新概念与情景。这 7 个跨国技术能力中心将分散在各国的科研力量进行集中，更为便捷和高效地开展相关技术研究工作。

创新中心的建立为空中客车集团提供了一种"从上至下"和"由下至上"的交流沟通平台，使技术专家和业务管理人员更好地进行经验沟通和交流，同时节约了成本。其网络结构和研究与技术网络相一致，负责建立通用的研究与技术计划和项目，并促进信息和成果在整个集团内流通，负责协调和管理公共研究与技术活动。由于这些活动通常涉及多个业务单位，创新中心的结构网络是一种类似矩阵管理的组织架构（图 12-3），它根据不同的技术进行构建，涵盖对空中客车集团至关重要的技能和技术领域（蔡闻一等，2016）。

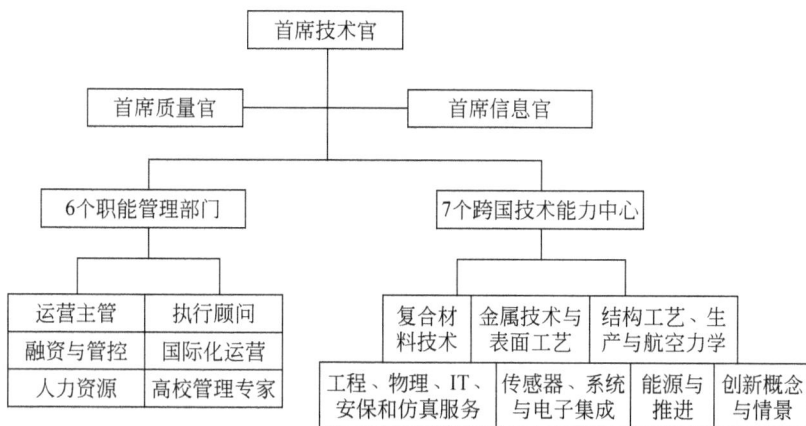

图 12-2 创新中心组织结构图

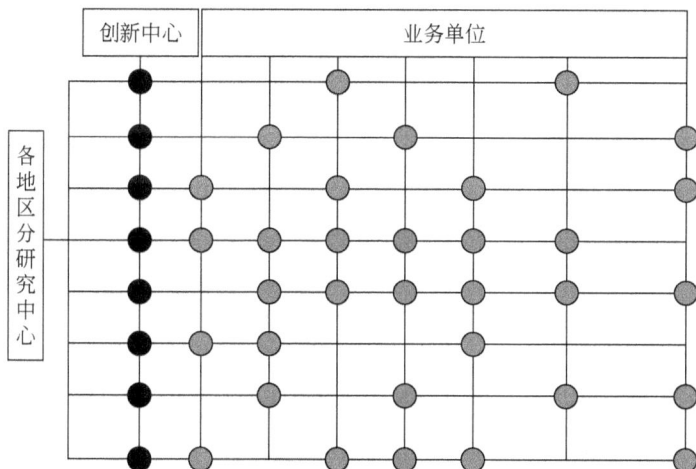

图 12-3 创新中心的研究与技术网络

12.3.2 创新中心的对外合作情况

创新中心支持空中客车集团所有的业务单位，负责识别全新价值创造技术，开发技术技能和资源。创新中心发展和保持与全球知名大学、研究机构和公司的合作关系，倡导与集团的合作伙伴分享各自的能力和方法，以促进技术卓越性和明晰业务为导向,并为公司的持续创新提供保障。目前,创新中心已经与麻省理工学院、斯坦福大学、加利福尼亚大学等近 70 所全球知名的大学和实验室,以及法国达索公司、英国宇航系统公司等近 100 家世界知名的公司建立的合作伙伴关系。

12.4 并行开发

空中客车集团生产的产品规模较大且设计复杂,导致空中客车集团需要具备高度的工业专业化,当开发一个新产品,产品的成本受产品开发周期和生产周期影响,因此并行开发(ACE① project)是十分必要的,可以更快地响应市场波动,最终降低产品成本,提高市场竞争力。空中客车集团要实现并行开发需要具备以下几点要求:

(1)由于所开发产品的复杂性,要求并行开发项目中的每个团队甚至每个个体都可以顺畅地访问所有信息,将产品分解成为可以并行开发的业务对象,使并行工作效率最大化。

(2)确保同步性,控制开发周期。

(3)合理设置不同开发领域的接口部门。

(4)多学科工程。

(5)打破企业壁垒,在扩展的企业中发展协同技术。

(6)永久追溯产品的配置信息。

(7)思考整个开发流程,选择并行开发的方法和工具。

这个过程要求企业在并行开发的过程中:

(1)真正考虑在当前设计背景下,如何设计团队合作及选择哪些数据库软件,怎样分享技术数据,当数据资源发生改变时如何应对。

(2)考虑尽可能多的整合流程,简化整个工作流,最大化提高开发过程的效率。

空中客车集团已广泛投资和应用并行开发技术,致力于提高并行工程的开发和部署的能力。ACE 项目现在在空中客车集团发挥关键性作用,成为重要的管理改革工具。并行开发为空中客车集团节省了大量时间成本,同样地,要实现并行开发,就要与大量具备不同技能的使用者交换分享大量信息和数据,转变结构概念。

现在,所有的基础空中客车集团项目都采用一种共通的、结构化的开发周期模式(图 12-4)。

---

① ACE,即 Airbus concurrent engineering。

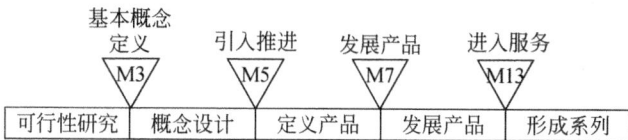

图 12-4　开发周期

该模型可以划分为五个主要阶段：① 可行性研究 M0～M3；② 概念设计 M3～M5；③ 定义产品 M5～M7；④ 发展产品 M7～M13；⑤ 形成系列 M13～M14。

要发展和实现并行开发并不是一件简单的事情，需要在公司内部进行深层次的变革，以"面向用户"为原则，提高公司产品开发和并行开发与交付的能力。一般来说，并行开发包含三个阶段：开发（development）、部署（deployment）和操作（operations），这三个阶段是相互影响的，要注意各阶段的交接过渡问题。

（1）开发阶段首先要获取用户需求，按照需求进行流程再造，将这些需求转化为功能和工具规范，并选择开发和测试所用的软件和硬件。

（2）部署阶段应做好规范验证、实际操作环境考察和用户培训等工作以实现用户需求，在这个过程中，应考虑当前团队合作设备（并行开发操作工程包、信息系统和 IT 环境等）、必要的培训、工作文本是否准备就绪及部署的花费和日程表等。

（3）在用户需求的功能部署之后，设计团队可以使用 DMU（digital mock-up）系统进行操作，该系统是产品信息的核心，以 CAD（computer aided design）和 PDM（product data management）技术为支撑，来实现并行开发的操作过程。

空中客车集团在 A340-500 和 A340-600 的项目开发过程中使用并行开发技术，使研发效率大大提高，尤其在中央机身装配过程中，减少工作时间，比用户要求的交货时间缩短了十个月，成本也显著减少。之后在 A380 项目开发的过程中，飞机组件由跨国管理团队提供，因此空中客车公司在所有工作站点部署并行开发工作，大约 1800 个工作站装配了 CAD 或 PDM 技术，以支持各站点之间的 DMU 交换。由于空中客车公司大面积实施并行开发工程，主要组件装配工作变得更容易和便捷，也大大减少了开发所需的时间。现在空中客车集团的主要目标是在 DMU 系统的帮助下，进一步提高产能并开发定制化服务。（Pardessus，2004）

12.5　协作工程

协作工程（collaborative engineering）是空中客车集团近年来所推进一个重大的制造创新。

飞机主要组件或者飞机结构的设计和工业化是一个复杂的过程。空中客车集团从 20 世纪中期以来，开始涉及飞机设计及工业化的领域，在空中客车集团发展的过程中，招募了大量来自不同国家的工程师为研发提供技术支持。以空中客车

A400M 为例，它由 700 000 个不同的组件和关节组成，这些飞机组件在全球 7 个国家进行组装和制造（Mas et al.，2013）。

空中客车公司从事飞机设计始于 1969 年，推出了第一架飞机 A300，当时该机型还是在图纸上设计出来的。在 A320 设计的时候，就应用了 CAD 技术进行三维外表设计和图纸生产过程，20 世纪 80 年代中期，越来越多的自动化和计算机技术应用到空中客车公司飞机设计的过程中。空客 A320 和 CASA CN235 设计使用 CAD 三维设计技术来设计外表和图纸，利用 CAM 技术来进行大量的制造过程控制。在 20 世纪 90 年代中期，空中客车公司结合 PDM 技术和 3D 固体设计技术构建了最初的 DMU 模型，主要用于检查功能设计干扰。之后，空中客车公司重大项目的设计开发工作开始应用并行开发模式，ACE 开始成为空中客车公司研发工作的开发、部署和操作的工具（Menéndez et al.，2013）。

从 1999 年开始，空中客车公司不断应用并行开发技术进行所有新机型的设计工作，A380、C295、A400M 及 A350 等都取得了巨大成功，但主要都在设计工作领域，工业设计活动或者工程制造活动使用 CAX 工具在偏远地区并不能完全地整合影响功能设计的资源。

为促进功能设计领域和产业制造领域团队的合作，空中客车公司开始应用 iDMU①模型来替代原来的 DMU 模型。利用 PLM②工具模拟虚拟制造过程，减少生产车间的错误，最后向车间下出合理的指令，为制造活动赋予完整的定义。

空中客车集团军用运输机部门已经启动了一个试点——A320neo 机型的开发项目来开发和部署协作工程模式，这一机型具有结构复杂度低和涉及大量制造技术的特点，空中客车公司军用运输机部门的专家选择这一机型作为一个样本，以推动协作开发模式的发展与应用（Mas et al.，2013）。

协作工程促进设计团队的整合，包括在工程和产业两个方面。首先，追求工业化的数字样机而不单单是产品的数字样机；其次利用生命周期管理进行虚拟制造；最后，将工作指令交付车间，完成整个制造活动。

1）传统工程

传统工程也叫连续工程，是一种连续设计、每一步骤顺序进行的方法。这一设计过程的缺点是显而易见的，如工业设计与功能设计存在壁垒、注重产品功能和图纸、缺乏工业设计、在生命周期的最后阶段会出现越来越多的问题、各个团队之间缺乏沟通、上市周期长等，像现代飞机这样的复杂产品就不能采用这样的设计方法。

2）并行工程

过去几十年中，方法和技术的进步已经对工程活动产生决定性的影响。近年来，并行工程得到了广泛运用，被认为是传统工程的一种良好替代。随着全生命

---

① iDMU，即 industrial digital mock-up，工业化数字样机。
② PLM，即 product lifecycle management，产品生命周期。

周期管理工具的引进，空中客车并行工程被引用到 A340-500/600 系列的部署和开发中，与 PLM 工具相互配合。图 12-5 为传统工程与并行工程的比较。

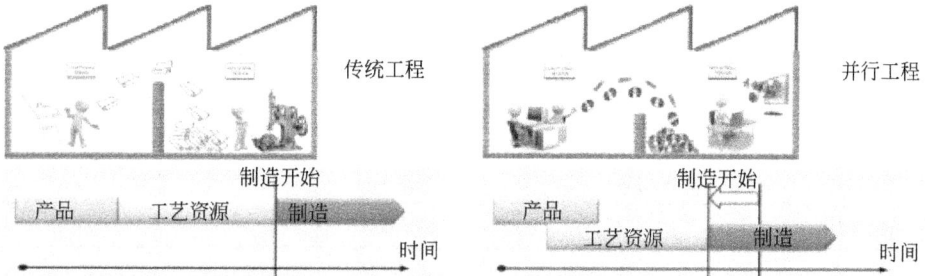

图 12-5　传统工程与并行工程比较

在定义一个可控的并行工程的过程中，一系列里程碑技术的发展起到了很大的帮助作用，理解技术进程间的相互关系，描述里程碑活动之间的输入/输出关系，通过提高设计过程中的透明度来降低风险，进行设计和程序审查。在空中客车集团，并行工程的目的是节约时间和成本，通过多学科的工作方式将产品项目相关的技术联系在一起，设置和管理并行工作的操作环境。

并行工程也有缺陷，虽然没有传统工程的壁垒那么高，但依然存在。就 PLM 工具的使用而言，工业任务并没有达到像功能任务那样先进，功能化设计对之后的工业化设计产生的影响作用较小，两个独立小组可能具有完全不同的技能。

3）协作工程

为了打破功能设计和工业设计之间的壁垒，由唯一的团队去执行设计过程并交付一份唯一的成果，工业化的数字样机是协作工程的目标。这是一种需要新的程序和新的 PLM 工具的新方法。其主要的优势是进一步减少进入市场的时间，通过虚拟制造技术进行虚拟验证，收益来自于一个唯一团队的一份唯一的交付成果。图 12-6 为并行工程与协作工程的比较。

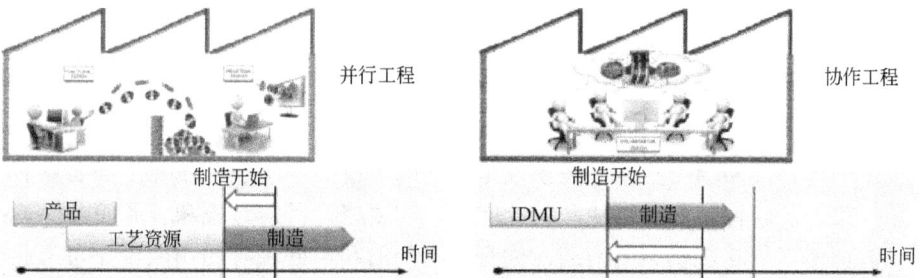

图 12-6　并行工程与协作工程比较

表 12-1 总结了传统工程、并行工程与协作工程的不同特征。

表 12-1　传统工程、并行工程、协作工程比较

特征	传统工程	并行工程	协作工程
时间安排	连续的	重叠的	共享的
团队	没有	一些	独特的
交付成果	图纸	动态的实物大模型	产业动态实物大模型
焦点	产品设计	缩短工期	面向用户
目标	功能设计	装配设计	虚拟制造

并行工程是对航空航天领域在工业设计和功能设计方面面临挑战和问题的一种解答。"As Is - To Be"的分析模式对当前的形式和未来的需求状况有了更清晰的思路（图 12-7 和图 12-8）。

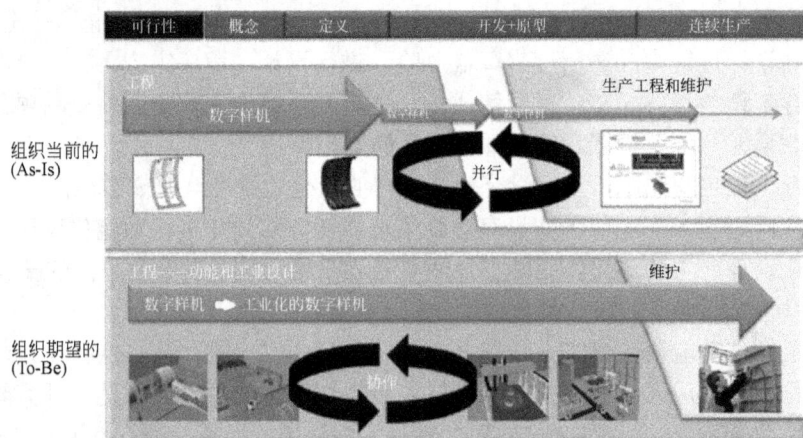

图 12-7　"As Is - To Be"的分析模式

A320neo 是空中客车集团协作工程的试点项目。A320neo 风机配备的部署缺乏时间，因而根据 A340 和 A380 在碳纤维风机配备中的经验及航空结构的适合尺寸，空中客车集团决定组建一个多学科团队，进行功能设计、工业设计和服务规程等工作，并交付一个工业化的数字样机。

协作工程是从以前并行工程经验中得出的一种更广泛的方法。在试点项目中，新技术的可行性和项目团队的成熟性是成功的关键。当然也存在几个需要克服的问题：第一，软件工具的集成和设计问题，需要将产品、过程和资源相互协调；第二，协作工程功能模型的应用，拥有不同部门和不同领导的功能设计与工业设计领域的协调，尽管存在组织上的问题，但是由独立团队完成所有设计的概念依然会产生巨大的影响力，除此之外，试点项目的其他方面大都达到了预期结果；第三，工程师通过有效途径使用 PLM 工具的技能（Mas et al.，2013）。

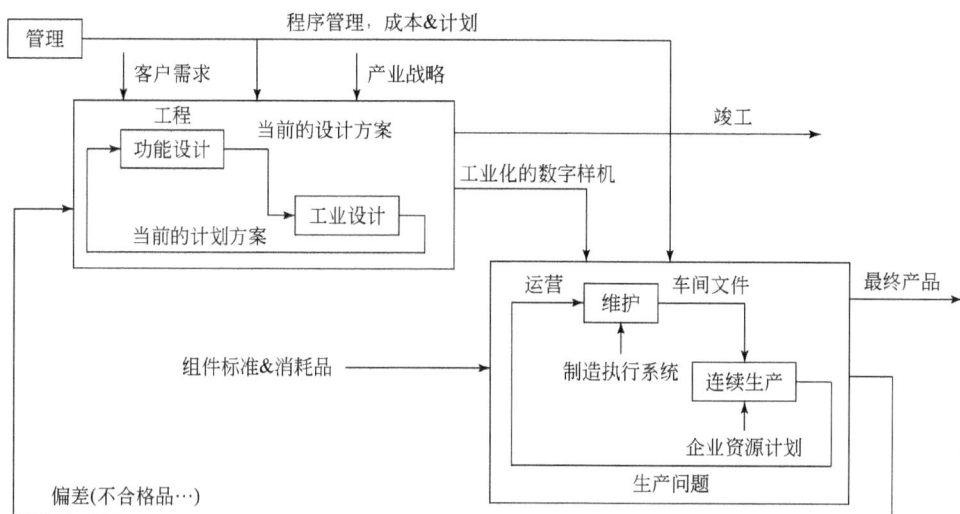

图 12-8　协作工程模型

12.6　开放创新：建立硅谷风险投资与创新中心

空中客车集团作为欧洲最大的航空航天公司，为了加强基于 IT 的技术创新，并采纳硅谷创新模式，使空中客车集团具有小企业的创新创业精神，于是在硅谷建立风险投资部门和业务创新中心，由原谷歌高管任负责人，目的是在新一代的潜在竞争对手面前保持技术优势。聘请的负责人是来自相关领域的资深人士，风险投资部由科技风险投资巨头安德森·霍洛维茨（Andreessen Horowitz）原合伙人负责，创新中心由原谷歌秘密先进技术和项目组织工程总监负责，其曾为美国国防部国防高级研究计划局科技孵化器工作，而且这两个部门的负责人能够直接向高管汇报工作。

风险投资部门的任务是投资全球有前途的、颠覆性和创新的商业机会。谷歌充当技术突破枢纽的角色，能够从巨大的机会当中汲取经验，更多地寻找和建立合作伙伴。通过这种方式，空中客车集团力图促进加速转型为在航空航天技术创新方面成为具有国际领先地位的公司。这种方法也有利于公司应对未来的竞争：行业的新进成员也有可能成为欧洲航空巨头中有力的竞争对手，而且还有波音公司这样的传统竞争者。空中客车集团的商业喷气客机部门，是公司最大的销售和利润来源，也开始建立一系列实验室加强与初创企业等的联系与合作。

空中客车集团同时也在其他地方（如印度、汉堡等）建立创新加速器等组织。同时，空中客车集团在美国设立先进制造中心，如弗吉尼亚州的联邦先进制造中心（Commonwealth Center for Advanced Manufacturing，CCAM），在过去几年取得惊人的进步。设在这里是因为这里有优秀的大学和美国国家航空航天局（NASA）的研究中心。现在欧洲有许多公司来到这里，如 Alcoa（美铝公司），全球轻金属材料技术和工程加工的领先企业。

业务创新中心建于 2013 年，其独特之处在于其成员组成，包括私营公司、大学和政府机构，协作进行航空航天、国防、运输、消费电子等行业应用的新技术和新工艺。这样安排是为了成员能够共同承担研发风险和成本，从生产阶段到研究成果分享，允许每个公司能够从研究发展中把握时机。

正是这一点吸引了其新进成员——空中客车集团。空中客车集团建立在创新基础上，园区日常的运营能够每天了解到使用和发展前沿技术是业务经营的需要，而这也正是 CCAM 建立的初衷。这个联盟的出现是顺应时代的，从开发者到最终用户的每个人都能够从这些集结优秀研究人员的智慧中受益。

空中客车集团的加入，是因为 CCAM 所提倡的一个清晰战略。同时，CCAM 也能够为空中客车集团提供其所寻找的研究专长，两者相互匹配。空中客车集团也能够提供现场的技术负责人，园区设施包括各种技术实验室、3D 可视化实验室、会议室以及开放型的模块化工作站。

CCAM 为各种各样的研究构建了几个不同的级别。例如，行业和政府成员、高校学术伙伴，更巧妙的是组织行业成员被要求往团队中带入至少两个额外的成员，这也是 CCAM 的发展战略，这一战略在近几年中初见成效。而 CCAM 中的项目大多需要成熟的劳动力，因此，CCAM 在弗吉尼亚州建立自己的学院，与其他组织合作来促进商业模式的发展。

12.7　总　　结

（1）采用与波音公司差异的竞争战略，即采用交互国际化战略，利用欧洲的不同国家的技术能力，全力与波音公司竞争，取得了重要胜利。正因为如此，空中客车集团的创新中心包括 6 个职能管理部门，7 个跨国技术能力中心。并在图卢兹、南特、汉堡、不莱梅和施塔德设有临近的分研究中心，以便更为便捷地与当地业务单位进行沟通和联系。

（2）重视并行工程的使用，且演化协同工程创新的新阶段。协作工程促进设计团队的整合，包括在工程和产业两个方面。首先，追求工业化的数字样机，而不单单是产品的数字样机；其次，利用生命周期管理进行虚拟制造；最后，将工作指令交付车间，完成整个制造活动。协作工程创新是为了打破功能设计和工业设计之间的壁垒，由唯一的团队去执行设计过程并交付一份唯一的成果，工业化的数字样机是协作工程的目标。这一新的制造模式的创新，大大提高飞机的开发效率。

（3）重视开放创新，并学习美国硅谷的创新机制，设立风险投资机构和硅谷创新中心。风险投资部门的任务是投资全球有前途的、颠覆性和创新的商业机会。谷歌充当技术突破枢纽的角色，能够从巨大的机会当中汲取经验，更多地寻找和建立合作伙伴。通过这种方式，空客客车集团能够促进公司加速转型为在航空航天技术创新方面具有国际领先地位的公司。而且这两个部门的负责人能够直接向空客高管汇报。

第 13 章　国外大企业突破性创新的启示

13.1　重视情景规划的应用

13.1.1　情景规划概述

情景规划是一套在高度不确定的环境中帮助企业进行高瞻远瞩的方法，它不仅能够帮助决策者进行一些特定的决策，同时也使得决策者对需要变革的信号更为敏感，这种方法要求公司对未来可能发生的情形提前进行设计，在问题没有发生之前，想象性地进入可能的情景中预演，当想象过的情景真正出现时，企业可以快速实施预演，从容和周密地加以应对。这种分析方法能够提供预防机制，可以使使用者开展充分客观的讨论，使得战略更具弹性，让管理者处变不惊。

情景规划最早出现在第二次世界大战之后，作为一种军事规划方法使用。美国空军试图通过想象出其竞争对手可能采取的措施来准备相应的战略。20 世纪 60 年代，兰德公司和赫尔曼·卡恩（Herman Kahn）将这种军事规划方法提炼成为一种商业预测工具。情景规划被世人重用是在荷兰皇家壳牌集团（简称壳牌石油）运用它成功地预测到发生于 1973 年的石油危机之后，随后，这种管理方法的应用和研究也逐渐在企业界和学术界流行起来。

情景规划不仅是一种分析未来环境的多种可能情形的战略规划工具，也是一种新的战略思维方式，更加注重事物发展的多种可能性、动态性、系统性及高智能性。通过研究组织面临的内外部环境条件及其可能的变化，从中识别主要的影响因素，在相容性分析的基础上构建若干可能的未来状态，并对其展开深入分析，从而更为有效地应对不确定性。

相比传统的规划方法，情景规划的主要优点是增强了决策的科学化和民主化。情景规划不仅在规划人员和决策者之间架起了一座沟通的桥梁，也为多方利益主体提供了共同参与、相互沟通的平台。传统规划与情景规划的特征比较见表 13-1（杨艳等，2015）。

表 13-1 传统规划与情景规划的特征比较

要素	传统规划	情景规划
参与者	主要是专业规划人员	规划人员、地方官员、社区代表、私人企业公共机构、公众等不同利益主体
目标	预测未来	提高适应未来的能力
对未来的态度	消极的、顺从的	积极的、创造性的
程序	单向的	螺旋上升的
观点	偏颇的	全面的
逻辑	过去推断未来	未来反推现在
变量关系	线性的、稳定的	非线性的、动态的
方法	宿命论、量化法	定性与定量结合、交叉影响和系统分析
未来图景	简单的、确定的、静态的	多重的、不确定的、适时调整的

13.1.2 情景规划对原始创新的重要意义

目前，情景规划在企业管理、经济评价与预测、环境科学、战略决策与制定、危机或风险管理、商业规划等领域都发挥了巨大的作用，在管理实践中证明了其价值，具备无可替代的作用。2000 年，美国企业战略委员会曾对 200 名大型企业的主要战略管理者进行调查，结果表明有 1/3 的大型企业运用了情景规划方法。近年来，随着商业世界中不确定性和复杂性因素的大幅度增加，运用情景规划的企业越来越多。2011 年，著名咨询公司贝恩公司对近千家跨国公司的调查表明，有 65%的企业使用了情景规划工具。

情景规划是在决策点到来之前主动搜集和挖掘有用信息，通过不断深入的连续过程贯穿于情景规划的全过程，随着时间向前发展，暴露在人们面前的信息会越来越丰富，通过对这些信息的收集与挖掘，不确定性被大大降低了。情景规划研究的焦点并不是预测未来，也不完全是描述未来的不确定性，而是在更清晰认识环境不确定性的基础上，集中在如何限制不确定性上。在企业的创新管理体系中，尤其是对预先研究项目的规划过程中，使用情景规划，可以根据当前所处的环境，识别影响环境变化的趋势与主要不确定因素，抽象出企业在未来可能面对的几种典型情景，并通过持续的规划过程，对情景进行持续开发，不断剔除非主流情景而重点开发主流情景，使情景与未来的真实环境逐步接近，最终对未来环境做到相当精确的描述，对原始创新的产生起到促进推动作用。同时，情景规划通过预先制定的战略，也是组织提前为突发事件做好的准备，可以大幅度降低突发事件给组织带来的损失。

对原始创新来说，预先研究项目过程能够将情景规划的优势更加充分地发挥出来。首先，情景规划具有探索性，能够探索未来的不同状态，展现多种可能性的、不同的未来情形，而不是仅仅做单一的预测。其次，情景规划提供了自由和创造性的思考空间。在情景规划过程中，少数人的意见不再被忽视，参与的各方人员充分发挥头脑风暴，敢于提出各种创造性的想法，使组织的管理不至于走上僵化的路线，而是始终保持灵活性，能够吸收不同的意见。最后，各方利益相关者能够高度参与情景规划的过程，充分发挥交互作用。情景规划的参与者不仅包括组织内部的人员，还应包括客户、供应商、竞争者、政府等各方利益相关者。在这一平台中，各方利益相关者有了共同交流的机会，集思广益也能够提供足够的情报信息保障情景规划的顺利实施。

当然，对情景规划方法的运用要适度。因为情景规划描绘的是未来的某种状态，缺少分析其演变的过程，也就不能够展现这一阶段的未来发展路径。而且情景规划的结果多为简单的文字性描述，本身不能形式化表达，不易理解其内涵和意义。此外，情景规划过于开放，对结果可能产生多种不同的行为解释，不能形成一致意见。由于情景规划是建立在多维视角思想的基础之上，产生的是多维愿景，不同人员会站在自己的立场对其结果做出自己的解释。因此在情景规划方法的使用过程中，要注重对最后结果的统一，也可以构建多情景技术路线图把多种情景结果通过可视化的形式表现出来。

13.1.3　情景规划的应用案例

情景规划最早用于军事规划，但作为企业战略管理工具第一次为世人所重视，还是源于壳牌石油对1973年石油危机的成功应对。此后，壳牌石油一直将情景规划列为公司战略管理体系的重要工具，围绕地缘政治、经济发展、科技进步、社会文化、能源与环境等进行了数次情景构建，多次成功应对危机与挑战。情景规划也逐步成为公司的一个重要品牌，并在世界范围内产生了较大影响。

1. 情景规划的应用背景

第二次世界大战之后，壳牌石油的战略规划方法不断调整完善。早期，公司从以生产设施排产为主的"物理规划"，到以财务指标考核为主的"项目规划"，再发展到一种新的规划系统"统一规划机器"（unified planning machine，UPM），希望为公司的全业务链提供整体规划。UPM是一个覆盖全球范围的复杂定量模型系统，能预测6年后的数据。但很快，壳牌石油发现UPM所能提供的6年展望尺度太短，而且该模型只能引导公司在熟悉的环境下继续前行，一旦情况发生突变，预测结果就可能谬以千里。于是壳牌石油决定在 UPM 之外引入更多的商业直觉，需要高瞻远瞩，探索 2000 年的商业环境研究。1967 年，壳牌石油情景规划工作开始启动。

2. 情景规划成功实施

20 世纪 70 年代初，情景规划的首要议题是油价，供需关系是最重要的考虑因素。关于需求预测，人们基本的共识是油价每年以 6% 的速度增长；关于供应预测，壳牌石油的技术人员认为可供应量是先决因素，丰富的资源储备也可以根据需要开凿足够数量的油井。

但"壳牌石油情景规划之父"皮埃尔·瓦克却认为，原油储量的控制者才是最终实际产量的决定者。尽管 20 世纪 60 年代后期仍是数家大型石油公司控制着原油储量，但石油输出国组织（Organization of Petroleum Exporting Countries，OPEC）似乎出现了一些显示其政治影响力的征兆。皮埃尔·瓦克认为，一定要观察决策背后的制定者，而不能仅仅着眼于技术或宏观现象。因此，规划人员开始从产油国政府的角度出发，思考是否有必要根据不断增长的石油消费需求持续增加石油供应。他们敏锐地意识到，阿拉伯国家极有可能会提高输出石油的价格，并得出结论，未来充满了不确定性，有必要开发新的情景。

1972 年，皮埃尔·瓦克领导下的情景规划团队围绕"经济增长、石油供给和石油价格"首次提交了 6 个情景，其中一个为"危机情景"，即设想一旦西方石油公司失去对世界石油供给的控制，将会发生什么，并就此制定应对措施。

1973 年 10 月，OPEC 宣布实施石油禁运，对西方国家实行"三种油桶策略"。壳牌石油及时实施预案，有效化解了危机。其措施包括：①放缓对炼厂的投资，提高炼厂对不同品种原油的适应能力。壳牌石油一方面针对欧洲炼油业过度饱和的情况，压缩其在该地区的炼油能力，另一方面放缓对亚非拉地区新建、扩建炼油和石化装置的投资进度。②加快 OPEC 以外国家和地区的油田开发，如墨西哥湾和北海等。③有效授权，加强下属公司的运营决策能力。④加大勘探生产技术的研发和应用，如浮式生产储油卸油船（floating production storage&offloading，FPSO）技术等。

3. 情景规划方案的不断完善和提升

第一次石油危机结束，壳牌石油管理者意识到提升公司应变能力至关重要，因此将情景规划和模拟演练作为公司应对危机的重要战略工具和方法。各地区公司必须牢固树立危机意识，并多次模拟石油供应突然中断时如何采取措施保障供应，增强地区公司对不测事件的反应能力和抗风险能力。情景规划的成功运用也推动了壳牌石油的快速发展，在 1979 年成为世界最强石油公司之一。

1986 年石油价格崩溃，壳牌石油又一次预先设定了这种情景，并没有在价格崩溃之前进行大规模并购，而是在价格崩溃之后，花 35 亿美元购买了大量优质油田，从而为壳牌石油赢得了 20 余年的发展优势。20 世纪 80 年代末，早在柏林墙倒塌及苏联解体之前，壳牌石油便预设了部分国家市场开放的情景，并适时在东欧布局炼油厂，关闭或出售了其在西欧的部分炼油厂。1989 年，西班牙取消了国家石油公司对加油站的垄断，壳牌石油迅速做出反应，在短短的两年内就建立起了公司在西班牙的加油站网络。20 世纪 90 年代，壳牌石油认识到社会与环境压力，特别是气候变暖可能带来的影响，开始在公司推行碳管理战略，走在了大部分石油公司前面。2005 年，基于对全球能源供需的情景规划，壳牌石油提升了天然气在公司能源组合中的地位。2008 年，壳牌石油发布《壳牌能源情景 2050》。2013 年，壳牌石油发布《新镜头情景——转型世界的视角变化》，从更大的尺度考虑未来能源系统，包括政治权力、经济发展、全球化、关键资源（水、食物、能源）等，设定了"高山"与"海洋"两种情景，并将视野延伸至 2060 年。

在 40 多年的发展历程中，壳牌石油情景规划关注焦点不断调整，方法日趋完善，与公司业务战略的结合日趋紧密。形成了从全球情景（全球宏观趋势）到聚焦情景（国家或业务）再到项目情景（投资决策）的系列组合（图 13-1）。

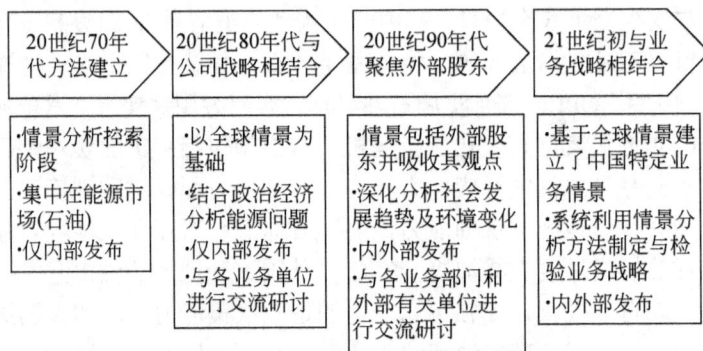

20世纪70年代方法建立	20世纪80年代与公司战略相结合	20世纪90年代聚焦外部股东	21世纪初与业务战略相结合
·情景分析控索阶段 ·集中在能源市场(石油) ·仅内部发布	·以全球情景为基础 ·结合政治经济分析能源问题 ·仅内部发布 ·与各业务单位进行交流研讨	·情景包括外部股东并吸收其观点 ·深化分析社会发展趋势及环境变化 ·内外部发布 ·与各业务部门和外部有关单位进行交流研讨	·基于全球情景建立了中国特定业务情景 ·系统利用情景分析方法制定与检验业务战略 ·内外部发布

图 13-1　壳牌石油情景规划的发展历程

全球情景自 20 世纪 80 年代推出后，几乎每 2~3 年更新一次。经过多年的实践，壳牌石油总结出情景规划的 5 项功能：①健全决策机制；②拓展心智模式，引领新发现；③增强企业的洞察力；④激活管理体系；⑤将情景作为领导工具。壳牌石油情景规划的流程如图 13-2 所示。

图 13-2　情景规划的 7 个步骤

4. 壳牌石油情景规划成功的关键因素

情景规划在壳牌石油的成功应用主要归因于三个方面的因素。

1）领导高度重视，坚持将"情景规划"作为公司重要的战略管理工具

壳牌石油强调，情景规划的目的并非预测未来，而是使决策者在考虑未来事务时能够深入地理解关键驱动因素与不确定性，情景的设定往往需要数月甚至数年，最终能形成一个易于记忆、有逻辑的故事情节，而不是简单的关于油价高低或某个因素做的假设。

多年来，随着形势的变化，壳牌石油不断推陈出新，预见并设定新的情景，同时坚持服务于公司战略和业务发展。壳牌石油在发展新型业务、合资及进入新市场的过程中，都与关键利益相关方进行充分的交流，共同完成有针对性的（区域、业务）情景规划，保证了业务的顺利发展（杨艳等，2015）。

2）在组织内部充分建立"情景化思维"

情景规划的特点在于系统思考、激发想象并符合逻辑。在思考问题时，只有突破固有的思维界限，才能设定出鲜活的情景。情景规划给公司带来两点共识：一是拥有健全的战略可以降低而非增加管理工作的复杂性；二是讨论战略是任何管理工作中固有的一部分，而非专家独享的领域。迄今为止，壳牌石油从高层管理者到普通员工都会充分利用情景化思维。虽然应对措施都是针对假定情景制定的，但它们都是非常严肃、严谨的。任何员工都要认真准备，保证一旦出现设定情景，可以马上执行应对预案。

3）情景规划团队不断改进科学研究方法

（1）壳牌石油最早启动情景规划是为了取代常规规划方法 UPM，以克服定量模型工具存在的固有缺陷，引入更多的商业直觉与判断。在发展过程中，壳牌石油再次将数据与模型引入情景规划，定性与定量相结合，提高了情景的内部一致性与系统性。

（2）团队曾经非常关注全球大格局，却忽略了对能源行业，特别是壳牌自身的关注。后来团队加强了对公司管理层的访谈，使工作的针对性大大加强，能真正服务于壳牌石油战略。

（3）壳牌石油建立了开放的工作模式，在情景规划过程中，与学术界、业界专家、政府及非政府组织建立了密切的合作关系（杨艳等，2015）。

图 13-3 为壳牌公司情景规划图。

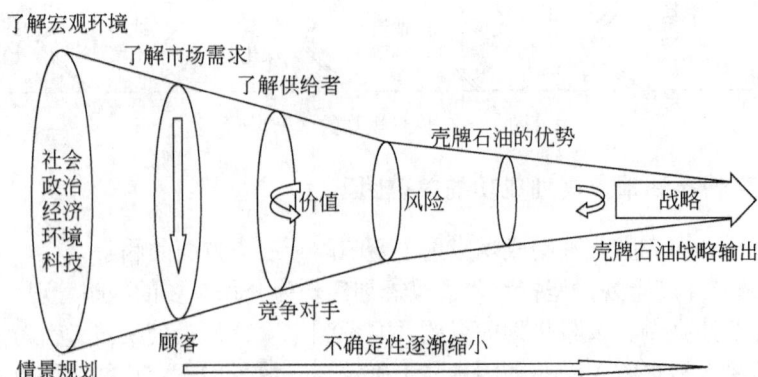

图 13-3 壳牌石油情景规划图

13.1.4 情景规划下的预先研究产品开发——以飞机制造为例

任何产品的开发过程都需要以对客户需求的全面分析和满足客户需求为基础。这是一项具有挑战性的任务，因为客户需求会随着时间推移而改变。由于未来的不确定性，未来对客户需求的预期也在很大程度上存在不确定性。这个问题尤其与飞机制造商紧密相关，在启动新的飞机研发项目时，巨额开发成本是较长的产品生命周期的重要部分，需要具有坚实的决策基础。因此，情景规划是基于未来客户需求的不确定性，提出的一种考虑未来情景的稳健设计。在飞机项目的研究制造中，该方法一般包括建立多个情景、客户与目标市场的特定的情景分析、对不同操作概念的描述、最终根据设计要求推导出的飞机技术规范。

市场上的每一种产品都需要满足客户的需求，如果不能满足，那其商业化注定是失败的，客户不会对产品产生支付意愿。这个道理在理论上很容易理解，但现实中却存在很多失败案例，主要是缺乏对产品的正确定位，没有真正地迎合客户需求。波音公司的音速巡洋舰是一个例子，2001 年波音公司宣布开发这种新机型，主要是服务于长途航空运输市场，这种机型的特点是：航程大于 9000 海里，能够承载 200～250 名乘客，飞行速度超过普通飞机 15%（计划是 0.95 马赫①），比其他的商业运输飞机更加快速。尽管看起来很有前景，但是波音公司在 2002 宣布终止该计划，因为公司没有能够吸引到大量航空公司的购买，受到 "9·11 事件" 的影响，大多数航空公司更倾向于能够提高燃油效率的机型而不是高速飞机，换句话说，"经济的残酷现实扼杀了追求速度的飞机概念而转向

---

① 马赫的大约速度换算一般认为相当于 340.3 米/秒。

低成本高效率的机型"。这个案例恰好揭示了产品研发阶段需求获取和分析的高
度相关性。与其他行业相比，飞机制造行业面临更大的挑战。首先，开发、运
营、维护、升级等阶段的技术复杂，且支出巨大，可能在系统开发完成多年之
后才实现收支平衡；其次，在航空公司使用新型飞机之前，飞机要经过长期的
开发、操作进行充分准备；最后，在产品全项目周期中的飞机初始设计阶段对
总成本的规定，一般在改变飞机性能的设计中，成本往往会过高。因此，飞机
设计者在开始真正的设计过程之前必须确定强大稳健的需求。尽管设计者可能
能够正确识别潜在客户的需求，但是随着外部条件的变化，保证这些需求能够
同样适用于未来是很困难的事情。但预测未来可能的情形及客户需求也不是不
可能，情景规划就是一种可以选择方法，创建多种未来可能的情景，描述未来
可能的发展方向，能够考虑到未来潜在的一些需求，捕捉未来的不确定性，以
此为基础来使得需求设计更加完备。

1. 多个未来情景的构建

关于情景构建的说法很多，其中一种方法已经在慕尼黑工业大学飞机设计研
究所的许多方案中得到成功应用，被认为是行之有效的。方法是在 O'Brien 的"情
景规划方法"基础上设计完成，其使用需要与每个项目的具体情况相匹配，包括
6 个有条不紊的步骤：①定义问题；②识别相关的环境因素；③确定关键因素；
④分析一致性；⑤确定原始情景；⑥拟定情景情节。

（1）在定义阶段，首先确定项目的主体范围和情景项目的目标，组建项目团
队，团队通常由行业专业人员、研究人员和大学生组成，确保有范围广泛的专业
知识和经验。

（2）由项目团队对环境进行深入分析，制定框架，并交付未来情景中包含的
环境因素，以及可能的情景类型，一般要识别出 15～25 个典型的环境因素，为了
确定社会经济宏观层面及具体到航空业的关键因素定义了三个抽象层，如图 13-4
所示，该图从可视化的角度为项目团队提供了广泛的环境考虑因素。考虑到环境
的复杂性，环境因素的数量必须尽量降低。

（3）为了确定关键因素，使用"驱动力排名空间"（图 13-5）对因素进行定位
排序，直观地评估各个因素对未来不确定性产生的影响强度，关键（key）因素是
具有高不确定性和高冲击性的因素。趋势（trends）因素是指具有高冲击性，但同
时也对未来有比较清晰认识的因素。次要（second）因素是指对问题的影响较小，
不确定性无法预计的因素。通常有 6～9 个关键因素，最多 10 个，数量越多，将
会为项目的后续工作增添不必要的复杂（Randt，2015）。

（4）在一致性分析阶段，首先描述几个关键因素在目标前提下未来可能的状
态和潜在不确定的发展方向，通常选取 2～4 个。针对不同的可能状态可以再对其

他关键因素进行描述。所有的状态都要在一对一的基础之上对其一致性进行评估，也就是说，对所有预估的状态共存的兼容性进行检查和评估。这一步要用到一致性矩阵，将关键因素和未来状态呈现在行和列中。

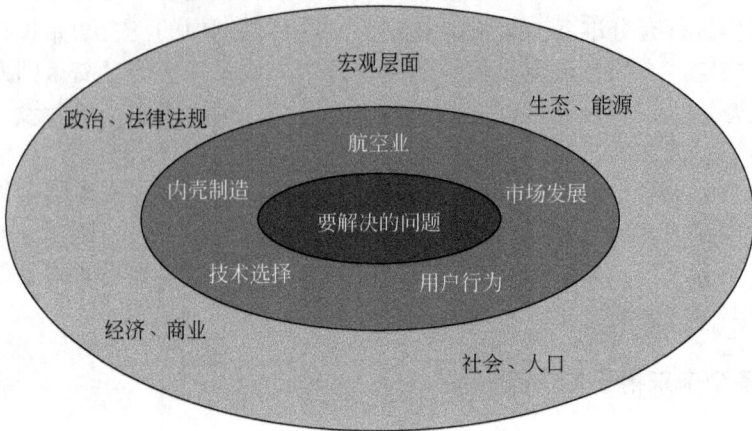

图 13-4　情景环境的三层次模型

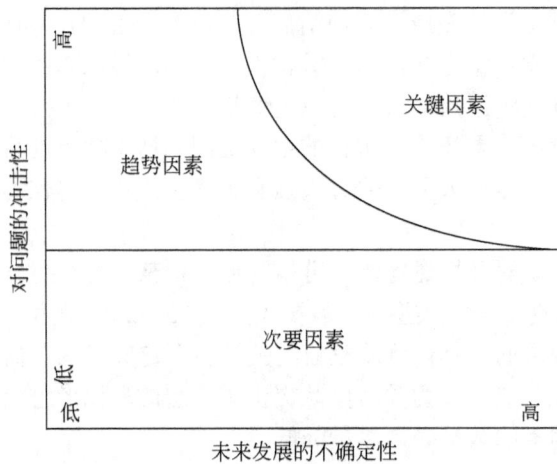

图 13-5　驱动力排名空间

（5）确定原始情景。为了确定原始情景，直接用数学方法将关键因素的未来状态进行组合，这样会产生很多数量，原始情景的数量必须减少，可以通过第 4 步中的一致性矩阵来减少一部分，除此之外还有几个选择标准：根据情景独特性，清晰可信又与其他情景有明显区别的应该选中；有些难以置信的、深入分析之后有趣的或有挑战性的情景应该选中。原始情景的选择是一项重要的任务，不能随意。

（6）最后一步的情景情节是其余环境因素（除关键因素）的整合，对适合每个情景的未来状态进行直观定义，然后阐述情景情节，对未来可能的状态进行生动描述，因此，情节叙述需要遵循"一系列可信的、相互关联的连接事件使情节具有说服力和可信度"的原则，情景的情节设计需要在一定程度上反映项目团队的创造力，制定有效的情景情节，并与项目组之外的人沟通，是整个情景项目中最困难的任务，也没有最佳的做法准则。

因此在经验基础上给出以下几点建议：

（1）根据三层次模型对每一个情景进行描述。

（2）为每个情景规划 5 个关键信息。

（3）用拼贴图片解释每个情景的主要方面。

（4）一张时间表。描述未来的状态是如何通过里程碑或关键事件从现在发展到未来的。

2. 飞机概念中的情景应用

从飞机设计者的角度，有两种主要的客户类型：飞机操作员和乘客。设计者必须充分理解这两个利益相关者群体的需求，这两个是飞机技术规范要求中最重要的来源，而且还要满足客户对"能力的要求"。还有一个也必须考虑，即商用飞机的所有操作都必须符合国家航空局制定的规则和法规，以及符合基础设施的边界条件，这也是对飞机规范强加的一种"设计约束"。

制定飞机规范的强制性前提要求是"对满足客户先前需求描述的对飞机概念的不同观点进行思考"。规范中规定的功能要求和约束属于系统工程的顶层模块，需要解决"设计驱动程序"，决定飞机的总体布局、性能和成本。从这个意义上说，飞机技术规范就是将客户需求转化为设计要求（也指顶层需求），也是设计师开发飞机的宗旨。鉴于现代商业运输的技术和操作环境的复杂性，很难确定真正的需求驱动，因此可以制定一个简单明了的任务需求书，顶层设计可以包括飞机的价格、上市时间、输送乘客的数量、可能的运费等，在任务需求书中可以直接解决那些规定要求的客运/货运承载能力、航程能力、速度性能、机场运营能力等顶层需求问题。

支持面向客户想法的关键原则。该方法在不确定性的未来情景建立中基于两大原则。第一个原则是客户分析（customer analysis），即明确飞机操作员和乘客两大群体的未来需求，在这一任务中，客户分析不是针对现有状况，而是对未来特定情景的分析，即接受检验的客户的特征必须与未来预期的情景特征相匹配，不同情景的特征因此不同。第二个原则是基于客户的分析。一个"操作概念（concept of operations）"，根据推导出的每个情景，按时间顺序对某一个典型的行程方案进行描述，如航空公司运营航班的主要客户，这一概念是为了对乘客整个旅行过程（旅行链）中的需求和喜好进行分析，这样做能够对行程过程中旅客使用的不同装置进行调查，更重要的是能够对旅客旅行过程中的所有活动进行精确描述，区分正式活动（一般注重护照和行李确认）和私人活动（一般读书、上网）之间的不同，以建立更加匹配的情景。这样能够在正式的需求设计之前确保正确的客户导向。

接下来在真正的情景设计中，便可以有条不紊地按照六个步骤进行（图 13-6）。设计方案的有效性和使用性必须根据情景的特定要求进行检查（Niclas，2015）。

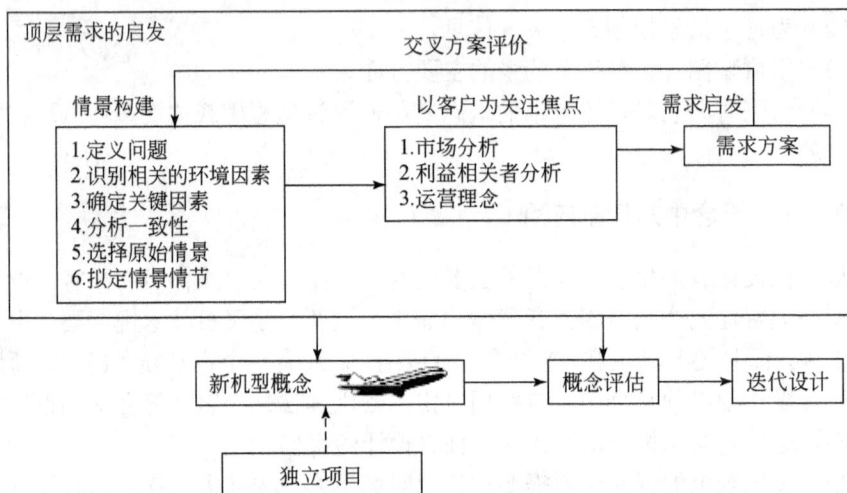

图 13-6 飞机概念设计要求（包括步骤）

13.1.5 总结

传统的模仿制造是在有确定目标的前提下展开，能够快速提高企业的生产制造能力，但在技术创新高速发展的今天，追赶性的制造作用将会越来越小，企业为了更好地融入国际社会，提高核心竞争力，促进企业可持续发展，传统的追随、模仿的过程应该逐渐淘汰，企业需要寻找新的转型方向，创建新的创新体系，从过去单纯的制定生产制造计划的过程转变为提前规划，而情景规划工具恰恰能够满足这一转型。情景规划是一个动态的过程，其目标是不断移动的，跟随用户需求和外界环境不断变化，通过情景规划，可以制定企业未来项目或产品的几种蓝图，从科技进步、产业变化、人才变化等多个角度考虑，也包括对政治、经济、社会多重因素的思考，从更加开放的视角，使企业一切的创新发展都向着有利于原始创新的方向发展。

13.2　加强基础研究能力

13.2.1　建立基础研究部

一个伟大的公司，必须具有原始创新能力。原始创新能力来源是多方面的，科学的突破会带来重大的原始创新。例如，材料的突破使隐性飞机成为可能；没有量子力学，就没有今天的半导体产业。因此，在强调原始创新能力的今天，企业需要建立一支从事基础研究的队伍，这种基础研究与要比预先研究更超前，研究一些更加前沿、当下没有应用前景的技术。

13.2.2　以超前基础研究为主的产学研创新

超前的基础研究是指至少提前 5～10 年的基础研发，是对未来技术创新方向的前瞻探索，也是科学层面的研究。高校和科研院所拥有雄厚的专家、学者、学生等基础研究资源，能够弥补企业自身基础研究的不足。与科研院所和高校建立合作关系，充分发挥各自的优势，开展基础专业领域、前沿学科、新概念及新技术的研究与应用，实现人才资源、研究资源的共享，进而迸发出更多的原始创新想法。此外，企业独立进行原始创新的前提是必须具备雄厚的研发实力和资金保证，加上市场开发较高的延迟性，导致创新风险较高，这些都加重了企业独立创新发展的负担。因此，积极寻求产学研合作研究与创新，是企业从模仿创新到原始创新转变的一大思路，借鉴专家、学者的思想，带动高校学生的创新思维积极性，有针对地开展突破性的原始创新研究。

13.2.3　以项目合作为主的产学研创新

产学研创新合作的另一方向是开展以应用为主的项目合作，通过项目的合作，培养出更多人才的同时也提高原始创新的效率，促进知识耦合，分摊创新风险，缩短创新时间，更便捷高效地促进技术成果转移和转化，全面提升企业员工专业水平的同时，提升预先研究创新产出成果的数量和质量，以更低的成本和更高的效率适应市场的快速发展。

因此，企业、高校、科研院所可以合作建立创新中心或创新基地，一方面进行前瞻性的基础研究，另一方面进行应用项目合作，加强产学研开放式创新。

13.2.4 案例分析：美国通用电气公司与弗劳恩霍夫协会产学研创新

高校与科研机构是前沿基础研究和新兴技术研发的主体，企业是技术推广和应用的主体。因此，企业通过与高校、科研机构在共性基础研究和前沿创新研究方面相互配合、发挥各自优势，可以降低研发成本、加速科研成果转化、增强企业竞争力。

美国通用电气公司（General Electric，GE）积极参与政府层面的各种国际组织，与全球范围的高校和企业进行联合研发。加入了国际能源署（International Energy Agency，IEA）的"油气行动计划"，与产业链利益相关方开展多方合作；从明尼苏达大学的附属机构获取独特的磁共振成像技术；在清华大学设立实验室，联合研究飞机发动机系统；与上海交通大学联合建立了企业级的博士后流动站等。

德国弗劳恩霍夫协会是德国也是欧洲最大的应用科学研究机构之一，成立于1949年，主要功能是通过开展应用研究，为企业特别是中小企业开发新技术、新产品、新工艺，协助企业解决自身创新发展中的组织、管理问题。协会一职致力于产学研的一致合作，内部寻求各个研究所之间的合作，外部寻求国内外研究机构及企业的合作，设立项目合作基金、开展联盟活动、建立关键客户群等。协会外部活动最重要的合作是与大学（尤其是本地大学）进行的，双方能够共同受益，表13-2为双方受益列举。

表 13-2 双方受益列举

弗劳恩霍夫协会受益	大学受益
通向基础研究	参与工业项目；使在校生、毕业生、研究生得到实践机会
获得年轻科技人员	实际应用与课程结合
获得在校生和毕业生资源	高额设备共享
雇员有接受教育的机会，如读博、担任教授、听课等	
双方共同任命所长/教授	

协会与其他企业、研究机构的合作也都会形成网络化，每个研究所都拥有与其相关的人员和单位网络，能够在全球化背景下共享知识、吸收先进技术资源、创新想法、融入顶级研究中心和寻找有吸引力的市场。

13.3 大力加强虚拟制造能力建设

企业尤其大型企业的产品预先研发及研发过程耗时长、成本高，对产出产品的生命周期要求很高，因此要在原始创新方面有所突破，就需要在传统创新体系的基础之上，有效利用计算机等数字化的先进技术，为原始创新的产生寻求更多的机会。原始创新的创造和检验贯穿了从实验室成果到最后产品应用实现的整个过程，包括了项目的设计、制造、中试等不同阶段，过去单纯依赖于实体模型试验的传统做法耗费成本过高且容易失败，而传统的模仿、追随等直接引进德国等发达国家、波音公司等先进公司生产线的制造管理模式显然不利于原始创新的转型和突破，尤其是在互联网快速发展的今天，利用先进的计算机技术进行虚拟制造的方法来解决从设计到制造及生产等过程中可能会产生的各种问题越来越重要，积极利用智能化技术是必然趋势。

虚拟制造技术（virtual manufacturing technology，VMT）在产品研发的整个流程中有效地利用虚拟产品模型进行产品关键问题的决策，通过有效地利用人、流程、工具、数据，改进产品质量，加速研发过程，降低成本。基于企业为提高竞争力需要对市场做出敏捷反应的需求，也基于计算机软硬件技术及网络技术的迅速发展，20世纪90年代中期，虚拟制造的概念应运而生，带来了一种全新的制造体系和模式，其应用也将会对未来制造业的发展产生深远影响。

在虚拟制造中，产品开发是基于数字化的虚拟产品开发方式，以用户的需求为第一驱动，并将用户的需求转化为最终产品的各种功能特征，从而保证产品开发的效率和质量，提高企业的快速响应和市场开拓能力。虚拟制造技术是以虚拟现实和仿真技术为基础，对产品的设计、生产过程统一建模，在计算机上实现产品从设计、加工和装配、检验、使用整个生命周期的模拟和仿真，可以在产品的设计阶段就模拟出产品及其性能和制造过程，以优化产品的设计质量和制造过程，优化生产管理和资源规划，达到产品开发周期和成本的最小化，产品设计质量的最优化和生产效率最高化。

虚拟制造的作用主要体现在以下几个方面：①提供关键的设计和管理决策对生产成本、周期和能力的影响信息，以便正确处理产品性能与制造成本、生产进度和风险之间的平衡，做出正确的决策；②提高生产过程开发的效率，可以按照产品的特点优化生产系统的设计；③通过生产计划的仿真，优化资源的利用，缩短生产周期，实现柔性制造和敏捷制造；④可以根据用户的要求修改产品设计，及时作出报价和保证交货期。

细化到产品设计、产品制造和产品生产过程中，虚拟制造会有极大的推动作用。

首先是虚拟产品设计方面。例如，飞机的设计过程中，可能会遇到结构是否合理、是否符合空气动力学原理等一系列问题，在复杂管道系统设计中，采用虚拟技术，设计者可以"进入其中"进行管道布置并对可能发生的冲突进行检查。美国波音公司一直注重对虚拟制造方法的运用，其投资上亿美元研制波音喷气式客机，仅用一年多时间就完成了研制，一次试飞成功，顺利投入运营，公司分散在世界各地的技术人员可以从客机数以万计的零部件中调出任何一种在计算机上观察、研究、讨论，所有零部件均是三维实体模型。可见虚拟产品设计给企业带来的效益。

其次是虚拟产品制造方面。应用计算机仿真技术，对零件的加工方法、工序顺序、工装和工艺参数的选用及加工工艺性、装配工艺性等均可建模仿真，可以提前发现加工缺陷，提前发现装配时出现的问题，从而能够优化制造过程，提高加工效率。

最后是虚拟生产过程方面。产品生产过程的合理制定，人力资源、制造资源、物料库存、生产调度、生产系统的规划设计等，均可通过计算机仿真进行优化。同时通过对生产系统的可靠性分析，还能够对生产过程的资金和产品市场进行预测，从而对人力资源、制造资源进行合理配置，缩短产品生产周期、降低成本。例如，波音公司的 777 客机，其整机设计、部件测试、整机装配及各种环境下的试飞均是在计算机上完成的，这一技术的运用使其开发周期从 8 年缩短到 5 年；克莱斯勒汽车公司与 IBM 合作开发在虚拟制造环境用于其新型车的研制，在样车生产之前，即发现其定位系统及其他许多设计有缺陷，从而缩短了研制周期。

13.3.1 案例分析 1：空中客车集团虚拟制造的应用

空中客车集团在虚拟制造的运用方面有许多成功经验。

1. 虚拟制造之——工业化数字样机

"工业化数字样机"(iDMU)的概念是空中客车集团根据以往项目经验在 DMU 概念的基础之上创造出来的，也是集团公司践行协作工程的重要组成部分，通过虚拟制造技术进行产品的虚拟验证。iDMU 集结了所有产品、过程和资源信息，用几何技术建立模拟的生产线模型，为飞机开发过程中的所有利益相关者提供了一个共同的虚拟环境，这种协作工程的方法包括了功能设计和工业设计，各自作为一个单一设计中的一部分，两者设计相互影响并行发展。iDMU 从功能设计和工业设计角度提供的虚拟环境能够供利益相关者共享，在这个虚拟环境中，常见的冲突问题能够得到解决，经过同意的解决方案可以通过适当的工具和产品、过程、资源的模拟得到验证。

iDMU 将 A320neo 的设计制造作为试点项目，该项目主要有三个目标：一是利用可行的 iDMU，为 A320neo 风机配备的协同设计提供一个独立的虚拟环境，包括 iDMU 体系结构的定义，一个真正的包含完整的风机配备（fan cowl）工业设计的 iDMU；二是评估 iDMU 与工业设计通常的做法相比能够获得的收益；三是检验与车间工作指南的准备相比，将工业设计的信息指令存储到 iDMU 中所具备的优势（Menéndez et al., 2013）。

2．虚拟制造之——"未来工厂"

"未来工厂"是欧盟范围内的公私合作计划，旨在支持先进生产技术的研究、开发与创新，以帮助实现欧盟 2010 年提出的"欧洲 2020"战略目标。该协会的主要会员包括罗尔斯·罗伊斯公司、德国西门子股份公司、空中客车集团等著名制造企业。空中客车集团一直不断追求技术进步，其对"未来工厂"智能化制造的设想与探索也成为集团发展战略的重要组成部分，而这其中也大量采用了虚拟制造的概念。

"未来工厂"采用自动化流水线帮助空中客车集团以不断刷新纪录的方式提高生产效率。2015 年，空中客车集团飞机的月产量达到了 55 架的水平，这相当于空中客车集团刚成立的第一个 5 年内交付的 A300 型飞机总量。实现这一突破的关键在于设计观念的转变。在 20 世纪七八十年代，空中客车集团按照常规方法生产飞机，当时能达到的最高生产速率仅为每月 4 架。当时的飞机设计主要专注于飞机的性能，即便到 1988 年首架 A320 投入生产时，装配和工业化设计依旧被看作"次要问题"。但在生产 A380 时，一切都发生了巨大的转变，工程师们一开始就将工业化需求考虑在设计指标内。同时，飞机设计也从一开始就纳入了精益制造的原则。2006 年，以精益生产为基础的移动生产线在汉堡开始出现，这条单通道飞机生产线可实现平均每 7 个小时完成一个机身的组装。相较于原来生产线的生产速度，实现了 50%的装配速率提升。为了提升 A350 的生产效率，空中客车集团采用了 A380 制造前期就采取的"数字工厂"概念。在 A350 的生产过程中，空中客车集团采用了大量的虚拟仿真技术，通过给定一些关键信号作为指标，来设计数字化样机，并进行虚拟工艺规划。

13.3.2　案例分析 2：波音公司虚拟制造的应用

波音公司利用虚拟制造的可制造性和可保障性，将建模仿真应用于波音 777 等新型项目及许多其他生命周期延展项目上的使用，带来制造技术的创新，极大程度地削减了加工和生产成本，减少了人员配备，缩短生产周期。波音公司在虚拟制造生产、设计、研发、总装飞行的整个过程中大胆地尝试了装配仿真、并行工程等先进制造技术，运用虚拟技术，降低设计周期。在设计过程中，采用 CAD 软件，先设计出飞机的各部件模型，然后"组装"成一个三维飞机模型，接着对其进行大量修改。设计的同时，进行结构详细设计、系统布置、工艺计划制定和工装设计及跟踪服务等工作，使设计者和客户可以在虚拟现实环境中完成组装过程，检测飞机的各个部分，提出修改意见。通过数字化预装配等虚拟制造技术，事先就发现可能出现的各种问题并予以解决。之后，波音公司便准备实物零部件组装。这样可以做到在没有制作原型机的情况下，一次试飞成功，从而节省了大量的设计、改进时间和费用。

以波音 787 飞机为例，在没有机翼和轮子的情况下完成飞机制造。在位于美国西雅图北郊的波音公司制造工厂里，人们看到波音 787 飞机时，也许会说："它不过是又一架大型飞机而已"。但实际上，波音 787 飞机能够载入史册得益于前沿科技的应用，而虚拟制造技术就是其中的代表。

在波音 787 梦幻飞机的下线仪式上，所展示的并不是实际存在的机器部件，也并没有出现真正的飞机。这是一场虚拟的下线仪式，它以虚拟的方式标志着波音 787 的成功研制。通过设计师和工程师们在电脑屏幕上创造出飞机模型，并解决了电脑设计程序的所有漏洞，即使没有真正的机翼和轮子，也可以完成全部制造过程。也就是说，在公司生产成品之前，可以通过虚拟技术一直在电脑上"制造"这架飞机。

法国达索公司制作的 3D 数学模型让公司的工程师们在全部部件生产出来之前，就能准确地看到他们对波音 787 飞机的工程符合性问题，以及有没有足够的空间让工人们进行安装或调试。例如，工程师们发现了计划中的货舱门并不适合于组装，他们还看到电子仪器架也存在相同的问题。如果事先不知道要做调整，公司不仅要重新设计仪器架，而且要重新调整架子周围的结构，或者重新设计组装工具，这些工作的成本是非常高的，光是修理部件也许就得花上一星期。

虚拟仿真技术代表着未来的制造趋势，而且这不仅局限于飞机制造业。如今的制造业都变得越来越虚拟化了，虚拟仿真的确是一个前景广阔、充满活力的平台，也将带来一场新的技术革命。

与虚拟制造有关的另一个关键技术是协作工程。它促进设计团队的整合，包括在工程和产业两个方面，追求工业化的数字样机，而不单单是产品的数字样机。同时利用生命周期管理（product life-cycle management，PLM）进行虚拟制造，最后将工作指令交付车间，完成整个制造活动。协作工程创新是为了打破功能设计和工业设计之间的壁垒，由唯一的团队去执行设计过程并交付一份唯一的成果，工业化的数字样机是协作工程的目标。这一新的制造模式的创新，大大提高了飞机的开发效率。

13.4　建立多层次的面向用户的创新中心

设立创新中心，面向客户需要，建立不同种类的创新中心。

在原始创新研究过程中，无论是制定规划还是产品设计与制造，其应用的根本是为了满足用户的需求。企业要想时刻保持产品创新的动力和能力，必须要合理地培养企业整合外部知识和资源的能力，而用户作为企业最重要的外部资源，其在创新及原始创新过程中的地位和作用越来越重要。企业将用户吸纳到创新研发的队伍当中，或者在用户附近建立创新基地，在创新的各个阶段多参考和听取用户的意见，同时用户也便于将已有的信息资源、需求、创意等提供给企业，使企业更加精确地捕捉到用户需求，用户以共同创新者的身份共同创新产品，向企业提供创新理念、产品设计等，有的用户甚至能够进行独立创新，在提高用户参与感的同时也能够使企业在创新的道路上少走弯路，既能够增强企业创新能力，也容易提高用户满意度。而作为企业来讲，需要提供适当的物质激励和精神激励等，吸引参与创新的用户的积极性。

在洛克希德·马丁空间系统公司，它们以创新中心为龙头，牵引集团创新。一个企业是否需要独立的创新中心，以及如何构建、如何发挥作用，是一个创新体系中的核心问题。

创新中心不是科学中心，是一个以需求量为导向，将需求与技术发展有效结合起来的中心。

创新中心建立的初衷是在关键时刻帮助客户面对复杂的、不可预测的全球环境，通过发展综合系统和网络中心战的解决方案促进美国反应机制的形成，验证军事作战新计划、新概念与新模式，致力于多方合作与联合开发，加速预先研究进程，促进美国航空航天工业的持续改革。

创新中心服务于洛克希德·马丁空间系统公司所有业务部门，其核心职能是预研美国未来的作战概念，提供可行的新型作战模式，研究在多个重要领域加强美国军事实力的方法技术，协助美国国防部决定未来需要的先进的打击能力。

从某种意义上，创新中心是一个平台。在洛克希德·马丁空间系统公司内部，创新中心连接着公司各业务部门的高端试验室，能够以"横向集成"的方式，集中所有业务部门的研发资源，利用公司最优势的工艺技术，开发出特定的方案，实现客户研发转型。在洛克希德·马丁空间系统公司外部，创新中心通过加密的安全宽带网络，与政府或美国军方指挥部、实验室进行联网，使公司各领域专家能够与政府开发人员进行实时的虚拟协同工作。

案例分析：乐高公司用户参与创新

乐高公司是一家产生于 20 世纪 30 年代经济危机时期的玩具制造企业，企业宗旨是实现玩具的拼装、创意和百变功能。乐高公司的实验室覆盖全球，以便于收集和迎合世界各地的最新变化及用户的最新需求，进而激发出新的产品创意，也确保了乐高公司能够设计研发出最符合用户需求的产品。乐高公司的用户参与创新制度主要体现在以下几个方面。

（1）聘用用户成为积木拼砌师。

乐高公司在各年龄段、各阶层的用户中举办招募比赛，选拔脱颖而出的选手聘用为公司积木拼砌师，从目标用户群众培养兴趣和创新意识。

（2）参与新产品设计和体验。

乐高公司向用户提供了参与产品设计的机会和平台，就每一项新产品与包括孩子、销售人员和喜欢乐高的成年人在内的人员随时保持沟通，与用户一起推动新产品的开发。这些用户在参与产品设计的过程中，也体验到了最新的产品，增加了参与的乐趣。

（3）向用户授予适当的荣誉。

乐高公司通过官方社区为乐高粉丝营造了讨论产品和创意的平台，也通过选拔"乐高大使"，与公司的设计团队进行交流，以此来激发拼砌师的想法和创意。对于那些被乐高公司聘用为兼职或全职的乐高设计师和拼砌者，乐高公司会颁发"乐高认证专家"，这样不仅是对他们身份的认可，也让他们有种被认同的感觉，产生归属感，有利于维持良好的合作关系，从而更好地帮助乐高的设计发展。

13.5　加强开放式创新

如今，企业仅仅依靠内部的资源进行传统的、高成本的封闭式创新活动，已经难以适应快速发展的市场需求及日益激烈的企业竞争，封闭式创新需要的庞大的研发队伍和巨额研发投入使企业面临的创新压力越来越大。在这种背景下，开放式创新正在逐渐成为企业创新的主导模式。

开放式创新是指把外部创意和外部市场化渠道的作用上升到和封闭式创新模式下的内部创意及内部市场化渠道同样重要的地位，均衡协调内部和外部的资源进行创新，创意从产生到最终成功进入市场的过程中，企业不仅自己进行研发，也充分利用外界的创新。开放式创新的最终目标是以更快的速度、更低的成本，获得更多的收益与更强的竞争力。开放式创新是各种创新要素互动、整合、协同的动态过程，这要求企业与所有的利益相关者之间建立紧密联系，以实现创新要素在不同企业、个体之间的共享，构建创新要素整合、共享和创新的网络体系。

在开放式创新中，创新思想可能来源于企业内部，也可能来源于企业外部，企业内部的创新思想可能在研究或开发的任何阶段通过知识的流动、人员的流动或专利权的转让扩散到企业外部，外部市场的研究项目也可能与企业的创新研究达成共识进而实现商业化，从而形成内部与外部的沟通结合。开放式创新改变了创新的传统观点，改变了内部研发的封闭模式，提升了用户、供应商、风险资本家、知识产权工作者的地位，这种创新充分利用外部丰富的创新资源，构建创新的生态系统，实现开放状态下的自主创新，开放式创新基于多个利益相关者协同努力也有利于企业创新资源的优化配置。

不同的利益相关者对开放式创新也起到不同的作用：①全体员工。开放式创新强调所有员工的参与，而不仅仅是研发人员，只有集合所有员工的智慧，才能有利于开放式创新。②顾客。大部分新产品来源于顾客提出的创意，而不是来源于企业内部的头脑风暴会议或者成熟的研发活动，将顾客从消费者转化为合作设计者，有利于企业充分了解客户和市场的需求，明确企业创新方向，缩短市场对产品的接受时间。③全球资源提供者。第一是中小企业，其研发组织效率高于大企业；第二是各种研究机构，企业可以通过资助、合作、直接购买等方式获取相关创新成果；第三是分散的知识工作者，利用外部人才库，寻找对公司有利的技术突破和专家学者。④竞争对手。通过对竞争对手的资源和能力分析，有效地整合企业内外部甚至全球资源。⑤供应商。高水平的外部供应商可以在价值链上给企业更多的支持，企业在核心环节上更快更好地发展。越早让供应商获得新产品的信息，就能越早获得供应商对新产品原型的反馈，有效地缩短创新周期和提高创新效率。⑥经销商。在产品种类日益丰富、品质日益趋同的今天，经销商的销售方式在产品竞争中也发挥着举足轻重的作用，即"怎么卖胜过卖什么"。⑦风险投资机构。风险投资机构担负着筛选创新项目、培育创新企业的职能，是开放式创新的关键环节。⑧知识产权管理。在企业外部存在着大量的知识技术资源，所以企业必须成为积极的知识产权购买者（对外部知识技术资源而言）和出售者（对内部知识技术资源而言）。

13.5.1　建立第三方开放式创新平台

创新平台是通过整合将创新资源与要素汇聚，在某个领域进行创新研究，进而产生应用成果的动态过程。创新平台的建设有利于创新资源的有效整合、优化配置、研究成果转化和加快项目产品的商业化进程等。通过开放式的平台可以凝聚社会力量，产生更多的创新想法，更好地满足用户的需求，实现多方利益的共赢。

本节讲的第三方开放式创新平台是指企业建立或合作建立的平台，由企业主导运营的第三方开放式创新平台兼具了企业主体与第三方的性质，是由企业作为独立的第三方，寻找更多的合作伙伴加入项目或产品的创新研发生产链中，更优质、更大限度地满足创新需求。在平台上，可以聚集与企业创新发展相关领域的工程师、专家、公司等，共同组成"解决者"大家庭。

现代化信息时代的企业创新不能够仅仅依靠企业内部的研发部门或团队，应该加强对同行业其他企业的沟通合作，可以寻找在某项技术有一技专长的企业，以此来协助集团一同完成项目产品的研究与生产工作。

案例分析：美国通用电气公司建立第三方开放平台

美国通用电气公司是世界上最大的多元化服务性公司，从飞机发动机、发电设备到金融服务，从医疗造影、电视节目到塑料，美国通用电气公司致力于通过多项技术和服务创造更美好的生活。美国通用电气公司在全世界 100 多个国家开展业务，在全球拥有员工近 300 000 人，其在发展过程中，一直致力于开放式创新的发展战略。美国通用电气公司在飞行器引擎、涡轮、影像诊断医疗设备等多个核心业务领域的新技术开发一般需要 5～10 年的时间，公司通过开放式创新，加快了这些领域的创新速度。

美国通用电气公司积极开展与其产业链不同环节的公司建立第三方平台，促进开放式创新。美国通用电气公司已经积极跟新创企业一同打造了几个第三方开放创新平台生态系统。例如，①通用电气跟本地汽车公司（local motors）合作，运用汽车爱好者（工程师、技师和工业设计师）所组成的网路社群来设计新车。美国通用电气公司想要使用本地汽车公司通过群众外包来招募人员的模式，以设计新产品，帮助美国通用电气公司进行家电设计。两者建立了一个开放的众包平台 FirstBuild，该平台将在线整合来自工程师、科学家、创客、设计师和爱好者的创意与设计资源，原型、迭代和改善美国通用电气公司现有的产品，以及实现并商业化各种新的设计。②在先进制造领域，美国通用电气公司则寻求 GrabCAD 的专家协助，请他们重新设计喷射引擎的金属支撑架，目标是重量减轻30%，但仍保持原本的完整性，以及强度等机械特性。来自 56 个国家的参加者，提出了将近 700 个支撑架的设计，最后的获胜者是一位印度尼西亚的工程师，他设计的支撑架重量减轻了多达 84%。GrabCAD 公司开放社区的云计算系统，吸纳了全世界约 90 万的工程设计师登录，提供产品设计想法。③美国通用电气公司跟一个群众外包的创新平台 Quirky 建立伙伴关系，以发明家用的连接产品：创新者提出想法，由 Quirky 的社群成员投票，挑出一些有市场潜力的想法，再由 Quirky 的设计师和工程师进一步改善那些想法。④美国通用电气公司与由数据科学家组成的社群 Kaggle 建立伙伴关系。通过 Kaggle 寻求一些演算法，让航班飞行路径达到最佳化，并减少班机延误，最终可改善整体的空中交通。⑤美国通用电气公司设立了通用电气创投（GE Ventures），这个位于硅谷的团队不仅进行投资（每年 1.5 亿美元），同时也跟能源、健康照护、软件和先进制造等领域的新创企业，在技术和商业方面协同合作。

美国通用电气公司通过第三方公司参与的开放式创新，希望能够借此促进核心产品和服务的成长，让一家老牌公司保持年轻。图 13-7 为 GE 公司第三方开放平台模型图举例。

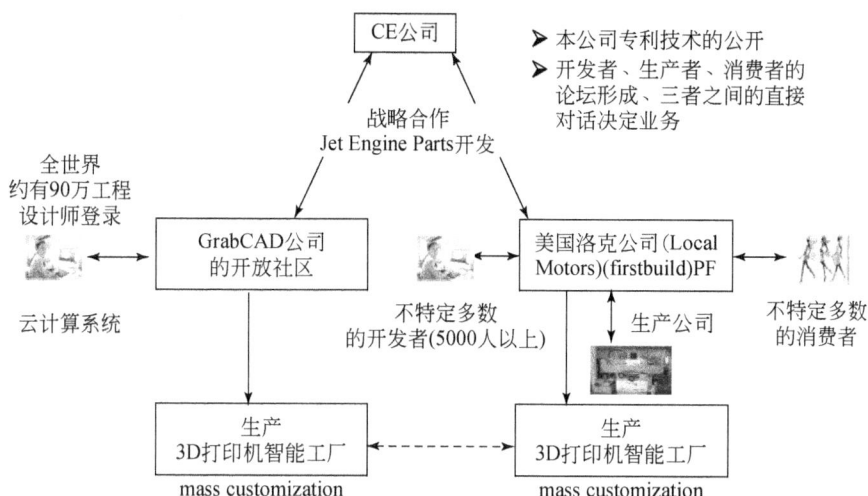

图 13-7　GE 公司第三方平台模型

13.5.2　举办创新/创客大赛

创新/创客大赛的参赛者通常来源于不同背景的、具有技术特长、善于创新思维的个人或群体,参赛者涉及企业内部员工和企业外部工作者,职业涵盖大学生、创业者、工程师、专家、科学家、团队或公司等各个类型,充分激励大家的创新积极性。通过大赛统一的命题,参赛者集思广益,踊跃提出自己的创新想法或创意产品,通过竞赛的方式,投票选出最可行、最有利于公司发展的创新建议,通常由大赛举办方给予相应的奖励或进行孵化验证的支持。

定期举办或针对未来某一产品型号举办创新/创客大赛,对内可以提高员工工作的积极性,对外能够增加其他行业人员或公众对企业相关领域发展的兴趣和关注,甚至对未来领域内科技人才的培养起到推动作用。

案例分析:俄罗斯航空公司举办创新/创客大赛

俄罗斯航空公司是俄罗斯的旗舰航空公司和最大的国家航空公司,为全球 187 个国家和地区的 1000 多个目的地提供服务,拥有欧洲最现代化和最年轻的舰队,由来自空中空车公司、波音公司、苏霍伊飞机实验设计局客机的驾机平均年限为 5 年的人员组成。同时,该航空公司也是俄罗斯领先的具显著的创新发展战略的公司。最新技术都被应用于俄罗斯航空活动的各个领域中,为用户提供更多的安全性和舒适性。为了加强服务,俄罗斯专门成立了监督创新战略和科研项目实施的创新发展委员会。俄罗斯航空公司曾经在

2013 年举办过国际创新创意大赛，通过与俄罗斯联邦企业孵化器网络的开放式创新公司联合举办比赛，目的是研究机舱内的休闲娱乐平台。参赛者包括专业的开发者、大学生等来自各行各业的具有创新想法的人员，并对获奖者进行奖金及实物奖励。

洛克希德·马丁空间系统公司在 2012 年举办过全球创新大赛，开设了"创新未来"的主题论坛，设立了 5 万美元的奖励，与来自全球的与会者分享了面向国际社会的、关于未来创新安全的观点，创造了吸引来自全球任何地方的创意并帮助不同背景人们分享交流经验的在线环境。而最终获胜者的创意想法也会有专门的研究所帮助评估和孵化。空中客车集团自 2008 年起，与联合国教育、科学及文化组织（United Nations Educational Scientific and Cultural Organization，UNESCO）合作创建了每两年举办一届的以"让创意展翅高飞"为宗旨的全球大学生航空创意大赛，该活动旨在邀请全球各种背景的大学生参与，鼓励全球大学生以创新思维来设计绿色环保的未来航空工业，激发他们为更加绿色的航空业提供创新思维，发现进行研究和技术开发或与学术研究团队进行交流互动的潜在机遇，为优胜者的及其创意作品提供高额奖金，同时也践行了集团投资航空业的未来并使航空业成为可持续的绿色行业的承诺。参赛队伍的创意必须致力于应对空中客车集团认定的航空业发展六大挑战之一，为航空业面临的主要问题提供可持续的未来解决方案，而增长、效率和人才将是保证航空业未来蓬勃发展的关键。

13.6　采纳灵活的组织结构

一般来讲，组织创新包含两个方面的含义：一是企业对其中一个或多个要素加以变革，如精简工作机构、拓宽管理幅度、制定规章制度等；二是对企业的组织结构设计做出比较重大的变革。企业的组织结构创新是生产特征、企业规模、企业人员素质、企业经营战略、企业生命周期等多种影响因素共同作用的结果。组织结构创新的关键是需要根据企业发展形势及经营战略等诸多因素和要求的变化做出适时、适当的调整。现代企业发展的外部环境更富有动态性、复杂性，需要企业不断地做出战略调整以提高自身条件和适应外界变化，组织结构也就需要进行相应调整和重新决策。例如，转变组织形式，从直线职能型转向事业部型，重新设计工作流程、职位职责等。影响组织结构创新的因素决定了不同企业在市场竞争中获胜所需的关键竞争能力是不同的，这将导致企业组织结构创新的重点也有所不同，从而使得企业组织的基本结构类型也不同，组织结构不断创新能够促进企业资源的有效配置，提高企业竞争力。

案例分析："臭鼬工厂"灵活的组织结构

洛克希德·马丁空间系统公司的"臭鼬工厂"具有灵活的组织结构，具备不受约束的设计制造体系，其与众不同的组织结构模式对其预先研究项目的成功起到了巨大的推动和保障作用。关于"臭鼬工厂"的组织结构创新主要有以下几种成功的做法。①具备独立自主的管理体系。"臭鼬工厂"是一个决策者直接领导下的独立部门，管理层能够迅速做出主要的技术决定，不需要向上级部门汇报，不仅节省了大量时间，而且避免了其他部门的打扰，几乎可以不受限制地进行发明，自由尝试创新想法和设计，而不用过多地担心结果。②将工作模式简化。高科技研发是一项艰苦复杂的工作，越简单的工作模式和流程，越能够让研发人员减少来自组织制度的束缚，尽量避开公开事务的繁文缛节，更加自由地思考解决方案，提高工作专注度。③强调小而精的结构模式。"臭鼬工厂"中集中了一些优秀的人，以最少的开支，尽可能用最简单、最直接的方法来研发和生产新产品，往往以小团队的形式生产创新性产品，提倡高效率。项目办公室人数很少，不管是用户还是承包商都必须保持机构小而精，人员少而强。④各级领导和员工职责清晰明确。例如，项目经理拥有全面控制所有方面事务和所有项目的权利，包括设计、试验、制造、质量保证、安全保证、计划进度及预算管理等，该职位要求必须是具有权威并能够完全控制项目的人。⑤强调组织文化建设。对于领导文化，无论领导者个人性格有何特点，都必须拥有技术管理和领导人必备的决断能力，领导风格必须有利于创新，能够对好的创新想法做出快速决策。对于员工激励文化，主要体现在对团队的充分授权方面，促使员工或团队充分发挥创造力，给予员工充分的信任，提供稳定的职业、合理的报酬、挑战性的发展机会等。

13.7　加强创新文化建设

在知识经济时代，创新文化的作用不断强化，已经成为企业核心竞争力的一种体现。理论上的创新文化是指在创新及创新管理活动中所创造和形成的具有特色的创新精神财富及创新物质形态的综合，包括创新价值观、创新准则、创新制度和规范、创新物质文化环境等的综合体，是激发创新活动的精神家园。换言之，创新文化是一种有利于催生创新灵感、激发创新潜能、保持创新活力的生态环境，在这种生态环境中，创新者拥有充足的创新空间，不同创新主体之间能够团结、协作、互动甚至竞争，共享成功经验和失败教训，能够得到充分尊重和适当的奖励。创新文化的关键是培育出一种团结的、积极的、主动的、有责任感和使命感的文化，能够帮助企业带动全体员工同心协力来帮助企业达到高效的、准确的目标。

创新文化产生于企业为适应高速发展变化的市场竞争的时代，企业管理人员注重并不断倡导创新，广大员工积极进取、敢冒风险、勇于创新，将创新思想渗入企业所有人员的意识深处，并争取成为企业员工的行为习惯，植根于企业的一切活动之中，是形成企业核心竞争力的原动力。因此，创新文化也理应成为企业中所有员工普遍认同和遵循的一种文化观念。

创新文化对企业发展能够起到强大的支撑作用，打破传统的禁锢，激发企业的活力。创新文化建设的过程，实际上就是一个企业活力激活的过程。创新文化要求企业员工在工作中创新，同时要求企业管理层在管理中创新，并且以宽容、支持的态度去鼓励创新，使得企业的每一个构成元素都活跃起来，以新的构成形式重新组合，形成新的体制，长期作用于企业。当然，这种创新文化的建设也必须要以提升企业创新能力为目标，从观念引导到行动实现的过程，就是创新文化建设和落地的过程。

13.7.1 鼓励员工参与创新创意，营造宽容失败的氛围

人是企业创新发展过程中最积极、最活跃的因素，员工创新是企业创新的源泉，鼓励员工在工作中创新，同时也能提高员工对企业的忠诚度和员工工作的成就感。为员工营造一个适合创新特征、符合创新规律、能够实现创新的良好环境，能够激励员工通过努力实现个人价值，通过个人成就展现自己，并将符合企业发展的创新创业想法应用于企业未来的项目规划及产品设计过程中。然而，创新意味着从无到有，充满着风险和不确定性。所以，企业应当鼓励员工冒险和尝试，同时也宽容失败，不以成败论英雄，而是以能够创新论英雄。创新的失败并不意味着此路不通，而是可以通过寻找一条新的道路作为起点，使人们离目标越来越近，创新本身的难度和复杂性，也使得失败是合理的，坦然面对失败，人们就会大胆冒险，从而创造出更多的机会，总结更多的经验教训，发掘更多的新事物，尝试更多的新方法。

案例分析：Fackbook 创新氛围

Facebook 的创新氛围非常浓厚，不仅拥有专门的移动设计智囊团，而且鼓励员工不断尝试新的东西，不断试错。新员工进入 Facebook 后，会参加为期 6~8 个星期的新兵训练营（各个级别员工均需参加），之后由员工自己在数百个部门中间自主挑选。每工作 1 年半以后，又会鼓励员工们有规律地进行角色互换，工程师、管理层和其他团队经常变换工位，通过学习尝试新的知识，各种知识、创意和想法的融合，带来更多的创新，从而更好地进行讨论并激发创意。

作为全球最大的社交网站，Facebook 却一直致力于各种看似与公司业务无直

接关系的软件工具的开发。目前，仅 Facebook 设立的开源项目已经超过了 200 个。其中，包括 React、GraphQL、ComponentKit 和 HHVM 等在内的多个项目已经拥有独立的开源社区，改变了很多设计师思考和开发的方式。这得益于公司管理层对员工创新创意的鼓励和激励。很多项目最初都只是作为个别工程师的奇思妙想自发研发的，甚至与公司主流发展方向背道而驰。以 React 为例，该项目目标为构建反应式图形界面的 JavaScript 库，直接挑战了 Facebook 当时认定的其他 JavaScript 框架。受到了内部许多工程师的嘲笑，大家并不看好。然而，Facebook 公司却不这么认为。与平常项目相比，React 等项目风险更高，失败的概率也比较高。但是，该公司不仅仅是允许，甚至鼓励员工进行这样的实验。Facebook 良好的工程管理理念，以及一批优秀的工程管理人员能够屏蔽这些外界的反对声音。无论外部环境如何，这些管理者能够坚持相信自己的工程师，让项目稳步推进。无论是个别部门，还是绝大部分的 Facebook 员工都认同一个理念——创新和突破不能随着产品而停止。

13.7.2　给予员工适当的自由支配时间

给予员工适当的自由支配时间是管理者对待员工工作的一种更加开放的态度，也是员工福利的另一种表现形式。这种管理方式可以促进员工工作效率的提高，对工作任务的完成有了更大的积极性，更重要的是，或多或少的自由支配时间可以使员工能够安心进行自己感兴趣的技术或研究，也能够加强员工之间日常工作任务之外的交流和讨论，从而在以兴趣为出发点的研究中激发出更多的符合企业发展的创新想法甚至是原始创新的突破。

案例分析：3M 公司、苹果公司为员工提供自由时间

美国 3M 公司（Minnesota Mining and Manufacturing Company）一直致力于为员工创造一个有助于创新的环境，为员工提供宽松、自由的创新环境和资源。它通常要投资约 7%的年销售额，用于产品研究和开发，这相当于一般公司的两倍。3M 公司鼓励每一个人开发新产品。公司有名的"15%规则"允许每个技术人员至多可用 15%的时间来"干私活"，即搞个人感兴趣的工作方案，而不管这些方案是否直接有利于公司。当产生一个有希望的构思时，3M 公司就会组织一个由该构思的开发者及来自生产、销售、营销和法律部门的志愿者组成的冒险队。该队负责培育产品，并保护它免受公司苛刻的调查。队员始终开发产品，直到它成功或失败，然后回到各自原先的岗位上，继续搞新产品的开发。每年，3M 公司都会把"进步奖"授予那些新产品开发后 3 年内在美国销售量达 200 多万美元，或者在全世界销售达 400 万美元的冒险队。

同样，苹果公司开启了一项"Blue Sky"蓝天计划，主要针对调动员工工作积极性，允许一部分员工花费最多两周时间参与职责之外的公司项目。尽管时间较短，但与 Google 公司备受欢迎的"20%时间"项目有着异曲同工之妙，Google 公司"20%时间"允许员工在正常工作日内抽出 20%的时间开发业余项目，由此催生了大量功能和完整产品如 Gmail、Google News 和 Google Reader，同时还能够保持员工精力充沛，也在一定程度上防止人才流失。

13.7.3 建立完善的知识产权保护和激励制度

知识产权属于无形资产，因此在制定知识产权保护和激励制度时往往需要更加严谨细致。在商标、形象、专利、技术等方面的知识产权制度要尽可能地采用市场化机制和手段，保护创新成果，实施知识产权战略，保护大家的创新积极性。知识产权保护和激励制度的建立要从企业宏观层面和员工微观层面展开。

（1）企业宏观层面。从企业整体来讲，完善的知识产权保护和激励机制有利于企业利用自身优势加快整体升级，提高核心竞争力。知识产权的保护是一项长期而艰巨的工作，需要企业从管理层做起，号召全体员工增强知识产权保护意识，制定企业知识产权政策、知识产权指南等，设立专门的知识产权管理部门，确定管理部门的职责和专业的管理人员。

（2）员工微观层面。员工是企业创新的主体，企业内部员工知识产权的认可、激励和保护是企业知识产权管理的重要组成部分，对员工提出的可行的、符合企业发展方向的创新想法转变为预先研发或项目计划，通过无形资产转化、知识产权入股、创新成果公示确认、签订知识产权协议等方式，给予员工充分的知识产权保护，也是对公司和员工合法权益的保护。例如，可以采取以下几种类似的制度措施：①在公司网站或管理平台上对员工创新成果进行公示，征求全体员工的意见，对员工创新成果进行评估，认可员工贡献；②对符合企业发展的创新成果申请专利，提供法律保障，尊重员工意愿，决定是否转化为企业无形资产，对转化为企业资产的员工创新成果，可以给予员工适当的股权激励；③建立专门的员工知识产权库，建立员工创新知识产权档案，签订知识产权保护协议；④对有创新成果的员工给予额外奖励，对创新成果创造的利润按照一定比例作为员工回报等。

13.7.4 建立面向员工的风险与创意基金，鼓励员工提出创意

大企业一般员工众多，员工以团队或部门的形式参与项目研究和制造，也容易在沟通交流中产生更多的创新想法，因此，大企业可以利用这一便利优势，每

年或定期划拨部分资金，建立面向员工的风险与创意基金，鼓励员工创新。当员工提出优秀的创意想法时，可以通过基金对员工给予适当奖励，对员工创意想法的验证阶段，由风险创意基金承担该阶段的花费，这样不仅能够激发员工的创新积极性，也能够避免员工失败所承受的压力。

这一做法现已经成为许多国际一流大公司发现重大创新的重要方式。

13.8　采纳高效的跨职能新产品开发模式

由于创新成为企业竞争的焦点，如何实现高效的产品开发，是一个核心问题。中国 IT 领域的领头企业华为技术有限公司和中兴通讯股份有限公司，通过借鉴学习国外先进的产品开发理论，大大提高了企业创新的能力。

传统的旧研发模式面临着几个方面的问题：一是跨职能团队缺乏充分授权。主要表现在，因为缺乏相应权利，团队组织比较松散，没有足够的考核权，各职能体系之间协作困难，难以驱动项目成员高效地运作项目。二是企业建立的支撑机制不足。主要表现在，关键绩效指标在各体系之间不一致，缺乏项目及核算机制，没有将奖励与团队绩效同步关联起来，团队领导的选拔培养机制不健全。三是缺乏控制和评价机制。主要表现在，决策团队缺少明确的机制来控制、评价研发项目，决策团队以市场体系为主，缺乏足够的资源调配权。四是缺乏技术规划和开发流程。主要表现在，得不到足够的资源来发展企业核心的、长期的能够具有竞争力的技术。五是组合管理机制缺失。主要表现在，产品开发和战略管理脱节，没有明确的项目优先级，导致重要的项目资源得不到保证。

根据高效产品开发理论，在企业的项目预先研究、技术管理、产品研发生命周期过程中，需要根据企业发展的不同阶段，建立相对高效的管理模式和方法，并需要结合企业自身需要对号入座。该理论将产品开发管理水平划分为四个不同的等级。

（1）等级一——追求职能卓越。该等级遵循常规流程化的管理，在诸如过程管理、财务管理、绩效管理、人力资源管理、质量管理等不同的职能模块中追求卓越，使每一部分各自达到最好，而不强调各职能部门之间的合作。这是许多企业常用的产品开发管理模式。

（2）等级二——追求项目卓越。该等级强调以用户为中心进行项目或产品的设计，建立专门的产品决策团队和项目管理核心团队，制定规范的产品决策过程，项目研发和实施采用规范的结构化流程。项目的矩阵式管理是常用的管理模式。

（3）等级三——追求项目组合卓越。该等级以创新管理为中心，组建专门的市场管理团队、组合管理团队，制定产品与平台战略，将企业同时规划和正在进行的项目进行合理组合，越来越注重项目之间、部门之间的协调与配合，达到效率最大化。

（4）等级四——追求合作型开发卓越。企业追求自身卓越的同时，也要考虑到对利益相关者的带动性，包括供应商的早期介入、合作者的参与等，重视以企业发展相关的资源的管理，可以建立合作伙伴管理办公室，重视合作伙伴的选择与管理，重视对合作伙伴的考核与度量。

高效的产品开发，需要经历"做正确的事、正确地做事、更快更省地做事、高质量地做事"四个不断规划提升的阶段，同时也是跨职能团队的主业务过程，根据企业项目产品研发，一步步升级，而这一过程得以顺利实现的前提是企业建立和完善的各项管控机制和支持机制，需要有过程管理、财务管理、人力资源管理、考核奖励、资源管理等不同职能部门的支持保障，也需要有规划决策、立项管理、阶段决策、技术评审、质量保证等制度进行整体管控。

13.8.1 产品开发必须以市场导向为基础

第一，做正确的事，前提是必须充分理解市场需求和市场环境，才能够制定出相应的业务策略和计划，进行项目立项，并在项目"概念、计划、开发、验证、运营维护"的不同时刻保持对业务规划和绩效进行管理与评估。这一阶段要遵循市场驱动、投资管理两大原则。

产品开发项目必须是有市场驱动的、以市场导向为基础的研发活动，必须面对明确的目标市场，满足目标市场的需求，并将市场分析和客户需求分析活动贯穿于规划、立项、开发的整个过程，市场分析主要帮助选择正确的市场解决投资去向问题，客户需求分析活动主要瞄准客户的核心需求，并开发出正确的产品，之所以要将不断地分析贯穿于整个过程，主要是受企业内外部环境的变化，市场和需求也会随之改变，需要不断地进行调整。

此外，研发活动要作为一种投资进行管理，强化选择和资源调配能力，以提高研发效率。根据对市场进行的组合分析，确定准备展开的项目或产品，对项目进行优先级排序，通过分批投入的方法降低投资风险，在此，财务评估是规划、立项、决策的重要依据。

第二，正确地做事，前提是分析研发产品的公共需求，根据异同制定平台策略和计划，进而立项，并在项目"概念、计划、开发、移交、维护改进"的不同时刻保持对平台规划和绩效进行管理与评估，并遵循项目管理、跨职能团队、结构化流程的原则。

第三，更快更省地做事，这一阶段发展的前提是对技术进行识别和分析，制定出技术发展策略，从而进行项目立项，并在"计划、开发、移交"的不同时刻对技术规范和绩效进行管理与评估，并遵循平台和技术共享原则。

只有在三个阶段都做好的基础上，才有能力进行或达到"高质量地做事"，同时遵循完善支撑机制的原则，在企业内部及企业利益相关者之间建立协同文化，支撑高效研发的运作，这也是企业研发的最终目标。

完善的支撑保障机制需要从以下四个方面展开：一是人力资源管理要加强任职资格体系的规范，引导员工的职业发展，这样有助于明确核心岗位要求和培养机制，吸引高素质人才参与研发项目化运作，培养合格的核心岗位人才，提高项目运作绩效；二是规范考核指标和奖励政策的运作，这样有助于明确项目/团队的绩效标准，明确项目运作考核的导向，落实研发项目经理的权责和利益；三是规范项目的财务管理，这样有助于财务评估和核算的准确规范性，为项目提供有效支撑；四是对项目或产品的过程进行规范化的监控和持续优化改进，打造基于项目运作的协同文化。

高效的产品开发理论的应用是一个从无到有、循序渐进的过程。从初始定义规范制度，到小范围试点，成功之后大范围推行，在企业内部形成基本框架，之后根据企业能力及外部环境的变化，对该理论应用进行局部改进和升级，使绩效得到重大提升，从而在关键指标等方面达到领域内的卓越。

13.8.2　建立平台，提高研发效率

企业的研发针对不同发展阶段也会有不同的侧重，一般来讲，企业研发层次呈现金字塔结构，从下至上分别为产品开发、平台开发、技术研究和基础性研究，如图 13-8 所示。

在此，强调产品平台的开发的背景是：当企业推出多种产品时，是一个产品，一个平台，还是一些共性的产品有一个共同的平台，决定了产品开发的效率和成本。当年诺基亚和摩托罗拉在手机开发中的竞争，一个重视平台，一个不重视平台，产生了很大的竞争能力差异。

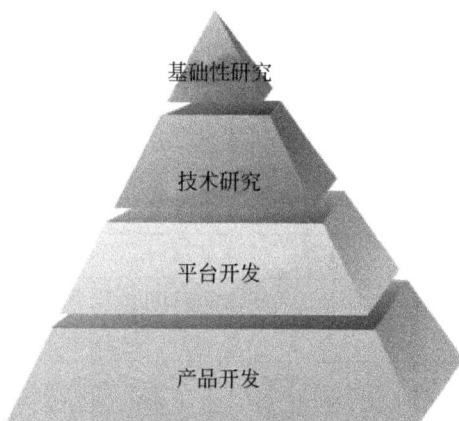

图 13-8　企业研发金字塔

产品平台决定了成本结构、研发能力的培养及后续产品差异化的研发。产品的更新换代来自于新的产品平台战略，而不是单个产品。平台开发的目标是创立一些研发的关键要素，使后续产品的开发能基于这些要素快速推出新产品。而基于成熟平台开发出的产品，使用经过验证的技术，有助于快速、低成本地开发出满足特定细分市场需要的高质量产品。

只有建立平台，并对平台进行管理和评估，提高研发效率需要遵循项目管理、跨职能团队、结构化流程的原则，从而能够顺畅快速地做事。

项目管理是研发管理的基本方法，是指在产品概念生产到产品投放市场的过程中建立规范的管理方式，它是使跨职能团队集合起来更好地行动的关键，包括项目计划和计划执行两个方面。项目的管理过程通过启动、计划、控制、执行、收尾依次推进。项目的总体管理要涉及范围管理、风险管理、人力资源管理、时间管理、质量管理、沟通管理、采购管理、成本管理八大领域，充分授权的跨职能团队是高效研发的关键要素。

传统的团队结构中，不同团队的成员在遇到问题时往往向各自部门的领导请示，团队平台经理的权利薄弱或得不到体现，而跨职能的团队要提高团队平台经理和团队成员的职责权利，平台经理管控下的团队成员能够代表各自部门做出决定，而不必向部门领导请示。

这样的做法，使跨职能团队能够专注于产品，为产品的成功负责，在决策时能够综合考虑各部门的情况，减少偏颇，使决策更加全面，团队成员来自于市场、研发、财务、物流、用户等不同部门，有共同的愿景和目标，能够充分履行职责，充分代表部门，充分贡献领域知识，保证了各部门沟通的畅通，充分提高决策质量。实施结构化的流程，以及提高并行工程的运用，能够促进研发效率的提升，缩短研发周期。

13.8.3 结构化流程

创新中的问题常常在流程中产生。这些常见的问题见表 13-3。

表 13-3 创新流程管理存在的常见问题

序号	常见问题
1	公司没有规范的创新流程，新产品开发靠有经验的"前辈"传、帮、带，不同的"师傅"带出的徒弟各不相同
2	公司有基于 ISO 等体系的"规范"的创新流程，但在实际项目运作中很少有人会想起流程，流程成为一种摆设
3	公司创新项目觉得评审随意性很大，基本上是老板说了算，决定了要上某项目之后公司领导就很少过问项目的进展了
4	创新流程不是公司级的流程，流程在各个职能部门之间流转，不同部门各负责一段，未实现"并行工程"，经常说"你""我"，很少说"我们"

续表

序号	常见问题
5	创新流程未细化到子流程、流程指南和表单层面，未将公司的最佳实践做法融入流程，流程的针对性和可操作性不强
6	不同类型的项目未采用不同复杂程度的流程，流程官僚、僵化，影响项目运作效率，项目团队抱怨多
……	……

结构化流程是按阶段、步骤、任务的分层结构定义的开发流程，每项工作都有明确的规定，一般高层决策层负责阶段决策，中层管理层负责计划和管理，下层执行层负责任务实施管理，使企业从上而下都有明确的执行管理标准，分层管理也能够简化研发管理，平衡创新和规范（表13-4）。

表13-4　规范每个创新阶段

阶段	创意产生	概念开发	立项分析	设计与开发	测试与矫正
阶段一	公司内外的个人或自发组织的非正式团队	公司内外的个人或自发组织的非正式团队	公司正式任命的跨职能立项分析团队	跨职能产品开发团队	跨职能产品开发团队
阶段二	产生尽可能多的突破性的新产品创意	对新产品创意进行完善、优化和评估	对新产品概念进行深入的市场研究与需求分析，明确定义产品，撰写立项分析报告	设计产品、开发样机、测试样机、制定测试与矫正阶段计划、更新立项分析报告	进行客户现场测试、矫正样机、进行小批量试产、进行市场测试、进行批量生产准本、制定产品上市计划、更新立项分析报告
阶段三	创意激发和收集、创意筛选、创意管理	概念开发方法、二手研究方法、概念评估方法	市场研究方法、客户需求研究方法、产品定义方法、概念测试方法、立项分析的报告撰写	产品设计方法、技术矛盾解决方法、项目管理方法	现场测试方法、市场测试方法、项目管理方法

阶段	创意产生	概念开发	立项分析	设计与开发	测试与矫正
阶段四	《创意提交表》	《概念评估表》	《立项分析报告》	经过受限环境测试的产品样机、设计与开发文档、测试与矫正阶段计划、更新后的《立项分析报告》	可以批量生产的产品、测试与矫正文档、产品上市计划、更新后的《立项分析报告》

此外，并行工程也是未来企业要关注的重点。并行工程是指在开发过程中同时开发和改进相关的生产、采购、研发、质量、财务、售后服务、经营决策和市场推广等相关工作的过程。并行工程的实施将本来串行的工作并行实施，将开发周期大大缩短。

下一阶段发展的前提是对技术进行识别和分析，制定出技术发展策略，从而进行项目立项，并在"计划、开发、移交"的不同时刻对技术规范和绩效进行管理与评估，这一阶段要遵循平台和技术共享的原则，平台是共同技术要素的集合，特别是一系列产品实施过程中的核心技术，通过成熟的平台和技术，缩短产品研发生产周期，降低综合成本，提高效率。具体的搭建结构如图 13-9 所示。

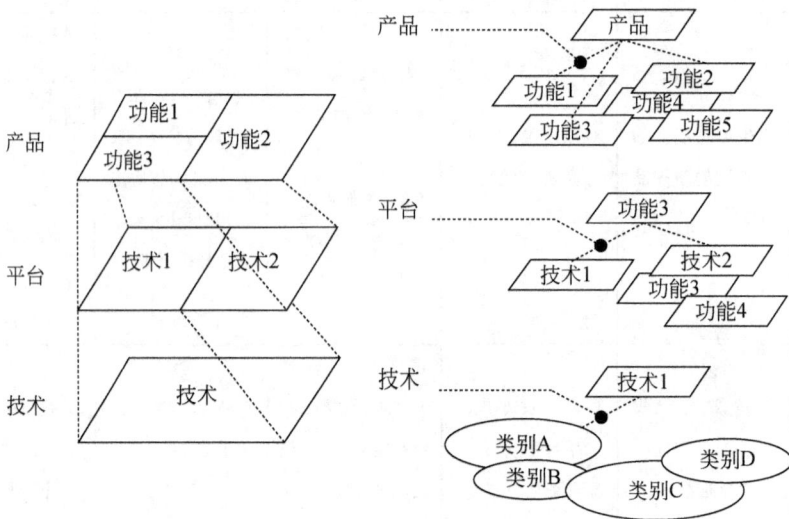

图 13-9　产品研发流程架构

13.8.4　重视从并行工程到协同工程发展

企业由于产品规模较大、技术研发复杂、成本很高，开发周期、生产周期和使用周期都较长等因素的影响，越复杂的、规模越大的项目，采用并行工程，以及利用并行工程的经验向协同工程转型十分必要。这两种做法可以降低成本、缩短研发生产周期、提高市场竞争力。此外，这两种方法都要重视与生命周期管理工具的结合。

　　并行工程是集成地、并行地设计产品及其相关过程（包括制造过程和支持过程）的系统方法。这种方法要求研发人员在一开始就考虑产品整个生命周期中从概念形成到产品报废的所有因素，包括质量、成本、进度计划和用户要求。并行工程的目标为提高质量、降低成本、缩短产品开发周期和产品上市时间。并行工程的具体做法是：在产品开发初期，组织多种职能协同工作的项目组，使有关人员从一开始就获得对新产品需求的要求和信息，积极研究涉及本部门的工作业务，并将所需要求提供给设计人员，使许多问题在开发早期就得到解决，从而保证了设计的质量，避免了大量的返工浪费。要发展和实现并行工程并不是一件简单的事情，需要在公司内部进行深层次的变革，强调面向过程和面向对象，提高企业产品开发能力，达到系统集成和整体优化。并行工程的目的是节约时间和成本，通过多学科的工作方式将产品项目相关的技术联系在一起，设置和管理并行工作的操作环境。这种方法也有缺陷：工业任务并没有达到像功能任务那样先进；功能化设计对之后的工业化设计产生的影响作用较小；两个独立小组可能具有完全不同的技能。

　　在并行工程基础之上产生的协同工程具有更多的优势。协同工程是空中客车集团关于制造的重大创新，这种方法在工程和产业两个方面更加注重设计团队的整合。为了打破功能设计和工业设计之间的壁垒，由唯一的团队去执行设计过程并交付一份唯一的成果，主要的优势是进一步减少进入市场的时间，通过虚拟制造技术进行虚拟验证，新技术的可行性和项目团队的成熟性是方法能够成功应用的关键。当然也存在几个需要克服的问题：第一个问题是软件工具的集成和设计问题，需要将产品、过程和资源相互协调；第二个问题是协同工程功能模型的应用，拥有不同部门和不同领导的功能设计与工业设计领域的协调，尽管存在组织上的问题，但是由独立团队完成所有设计的概念依然会产生巨大的影响力；第三个问题是工程师对生命周期进行管控的技能。表 13-5 为并行工程与协同工程的特征比较。

表 13-5　并行工程与协同工程的特征比较

特征	并行工程	协同工程
时间安排	重叠的	共享的
团队	一些	独特的
交付成果	动态的实物大模型	产业动态实物大模型
焦点	缩短工期	面向用户
目标	装配设计	虚拟制造

第三篇参考文献

蔡宁，王节祥，杨大鹏. 2015. 产业融合背景下平台包络战略选择与竞争优势构建——基于浙报传媒的案例研究［J］. 中国工业经济，（5）：96-109.

蔡闻一，张京男，张宏江，等. 2016. 空客集团创新做法研究［J］. 中国航天，1：41-45.

景晨思，梅桐，许源. 2015. 洛克希德·马丁空间系统公司用体系化思路推动军贸［J］. 国防科技工业，1：70-71.

李万，常静，王敏杰，等. 2014. 创新 3.0 与创新生态系统［J］. 科学学研究，32（12）：1761-1770.

柳卸林，孙海鹰，马雪梅. 2015. 基于创新生态观的科技管理模式［J］. 科学学与科学技术管理，36（01）：18-27.

苗宇涛，李跃生，米凯. 2015. 洛克希德·马丁空间系统公司质量管理及可借鉴之处［J］. 国外管理，4：56-57.

彭剑锋. 2013. IBM：变革之舞［M］. 北京：机械工业出版社.

蒲小勃，许泽，吕剑. 2014. 波音的"鬼怪工厂"［J］. 大飞机，（1）：108-111.

王国顺，陈原. 2007. 民用航空制造业供应链协调管理的策略研究——以波音公司为例［J］. 中国市场，（19）：84-87.

徐晓明. 2014. 空中客车：同一品牌下的集团战略［J］. 中国民用航空，171（2）：29.

杨艳，何艳青，吕建中. 2015. 壳牌公司"情景规划"的实践与启示［J］. 国际石油经济，23（9）：36-41.

张京男，蔡闻一，王邵飞，等. 2014. 美国洛克希德·马丁空间系统公司的研发源动力——创新中心［J］. 国际太空，（5）：65-69.

张小宁. 2014. 平台战略研究评述及展望［J］. 经济管理，3：022.

Adner R，Kapoor R. 2016.Innovation ecosystems and the pace of substitution：Re-examining technology S-curves ［J］. Strategic Management Journal，37（4）：625-648.

Adner R. 2006.Match your innovation strategy to your innovation ecosystem ［J］. Harvard Business Review，84（4）：98.

Anderson P，Tushman M L. 1990.Technological discontinuities and dominant designs：Acyclical model of technological change ［J］. Administrative Science Quarterly，35（4）：604-633.

Chandler A D. 1992.Organizational capabilities and the economic history of the industrial enterprise ［J］. The Journal of Economic Perspectives，6（3）：79-100.

Christensen C. 1997.The Innovator's Dilemma: When New Technologies Cause Great Firms To Fail [M]. Brighton: Harvard Business Review Press.

Cusumano M A, Gawer A.2002.The elements of platform leadership [J]. MIT Sloan Management Review, 43（3）: 51.

Dittrich K, Duysters G, De Man A P.2007.Strategic repositioning by means of alliance networks: The case of IBM [J]. Research Policy, 36（10）: 1496-1511.

Dosi G. 1982.Technological paradigms and technological trajectories: Asuggested interpretation of the determinants and directions of technical change [J]. Research Policy, 11（3）: 147-162.

Eisenhardt K M, Furr N R, Bingham C B. 2010.CROSSROADS-microfoundations of performance: Balancing efficiency and flexibility in dynamic environments [J]. Organization Science, 21（6）: 1263-1273.

Eisenhardt K M, Graebner M E.2007.Theory building from cases: opportunities and challenges [J]. Academy Of Management Journal, 50（1）: 25-32.

Gawer A, Cusumano M A. 2002.Platform Leadership: How Intel, Microsoft, and Cisco Drive Industry Innovation [M]. Boston: Harvard Business School Press.

Gawer A, Cusumano M A. 2014.Industry platforms and ecosystem innovation[J]. Journal of Product Innovation Management, 31（3）: 417-433.

Gawer A, Henderson R. 2007.Platform owner entry and innovation in complementary markets: Evidence from intel [J]. Journal of Economics & Management Strategy, 16（1）: 1-34.

Gerstner L V.2002.Who Says Elephants Can't Dance [M]. New York: Harper Collins Publishers Inc.

Glaser B, Strauss A. 1967.The discovery grounded theory: Strategies for qualitative inquiry [J]. Aldin, Chicago,

Gomes-Casseres B, Group V S. 1994.Group: How alliance networks compete [J]. Harvard Business Review, 72（4）: 62-67.

Griliches Z. 1998.Patent Statistics as Economic Indicators: A Survey //R&D And Productivity: The Econometric Evidence [M]. Chicago: University Of Chicago Press: 287-343.

Iansiti M, Levien R. 2004.Keystones and Dominators: Framing Operating and Technology Strategy in a Business Ecosystem [M]. Boston: Harvard Business School.

Li Y R. 2009.The technological roadmap of cisco's business ecosystem [J]. Technovation, 29（5）: 379-386.

Lloyd G, Phillips M.1994. Inside IBM: Strategic management in a federation of businesses[J]. Long Range Planning, 27（5）: 52-63.

Malerba F, Nelson R, Orsenigo L, et al. 2008.Public policies and changing boundaries of firms in a "History-Friendly" model of The co-evolution of the computer and semiconductor industries [J]. Journal of Economic Behavior & Organization, 67（2）: 355-380.

Malerba F, Orsenigo L. 1993.Technological regimes and firm behavior [J]. Industrial and Corporate Change, 2 (1): 45-71.

Mas F, Menéndez J L, Oliva M, et al. 2013.Collaborative engineering: An airbus case study [J]. Procedia Engineering, 63: 336-345.

Menéndez J L, Mas F, Servan J, et al.2013. Implementation of the iDMU for an aerostructure industrialization in AIRBUS [J]. Procedia Engineering, 63: 327-335.

Nelson R R, Winter S G. 1973.Toward an evolutionary theory of economic capabilities [J]. The American Economic Review, 440-449.

Pardessus T. 2004 Concurrent Engineering Development and Practices For Aircraft Design at Airbus [C].

Pettigrew A M.1990.Longitudinal field research on change: Theory and practice [J]. Organization Science, 1 (3): 267-292.

Randt N P.2015.An approach to product development with scenario planning: The case of aircraft design [J]. Futures, 71: 11-28.

Schumpeter J A. 1934.The Theory of Economic Development: An Inquiry into Profits, Capital, Credit, Interest, and the Business Cycle [M]. Piscataway: Transaction Publishers.

Selinger M. 2005.Lockheed Martin says business is booming at innovation center [J]. Aerospace Daily & Defense Report, 17: 1.

Shim S, Lee B. 2012.Sustainable competitive advantage of a system goods innovator in a market with network effects and entry threats [J]. Decision Support Systems, 52 (2): 308-317.

Siggelkow N. 2007.Persuasion with case studies [J]. Academy of Management Journal, 50 (1): 20-24.

Stewart T A, Hemp P. 2004.Leading change when business is good [J]. Harvard Business Review, 82 (12): 60-70.

Tiwana A, Konsynski B, Bush A A.2010. Research commentary-platform evolution: Coevolution of platform architecture, governance, and environmental dynamics [J]. Information Systems Research, 21 (4): 675-687.

Tushman M L, Anderson P. 1986.Technological discontinuities and organizational environments [J]. Administrative Science Quarterly, 31 (3): 439-465.

West J. 2003.How open is open enough? Melding proprietary and open source platform strategies[J]. Research Policy, 32 (7): 1259-1285.

Yin R K.2013.Case Study Research: Design and Methods [M]. Thousand Oaks: Sage Publications.

Zahra S A, Nambisan S. 2011.Entrepreneurship in global innovation ecosystems [J]. AMS Review, 1 (1): 4-17.

Ziegler N, Gassmann O, Friesike S. 2014.Why do firms give away their patents for free? [J]. World Patent Information, 37: 19-25.

附　　录

附表 1　我国零部件国产化重大事件

时间	事件
2004～2005 年	中国北车、南车分别向国外引进成熟动车组技术，和谐号系列动车组应运而生
2007 年	中国完全掌握了动车组的九大关键技术及 10 项配套技术
2007 年 4 月 2 日	中国铁道科学研究院与长春轨道客车股份有限公司签订了以 CRH5 型为基础的高速综合检测列车研制合同，开始高速综合检测列车的研制生产
2007 年 8 月	南车戚墅堰机车车辆工艺研究所有限公司保质保量地完成 34 列车的中间车密接式车钩及缓冲器、密接式车钩用托座 476 套，17 列车的前端车密接式车钩及缓冲器、密接式车钩用托座 34 套，交付夹钳 34 列车，踏面清扫器 51 列车，圆满完成时速 200 公里动车组第一阶段国产化任务
2007 年 9 月	由南车株洲电机有限公司承担的时速 200 公里动车组牵引电机、变压器技术转让及国产化工作顺利通过原铁道部验收
2009 年 8 月	中国南车研制出交流电传动系统技术
2009 年 12 月	南车青岛四方机车车辆股份有限公司国产化 CRH5 动车组用 PIS 系统完全替换外方同型部件
2010 年 7 月	中国南车集团资阳机车有限公司动车组电气连接器实现国产化
2010 年 9 月	中铁第四勘察设计院集团有限公司设备处主持的《高速铁路动车组检修基地关键技术研究》在武汉通过湖北省科技厅组织的省级鉴定
2012 年 9 月	中国北车研制出空气弹簧替代产品的技术水平
2012 年 10 月	中国南车国产化空气弹簧顺利通过阶段评审，达到国外同类产品水平